经济管理类创新融合精品教材
“互联网+”教育改革新理念教材

大数据财务管理

主　编 ◎ 周珊珊　费志龙　钱美妹
副主编 ◎ 王彩虹　王坤山　董彦旭
杨文洁　江翠萍　董苗苗
罗　颖　郭晋娟　刘思含
王昭艳　吴铖铖　韩　磊
何　岚　张黎霞　张飞健
杨惜惜　陈　莼

湖南大學出版社
·长沙·

图书在版编目（CIP）数据

大数据财务管理 / 周珊珊，费志龙，钱美妹主编．长沙：湖南大学出版社，2025.7. -- ISBN 978-7-5667-3826-4

Ⅰ. F275

中国国家版本馆 CIP 数据核字第 2024EY7075 号

大数据财务管理
DASHUJU CAIWU GUANLI

主　　编：周珊珊　费志龙　钱美妹

责任编辑：金红艳

印　　装：唐山唐文印刷有限公司

开　　本：889 mm×1194 mm　1/16　　印　　张：12.5　　字　　数：320 千字

版　　次：2025 年 7 月第 1 版　　印　　次：2025 年 7 月第 1 次印刷

书　　号：ISBN 978-7-5667-3826-4

定　　价：48.00 元

出 版 人：李文邦

出版发行：湖南大学出版社

社　　址：湖南·长沙·岳麓山　　邮　　编：410082

电　　话：0731-88822559（营销部）　88821174（编辑室）　88821006（出版部）

传　　真：0731-88822264（总编室）

网　　址：http://press.hnu.edu.cn

电子邮箱：xiaoshulianwenhua@163.com

前言

PREFACE

在快速发展的数字化时代，大数据已经成为各个行业的关注焦点，它给企业管理带来了颠覆性的变革。在财务管理领域，大数据的应用为企业提供了更加全面、准确和实时的财务信息，极大地改变了传统财务决策的方式和过程。

党的二十大报告指出，我们从事的是前无古人的伟大事业，守正才能不迷失方向、不犯颠覆性错误，创新才能把握时代、引领时代。我们要以科学的态度对待科学、以真理的精神追求真理，坚持马克思主义基本原理不动摇，坚持党的全面领导不动摇，坚持中国特色社会主义不动摇，紧跟时代步伐，顺应实践发展，以满腔热忱对待一切新生事物，不断拓展认识的广度和深度，敢于说前人没有说过的新话，敢于干前人没有干过的事情，以新的理论指导新的实践。

本书由七个项目组成，旨在探讨财务管理、目标、大数据时代的挑战和机遇。首先，我们将介绍企业资金流动和财务关系概念，然后讨论财务管理的内容、目标和任务。在此之后，我们将揭示其原则和运作机制。

我们将重点探讨大数据对财务管理的影响，以及创新思维如何应对这些挑战。这包括大数据对会计工作和企业财务管理的影响，以及财务决策所需的新思维和框架。同时，我们将介绍大数据分析和基于大数据的战略分析与管理。

在后半部分，我们将讨论大数据时代下的财务管理新理念和方法。这包括平衡计分卡、阿米巴经营、ABC 成本法等工具，以帮助应对挑战。同时，我们将探讨财务预测、决策、预算和分析等核心内容，应用大数据技术提高效率。

本书有以下特色：

（1）综合性：本书全面介绍了财务管理的基本原理和概念，以及大数据时代对财务管理的影响。本书为读者提供全面和综合的知识体系，帮助读者深入理解财务管理的本质和大数据的应用。

（2）实践导向：本书注重将理论知识与实际应用结合起来。我们提供了丰富的实际案例和应用场景，帮助读者将所学知识应用到实际工作中。同时，还介绍了一些实用的工具和方法，帮助读者解决实际的财务管理问题。

（3）创新思维：在大数据时代，财务管理需要具备创造性和创新性的思维方式。本书提供了创新思维的框架和方法，将帮助读者拓展思路，从新的角度思考财务管理中的问题和挑战。

（4）全球视野：本书关注了全球范围内的财务管理实践和前沿发展，介绍国际上一些成功的案例和经验。读者将能够通过本书了解到全球范围内的财务管理最新动态，为自己的财务管理工作提供借鉴和启发。

（5）实用工具：本书介绍了一些实用的财务管理工具，如平衡计分卡、阿米巴经营和ABC成本法等。这些工具将帮助读者在实际工作中更好地应对财务管理中的挑战和问题。

通过学习，读者将深入了解财务管理和大数据时代的影响与应对策略，从而提升其财务决策和分析能力。

在本书编写过程中，我们参考了大量的相关文献资料，得到了有关人员的大力支持，在此一并表示感谢！

由于编者水平有限，书中难免存在不足之处，恳请广大读者批评指正。

编　者

2025年4月

目　录

CONTENTS

项目一 财务管理

学习目标

知识目标

- 了解企业资金在运动过程中的关键阶段和机制。
- 理解财务关系的本质，包括公司内外部之间的关系以及其对财务状况的影响。
- 熟悉财务管理的核心内容，包括财务报表、预算、财务分析等。
- 掌握财务管理的目标，如利润最大化、风险最小化等。
- 了解财务管理所关注的具体对象，例如资产、负债、所有者权益等。
- 理解财务管理的具体任务，如预算编制、投资决策等。
- 熟悉财务管理中的各个环节，包括资金筹集、投资决策等。
- 掌握财务管理的基本原则，如健全管理制度、如实反映财务状况等。
- 了解财务管理所处的环境，包括市场、法规等。

能力目标

- 能够分析企业资金运动过程中的关键因素，并提出相应建议。
- 具备解决财务关系引起的问题的能力，能够有效应对不同的财务挑战。
- 在财务管理中具备良好的决策能力，能够进行合理的投资决策和财务规划。
- 能够制定财务目标并制定相应的财务规划和预算。
- 具备与内外部利益相关者沟通的能力，能够清晰传达财务信息和建议。

素质目标

- 培养逻辑思维，能够理清财务管理中复杂的关系和流程。
- 具备团队协作的素质，能够与财务团队以及其他部门有效合作。
- 培养对财务管理工作负责的态度，确保财务决策和行动的合法性和合规性。
- 鼓励创新思维，能够在财务管理中提出新颖的理念和解决方案。
- 培养良好的沟通技巧，能够清晰地表达财务管理的目标和计划。

项目导读

本项目旨在深入探讨财务管理领域的核心概念、目标、任务、原则以及环境等多方面的内容。通过逐一解析以下任务，我们将全面了解财务管理的本质，建立对财务管理体系的深刻认识，并培养应对复杂财务情境的能力。

通过学习本项目，学生不仅可以在财务管理领域获得丰富的知识，还可以培养分析、解决问题的能力，为未来在财务管理岗位上更加出色的表现奠定坚实基础。

任务一 财务管理的概念

情景导入

在科技园区内，RY 科技的办公楼内到处是忙碌的身影。创始人小李站在窗前，透过大楼外的现代化景象，思考着公司的未来。他注意到公司最近推出的智能设备在市场上取得了成功，但也带来了新的挑战。资金似乎变得越发不足，制约了公司的发展。小李意识到，这需要更加系统地理解财务管理的概念。

他启动了一个内部培训项目，邀请财务专家为公司员工讲解企业资金的运动过程。通过案例分析和实际操作，员工们逐渐理解了采购、生产、销售等环节对资金流动的影响。小李与团队一起制订了更加科学的库存管理策略，通过引入现代化的账款回收系统，成功改善了公司的现金流状况。这不仅为公司解决了短期资金问题，也提高了员工对财务管理的整体认识。

深思熟虑

思考题一：为什么 RY 科技需要调整财务管理目标？在案例中，小李意识到公司一直以来过于追求短期盈利，而缺乏对长期稳定发展的关注。为什么这种调整对公司的未来发展至关重要？有哪些潜在的好处和挑战？

思考题二：员工对公司财务目标的理解如何影响团队的协作效果？案例中，小李通过全员参与的培训计划让员工了解公司的财务目标。你认为员工对公司财务目标的理解程度如何影响公司内部的协作效果？这是否会对员工的积极性和团队凝聚力产生影响？

知识要点

随着我国市场经济的发展，财务管理越来越重要。建立与我国市场经济相适应的财务管理科学体系，是当前和今后都十分重要的课题，必须认真加以研究。

企业财务，是指企业在再生产过程中客观存在的资金运动及其所体现出的同有关各方面的经济关系。

财务管理，则是企业在生产过程中客观存在的财务活动和财务关系，是企业组织财务活动、处理与各方面的财务关系的一项经济管理工作。企业财务管理也就是对企业财务进行管理。企业的资金运动是和市场经济的存在和发展分不开的，体现在以下几个方面。

一、企业资金的运动过程

企业在生产过程中不断地循环进行，其资金从货币资金形态开始，通过供应、生产、销售三个阶段，又回到货币资金形态。从货币资金开始经过若干阶段，又回到货币资金的运动过程，称为资金的循环。企业资金周而复始不断重复地循环，称为资金周转。资金周转越快，经济效益越佳。生产企业的资金运动包括筹资、投放、营运和分配四个方面。

（一）筹资

企业筹集资金，是资金运动的起点。筹资是指企业为了满足投资和用资的需要，筹措和集中所需资金的过程。筹资要确定筹资总规模和合理筹资结构以降低筹资成本。企业的自有资金，是通过发行股票或其他方式从投资者那里吸收直接投资取得的。同时，企业还可以通过向银行借款、报经批准发行债券等方式吸收借入资金，构成企业负债。

（二）资金投放

企业筹集的资金，要合理投放并运用于经营资产方面，以谋求最佳的经济效益，包括企业购置的各种资产，以及对外投资的活动过程。

什么是财务管理

（三）资金营运

企业为了保障其日常生产经营活动所需，会垫付一定的资金，这部分资金即为企业营运资金。在企业的营运销售过程中，该部分资金会不断收回并增加。企业营运资金的周转速度对企业经济效益有着直接且显著的影响。

企业在开展经营活动时，首要任务是采购材料或商品，同时还要支付员工工资和其他各类费用。因此，如何提高资金营运效果，加速资金周转，显得至关重要。

企业生产的产品在销售过程中实现销售收入，使企业从成品资金形态转化为货币资金形态，不仅可以补偿产品成本，还能实现企业利润。此外，企业还可以从对外投资中获得投资收益，从而使企业的自有资金不断增长。

（四）资金分配

企业所取得的销售收入，除弥补经营耗费、缴纳税金所形成的营业利润，加上对外投资收益、其他净收入构成的企业的利润总额，按国家规定缴纳所得税后的净利润，要提取公积金、公益金，所余利润作为投资收益分配给投资者。

二、财务关系

企业财务关系是指企业在财务管理过程中与相关各方产生的经济利益关系。企业资金的筹措、投放、营运及分配等全过程中的活动，与企业内外部各方均存在广泛的联系，可以归纳为以下几个方面。

（一）企业与政府之间的财务关系

企业应按照国家的税法和其他法律规定，及时足额缴纳增值税、营业税、消费税、资源税、所得税及其他法规规定的税费。它是作为国家管理者财政收入的主要来源，是企业生产经营者对国家应尽的义务。

（二）企业与投资者和受资者的财务关系

投资者一般包括国家、法人、个人和外商。投资者按合同、章程规定向企业投入的资金，构成企业所有者的资本投入，包括货币、实物和无形资产。企业运用这些资本进行营运，实现的税后利润，应按照投资比例或合同、章程的规定，向投资者进行分配，体现了经营管理权与所有权的关系。

企业在满足自身经营所需资金外，还可将暂时闲置的资金或实物向其他单位投资，这些被接受投资的单位即为受资者。受资者应根据实现的利润，向企业分配投资收益。企业与受资者的财务关系是所有权性质的投资与受资的关系。

（三）企业与债权人之间的财务关系

若企业经营资金周转不足，可通过向银行借款、经批准发行债券，或通过延期付款（如应付账款）的方式向外采购材料（商品）。债务到期时，企业应按时偿还，以维护商业信用。

（四）企业与债务人之间的财务关系

企业在满足营运资金需求后，若存在闲置资金用于购买其他单位债券，或因赊销形成应收账款，应当及时清理并按时回收，避免资金占用。此类情况下，企业与债务人构成债权债务关系。

（五）企业内部各单位之间的财务关系

企业内部各单位之间在生产经营过程中，相互提供各道工序阶段产品或劳务，应进行计价结算。企业财务部门同内部其他部门、各单位之间，以及各单位相互之间发生的资金结算关系，也体现了企业内部各单位之间的经济利益关系。

（六）企业与职工之间的财务关系

企业的职工是企业的劳动者，企业根据职工自身提供的劳动数量、质量情况，支付其工资、津贴、奖金或其他福利补贴，以及按国家规定提取公益金等，体现着企业与职工劳动所形成的经济分配关系。

课堂思考

你认为企业资金的运动过程在不同行业中会有哪些差异？以不同行业为例，分析企业在资金运动方面可能面临的特殊挑战和机遇。

三、财务管理的内容

财务管理是企业组织财务活动、处理财务关系的综合性管理工作，涵盖了筹资管理、投资管理、营运资金管理、收入与分配管理等多个方面。在筹资管理方面，企业需要合理确定筹资结构、控制相关风险，同时科学预测筹资总规模，并努力降低资本成本。在投资管理方面，企业需要不断提高投资效益，降低并控制投资风险。在营运资金管理方面，企业需要不断优化流动资产的使用，提高资金使用效率。在收入与分配管理方面，企业需要强化销售预测及定价变更管理，同时实现纳税管理与利润管理目标。

知识链接

企业实施财务管理活动，必须协调处理好与之相关的经济关系。企业与利益相关者的经济关系如图 1-1 所示。

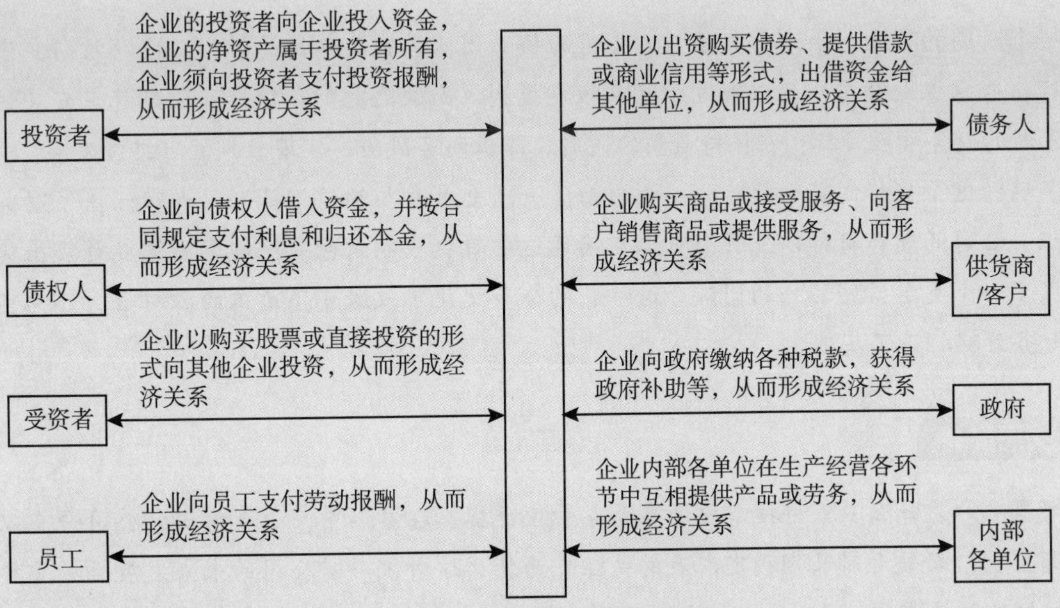

图 1-1　企业与利益相关者的经济关系

学习总结

学习项目	学习目标	评分
学习过程评价	评估学生的学习方法和策略，如笔记记录和学习情况	
	评价学生的学习态度，如上课专注度、参与度和课堂表现等	
	评价学生的合作情况，如团队合作和课堂互动等	
学习成长评价	设计自我评价的方式，让学生评估自己的学习进步和成长	
	促进学生的反思能力，引导他们思考学习过程中的挑战和改进方向	
	评估学生目标的达成情况，帮助他们认识到自己的成就和进步	
合计：综合分数______________。师评（70%）+ 自评（30%）		总分：10 分

任务二 财务管理的目标与对象

情景导入

在一个晴朗的下午，小李召集了 RY 公司的核心团队进行战略性的讨论。他深入研究了财务管理的目标，并意识到公司一直以来过于追求短期盈利，而缺乏对财务健康和长期稳定发展的关注。他提出了新的财务管理目标：在保持盈利的同时，降低财务风险，实现长期的可持续发展。

为了确保这个目标的贯彻执行，小李启动了一项全员参与的培训计划，内容涵盖了财务管理的基本知识、公司的财务目标以及每个员工在实现这些目标中的角色。他鼓励团队成员提出建议和想法，形成了一个更加紧密协作的团队。这种新的公司文化不仅激发了员工的积极性，还为实现更为均衡的财务目标打下了基础。

深思熟虑

思考题一：为什么 RY 科技需要调整财务管理目标？在案例中，小李意识到公司一直以来过于追求短期盈利，而缺乏对长期稳定发展的关注。为什么这种调整对公司的未来发展至关重要？有哪些潜在的好处和挑战？

思考题二：员工对公司财务目标的理解如何影响团队的协作效果？在案例中，小李通过全员参与的培训计划让员工了解公司的财务目标。你认为员工对公司财务目标的理解程度如何影响公司内部的协作效果？这是否会影响员工的积极性和团队凝聚力？

知识要点

一、财务管理的目标

财务管理目标是企业进行财务管理工作所要达到的目的。它是评价企业财务活动是否合理有效的基本标准。财务管理目标制约着财务工作运行的基本特征和发展方向。

企业财务管理目标的设定，首先必须与企业整体发展战略相一致，要符合企业长期发展战略的需要，体现企业发展战略的意图；其次应与企业管理模式相衔接，利于将企业财务总目标分解到企业的各个部门，形成部门目标；同时，财务管理目标应适应政治、经济环境的变化。企业财务管理目标有以下几种具有代表性的观点。

（一）利润最大化

利润最大化就是假定在投资预期收益确定的情况下，财务管理行为将以企业利润最大化为主要目标。

以利润最大化作为财务管理目标的优点主要有：利润体现了企业在一定期间全部收入和全部费用的差额，它不仅可以直接反映企业创造利润的多少，而且也从一定程度上反映出企业经济效益的高低和对社会贡献的大小，有利于企业按市场经济要求，合理配置资源和提高经济效益。同时利润指标比较具体直观，容易被企业管理者和职工接受，有利于企业整体提升经济效益。

以利润最大化作为财务管理目标的缺点主要有：①没有考虑利润取得时间和货币时间价值；②不能反映利润取得与投入资本的比例关系，不利于同一企业在不同时期和不同企业之间的对比；③没有考虑风险因素的影响；④片面追求利润最大化可能导致企业的短期行为，忽视了企业的长远发展。

不断提高企业的盈利能力是保证企业长期稳定发展的基础，但完全以利润最大化作为财务管理目标是不恰当的。

（二）股东财富最大化

股东财富最大化是指通过财务管理，为股东创造最多的财富，从而实现企业财务管理目标。在上市公司，股东财富是由其所拥有的股票数量和股票市场价格所决定的。在股票数量一定时，股票价格达到最高，股票财富也就达到最大。

与利润最大化目标相比，股东财富最大化目标的优点主要有：①股东财富最大化所体现的股价会对风险作出较敏感的反应，考虑了风险因素的影响；②对上市公司而言，股东财富最大化目标比较容易量化，便于考核和奖惩；③股东财富最大化目标在一定程度上能避免企业的短期行为，因为不仅目前的利润会影响股票价格，未来预期的利润也会对股价产生重要影响。

以股东财富最大化作为财务管理目标也存在以下缺点：①股东财富最大化较适用于上市公司，非上市公司难以应用；②股价容易受众多因素影响，不能完全准确地反映企业的财务管理状况；③股东财富最大化强调的更多的是股东利益，而对其他相关者的利益重视程度不够。

（三）企业价值最大化

企业价值最大化是指企业的财务管理行为以实现企业的最大价值为目标。企业价值是企业所能创造的预计未来现金流量的现值，等于所有者权益的市场价值与债权人权益的市场价值之和。未来现金流量包含了货币时间价值和风险价值两个方面的因素。

以企业价值最大化作为财务管理目标的优点主要有：①考虑了报酬取得的时间，并用货币时间价值的原理进行了计量。②考虑了风险与收益的关系。③将企业长期、稳定的发展和持续的获利能力放在首位，能克服企业在追求利润上的短期行为。因为不仅目前的利润会影响企业的价值，未来预期的利润也会对企业价值的增加产生重大影响。④利用价值代替价格，克服了过多外界市场因素的干扰，有效地规避了企业的短期行为。

以企业价值最大化作为财务管理目标也存在以下缺点：①企业的价值过于理论化，不易操作。股价在一定程度上反映了企业的价值，但是，股价是多种因素共同作用的结果。②对于非上市公司，只有对企业进行专门的评估才能确定其价值，而在评估企业的资产时，由于受评估标准和评估方式的影响，很难做到客观和准确。

（四）相关者利益最大化

现代企业是多边契约关系的总和，要确立科学的财务管理目标，不仅要考虑股东的利益，还要综合考虑债权人、员工、企业经营者、客户、供应商和政府等利益相关者的利益。相关者利益最大化目标强调风险与报酬均衡，以股东为首的各利益群体的利益应协调一致，它具有以下优点。

（1）注重企业长期发展。这一财务管理目标要求企业在发展过程中考虑并满足各利益相关者的利益需求，要求从企业的角度进行发展研究，避免只站在股东角度考虑问题。

（2）体现了合作共赢的理念，有利于实现企业经济效益与社会效益的统一。由于相关者利益最大化目标兼顾了企业、股东、债权人、员工、政府、客户等各方的利益，企业就不仅是一个单纯的营利组织，还承担了一定的社会责任。企业在寻求其自身的发展和利益最大化的过程中，能够兼顾客户及其他利益相关者的利益。

（3）体现了前瞻性和现实性的统一。如企业的评价指标是企业未来报酬的贴现值；股东的评价指标可以使用股票市价；债权人的评价指标是风险最小化和利息最大化；员工的评价指标是确保工资福利；政府的评价指标是社会效益等。不同的利益相关者有各自的评价指标，只要合理合法、互利互惠、互相协调，就可以实现所有相关者利益最大化。

由此可见，相关者利益最大化是企业财务管理最理想的目标。

二、各种财务管理目标之间的逻辑关系

各种财务管理目标都以股东财富最大化为基础，这是因为：①企业的创立和发展都必须以股东的投入为基础。②股东承担最大的义务和风险，理应享有最高的报酬。③股东权益是剩余权益，其他利益相关者利益应先于股东被满足，这种满足必须是有限度的。④以股东财富最大化作为核心和基础，还应该考虑利益相关者的利益。因此，在强调公司承担应尽的社会责任的前提下，应当允许企业以股东财富最大化作为财务管理目标。各种财务管理目标设定时需要考虑的因素如表 1–1 所示。

表 1-1　各种财务管理目标设定时需要考虑的因素

财务管理目标	利润取得时间	风险	长远发展	难易程度
利润最大化				容易
股东财富最大化	考虑	考虑	考虑	容易（针对上市公司）
企业价值最大化	考虑	考虑	考虑	过于理论，难以操作
相关者利益最大化	考虑	考虑	考虑	难以操作

课堂思考

对于初创公司来说，追求盈利最大化和长期稳定发展如何平衡？请提供一些实际案例，说明初创公司可能面临的挑战，并讨论如何调整财务管理目标以应对这些挑战。

三、财务管理的对象

财务管理是组织资金筹集、投放、营运和分配有关的财务活动，处理与各方面财务关系的一项管理。财务管理的对象，是企业再生产过程中的资金运动，也是企业货币资金的流转。要了解财务管理的对象，必须知道企业在生产过程中的资金运动。企业生产经营资金运动的过程，是随着再生产进行不断循环和周转的过程。企业的资金只有不断循环和周转，才能实现其创造的价值和增值。

（一）资金循环

企业的资金，从货币形态出发，经过一系列非货币形态的转化，又回到货币形态的过程，即完成了一个循环过程，称为资金循环。资金循环可分为短期资金循环和长期资金循环。

1. 短期资金循环

短期资金是指企业的各种资产，可在一年内或超过一年的一个营业周期内变现、周转或运用的资金。

短期资金是企业全部营运资金中周转最快的资金，它是随着再生产的不断进行改变形态，变现时间短，包括货币资金、存货、短期投资、应收及预付款项和待摊费用等。

2. 长期资金循环

长期资金是指资产使用一年以上，或不能全部计入当年损益而应当在以后年度分期摊销的费用，以及对外的长期投资等。长期资金是企业全部资金中周转比较缓慢的资金，它的周期较长，从最初投入的货币资金到该项资产成本全部补偿或收回，至少需要一年、几年或几十年时间。它包括固定资产、无形资产、递延资产和长期投资等。

（二）资金周转

企业资金是随着再生产经营过程不断循环、周而复始地不断重复的循环，称为资金周转。由于资金每周转一次，便会给企业资金带来一次增值，资金周转速度的快慢必然影响企业经济效益的高低。

企业资金循环随着再生产周而复始地不断进行，资金周转就是以此为基础，资金每完成一个循环过程就是完成了一次资金周转。资金在一定时期内（如以年为单位）循环的次数称为资金周转次数；资金周转一次所需要的天数，称为资金的周转天数；资金的周转次数和周转天数是资金周转速度的具体表现形式。资金周转次数说明企业全部资金在一定时期的一年内周转了几次；资金周转天数，说明企业全部资金在一定时期的同一年内每周转一次所需的天数。

资金周转次数同资金周转天数两者成反比例关系，在一定时期内的资金周转次数越多，资金周转的天数就越少，其资金周转速度越快，对企业的经济效益则越好。若在一定时期内的资金周转次数越少，资金周转的天数就越多，其资金周转速度则越慢，对企业的经济效益则越差。因此，每个企业都必须十分注意其资金周转的速度，充分合理地运用资金，避免资金占压浪费，加快资金周转，提高经济效益。

学习总结

学习项目	学习目标	评分
学习过程评价	评估学生的学习方法和策略，如笔记记录和学习情况	
	评价学生的学习态度，如上课专注度、参与度和课堂表现等	
	评价学生的合作情况，如团队合作和课堂互动等	
学习成长评价	设计自我评价的方式，让学生评估自己的学习进步和成长	
	促进学生的反思能力，引导他们思考学习过程中的挑战和改进方向	
	评估学生目标的达成情况，帮助他们认识到自己的成就和进步	
合计：综合分数________。师评（70%）+ 自评（30%）		总分：10 分

任务三 财务管理的任务和环节

情景导入

小李意识到财务管理的任务不仅仅是关注数字，还需要关注企业在不同环节中的实际操作。他在财务管理会议上指出，公司在投资决策、资金流动和融资方面存在一些瓶颈，需要更为有效的解决方案。

为了应对市场的不确定性，小李与财务团队一起制定了更为严格的预算，并引入了先进的财务分析工具。在与供应商的深入谈判中，他成功降低了一些关键原材料的采购成本。同时，他通过与金融机构合作，制订了更加灵活的融资计划，以确保公司能够在市场波动中稳健前行。这一系列的改进不仅提高了公司在投资和融资方面的效率，也增加了对市场的灵活应对能力。

深思熟虑

思考题一：投资决策的灵活性对公司的发展有何重要性？在案例中，小李发现公司在投资决策上存在问题，通过严格的预算和引入更灵活的融资方式改进了这一环节。思考一下，投资决策的灵活性如何影响公司在市场中的竞争地位和未来的可持续发展？

思考题二：公司如何在市场变动中保持灵活应对能力？小李通过与供应商深入谈判、引入更灵活的融资方式，使公司更好地适应了市场的变动。你认为公司还可以采取哪些措施来更好地应对外部环境的不确定性？

知识要点

一、财务管理的任务

企业财务管理的任务，根据《企业财务通则》规定，主要有以下五项。

（一）参与筹资决策，组织资金供应

企业财务管理的首要任务就是依法合理筹集资金。企业财务部门应积极参与企业的筹资决策和经营决策，根据企业的生产经营任务和其他条件，结合运用资金的要求，正确合理地预测企业完成生产经营任务所必需的资金，并通过各种渠道和各种方式取得资金，及时供应生产经营的需要。

（二）合理运用资金，提高利用资金效率

企业财务管理部门首先必须管好、用好各项资金，要把有限的资金用于最需要和最关键的方面。在运用资金中，要力求做到科学、高效、合理，减少和消除风险。企业的流动资产、长期投资、固定资产、无形资产和其他资产等，应有合理结构，分布合理。如能安排得当、使用合理，就能提高资金利用效率。

（三）降低产品成本，提高经济效益

企业进行生产经营活动，必然要发生一定的耗费，企业财务管理必须努力挖掘企业潜力，促使企业科学合理地使用人力和物力，降低产品成本，以尽可能少的生产经营耗费，取得尽可能多的生产经营成果，增加企业盈利，提高经济效益。

（四）依法分配收入，合理积累资金

企业的收入主要是销售产品的货币收入。销售收入首先要补偿生产经营中的耗费和支付员工的劳动报酬，余下的纯收入再扣除销售税金、资金占用费和期间费用，形成企业利润，加上对外投资收益和其他收入上缴所得税后，形成企业的净利润，然后依照法规进行分配。企业收入的分配，关系着国家、投资者、企业职工之间的经济利益，一定要从全局出发，正确进行分配，为国家和企业积累发展资金。

（五）进行财务监督，维护财经纪律

企业财务管理在为企业生产经营活动服务的同时，还必须利用价值形式对企业生产经营过程进行调节、控制和监督，其目的是保证国家方针、政策、财经制度和法令的正确贯彻执行，以维护财经纪律。对于那些违反党和国家的方针、政策、财经制度、法令，损害国家和公众利益的错误行为，要及时发现问题，迅速向有关方面反映情况，并提出处理建议，促使有关方面及时解决。

二、财务管理的环节

财务管理环节是企业进行财务管理的工作步骤与一般工作程序。企业财务管理环节如图 1–2 所示。

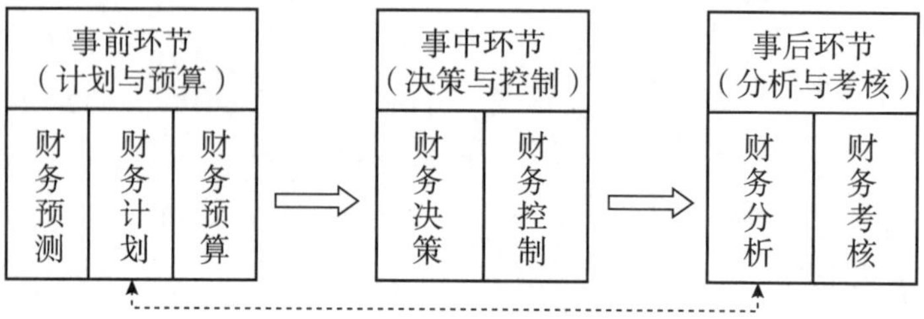

图 1–2　企业财务管理环节

（一）财务管理事前环节

财务管理事前环节分为财务预测、财务计划与财务预算。

财务预测是指根据财务活动的历史资料，考虑现实的要求和条件，对企业未来的财务活动和财务成果作出科学的预计和测算。财务预测的主要内容有：预测企业投资与筹资各项方案的经济效益，为财务决策提供依据；预计财务收支（现金流量）的发展变化情况，以确定经营目标；测定各项定额和标准，为编制财务计划、分解计划指标服务。

财务计划是指以货币形式协调安排计划期内投资、筹资及财务成果的文件。它是在生产、销售、采购供应、劳动工资、设备维修和技术组织等计划基础上编制的。制订财务计划的目的是将财务管理目标具体量化到各部门与各时段。财务计划是企业内部实行经济责任考核的主要依据，能使生产经营活动按计划协调进行，挖掘增产节约潜力，从而提高经济效益。

财务预算是指一系列专门反映企业未来一定期限内预计财务状况和经营成果，以及现金收支等价值指标的各种预算的总称。财务预算的内容一般包括现金预算、预计利润表和预计资产负债表。

财务预算对财务计划有进一步明细的意义，业务计划以货币计量汇总到财务部门，体现为财务计划，可用于考核业务部门；业务计划以具体某一品种业务量与货币计量，量化某业务与各期间，即某一部门某项业务的财务预算，用于考核业务部门某业务（品种）单元的完成情况。在财务部门，财务预算的最终体现是预计资产负债表、预计现金流量表和预计利润表。财务计划的最终体现是各种用于考核的计划指标数据。

（二）财务管理事中环节

财务管理事中环节分为财务决策与财务控制。

财务决策是企业财务决策人员利用专门方法，对各种备选财务决策方案进行比较和分析，并从中选出最佳方案的过程。财务决策是财务管理的核心，决策的成功与否直接关系到企业的兴衰成败。财务决策过程主要包括：明确决策目标、提出备选方案、确定优选方案等。

财务控制是对预算和计划的执行进行追踪监督、对执行过程中出现的问题进行调整和修正，以保证计划及预算的实现。在财务控制过程中，由于企业各个部门的运作及预算的执行最终都会以价值的形式体现出来，从而对企业的资金运动产生影响，这就需要协调企业各部门的关系，发动和激励全体员工参与全面预算的落实和执行，以使得企业经营能高效运转，实现价值增值。此外，还要协调好企业与外部各方面的关系，并充分利用各方面的资源，为企业谋取更大的利益。

（三）财务管理事后环节

财务管理事后环节分为财务分析与财务考核。

财务分析是指根据财务报表等有关资料，运用特定方法，对企业财务活动过程及其结果进行分析和评价的一项工作。财务分析既是对已完成的财务活动的总结，也是财务预测的前提，在财务管理的循环中起着承上启下的作用。财务分析包括以下步骤：收集资料，掌握信息；指标对比，揭露矛盾；分析原因，明确责任；提出措施，改进工作。

财务考核是指将报告期实际完成数与规定的考核指标进行对比，从而确定有关责任单位和个人任务完成情况的过程。企业应该建立科学的考核制度，它是企业发挥激励作用的依据和前提。企业激励机制的有效性又是企业目标实现的动力和保证。财务考核的形式是多种多样的，既包括财务指标，也包括非财务指标。非财务指标包括企业战略因素，如客户关系、学习和成长能力、内部经营过程等。

学习总结

学习项目	学习目标	评分
学习过程评价	评估学生的学习方法和策略，如笔记记录和学习情况	
	评价学生的学习态度，如上课专注度、参与度和课堂表现等	
	评价学生的合作情况，如团队合作和课堂互动等	
学习成长评价	设计自我评价的方式，让学生评估自己的学习进步和成长	
	促进学生的反思能力，引导他们思考学习过程中的挑战和改进方向	
	评估学生目标的达成情况，帮助他们认识到自己的成就和进步	
合计：综合分数______。师评（70%）+ 自评（30%）		总分：10 分

任务四　财务管理的原则与环境

情景导入

深入研究财务管理的原则后，小李认识到透明度、谨慎性和连续性是公司长期发展的关键。他决定将这些原则融入到公司的财务管理体系中，以应对行业的竞争和市场的变化。

小李引入了先进的财务技术，实现了对公司财务状况的实时监控。通过建立透明度和沟通机制，他鼓励员工分享关于市场趋势和客户需求的信息，以便公司能够更迅速地做出反应。小李还与外部专业团队合作，对公司的财务管理体系进行了全面的审查和优化。这一系列措施不仅提高了公司的财务透明度，还使其能够更加灵活地应对外部环境的变化，确保公司在不同市场条件下都能够保持稳健的财务状况。

深思熟虑

思考题一：为什么透明度、谨慎性和连续性是财务管理成功的关键原则呢？小李深入研究财务管理的原则时，认识到透明度、谨慎性和连续性的重要性。思考一下，这些原则是如何帮助公司在不同市场条件下保持稳健的财务状况的？有没有其他的财务原则也同样重要？

思考题二：公司如何利用先进技术和外部专业团队优化财务管理体系？小李引入了先进的财务技术，还与外部专业团队合作对公司的财务管理体系进行了优化。你认为这些举措如何影响公司的财务决策和整体运营效率？还有其他的技术或策略可以进一步改善财务管理体系吗？

知识要点

一、财务管理的原则

《企业财务通则》第四条规定，企业财务管理的基本原则是建立健全企业内部财务管理制度，做好财务管理的基础工作，如实反映企业财务状况，依法计算和缴纳国家税收，保证投资者权益不受侵犯。

（一）建立健全企业内部财务管理制度

为了加强财务管理和保障经济责任制的贯彻执行，企业必须建立健全内部财务管理制度，应根据《企业财务通则》和国家有关财经法规制度，结合企业具体情况建立健全资产管理制度、成本和费用管理制度、营业收入管理制度、利润和利润分配管理制度、财务收支管理制度、财务报告与考评制度等。企业内部的经济责任制主要表现为财务管理工作的统一领导和归口分级管理。财务管理工作的统一领导，是指由厂长（经理）负责组织和指挥。涉及企业生产经营活动的全过程和各个方面，要把工作搞好，还必须正确处理企业内部各单位在财务管理方面的责、权、利关系，充分发挥各方面的积极性，实行归口分级管理。同时，要正确处理成本、费用与产销量、服务质量的关系，把眼前的经济效益与长远的经济效益、企业的经济效益与社会效益统一起来。

（二）做好财务管理的基础工作

做好财务管理的基础工作非常重要，它主要包括计量、原始记录、定额和计划等方面的工作。计量是指物品的入库、出库和日常管理都需要按实物的数量单位核实，做到数量准确。物品入库要验收数量和质量，做到度量器具准确、验收手续完备，物品出库做到手续完备合理、把好数量关；日常保管要保证物品的安全完整，做到账实相符。财务核算要真实、准确。原始记录要求做到及时、真实、准确和完整，为财务核算提供可靠的资料。制定定额就是确定单位产品用料、用工的数量和费用的开支标准。各项定额是编制财务计划、控制各项费用、监督和考察财务活动的依据。定额制定以后，企业要认真贯彻执行。

（三）如实反映企业财务状况

如实反映企业财务状况是企业财务部门义不容辞的责任。它不仅有利于企业经营决策者、投资者和国家财税机关了解企业生产经营活动的真实状况和经营成果，而且有利于企业正确地做出经营决策和提高经济效益。因此，企业必须做好财务管理的基础工作，提高人员素质，严肃财经纪律，加强和改善财务核算，认真、准确地编制财务报告，如实、准确地反映企业的财务状况。在企业财务管理过程中，一方面要通过加强资产管理来减少资产占用和资产耗费。通过成本、费用管理来控制人力、物力和财力消耗。通过营业收入和利润的管理来实现商品销售和企业的营业利润。另一方面要通过财务管理促进企业全面改善生产经营管理，协调企业的生产经营活动，提高经济效益。

（四）依法计算和缴纳国家税收

为了维护国家职能行使的权益，企业必须根据其收入，按照税法有关规定，依法计算和足额缴纳各种税款。必须按不同税种核实计税；按规定的计税依据、税率和计算方法计算应纳税额；按规定的纳税期限及时、足额缴纳税款，不得违法偷税或抗税。

（五）保证投资者权益不受侵犯

投资者设立企业是为了获利。为了保护企业投资者的合法权益，使其投入的资本有所保值和增值，企业就要建立健全财务管理制度，加强对各项资产的核算和管理，有效利用和提高资产的使用效果。加强资产、成本、费用、营业收入、利润与利润分配等管理和核算，以提高经济效益。根据企业实现的税后净利润，依照法定程序提取公积金、公益金后的剩余利润按比例或合同向投资者进行分配，实现资产的保值和增值。

二、财务管理环境

（一）技术环境

财务管理的技术环境是指财务管理得以实现的技术手段和技术条件，它决定着财务管理的效率和效果。大数据、人工智能等新一代现代信息技术，推动着财务共享模式下财务管理体系的不断变化，使企业的各项管理活动和经济业务更加灵活、有效，并在提高财务管理效率、提供经营决策等方面提供了重要支撑。

（二）经济环境

在影响财务管理的各种外部环境中，经济环境是最为重要的。经济环境内容十分广泛，包括经济体制、经济周期、经济发展水平、宏观经济政策及通货膨胀水平。

1. 经济体制

经济体制决定了社会经济资源的基本配置方式。在社会主义市场经济体制下，企业作为“自主经营、自负盈亏”的经济实体，有独立的经营权和理财权。企业必须服从于国家的经济体制，在财务管理目标、财务主体、财务管理手段与方法等方面应与经济体制的要求相一致。

2. 经济周期

经济周期是指国民经济发展状况的阶段性特征和规律。经济发展与经济周期大体经历了复苏、繁荣、衰退和萧条四个阶段的循环。在不同的经济周期，企业应采用不同的财务管理战略。不同经济周期的财务管理战略如表 1–2 所示。

表 1–2 不同经济周期的财务管理战略

项目	复苏	繁荣	衰退	萧条
固定资产设备（投资）	（1）增加厂房设备； （2）实行长期租赁	扩充厂房设备	（1）停止扩张； （2）出售多余设备	（1）建立投资标准； （2）放弃次要利益
流动资产管理	（1）建立存货； （2）开发新产品	（1）继续建立存货； （2）提高产品价格； （3）开展营销规划	（1）削减存货； （2）停产不利产品； （3）停止长期采购	（1）削减存货； （2）保持市场份额； （3）压缩管理费用
人才资源安排	增加劳动力	增加劳动力	停止扩招雇员	裁减雇员

3. 经济发展水平

财务管理水平的提高将推动企业降低成本、改进效率和提高效益，从而促进经济发展水平的提高；而经济发展水平的提高将改变企业的财务战略、财务理念、财务管理模式和财务管理的方法与手段，从而促进企业财务管理水平的提高。

4. 宏观经济政策

宏观经济政策包括财税、金融、外汇、外贸、价格、投资、社会保障等方面的政策制度。所有这些政策制度及相应的改革措施，深刻地影响着我国企业的发展和财务活动的运行。

5. 通货膨胀水平

在商品社会中，通货膨胀是一种比较普遍的经济现象，它是指物价的持续上涨引起货币购买力下降的经济现象。通货膨胀对企业财务活动的影响主要表现在：①引起资金占用的大量增加，从而增加企业的资金需求。②引起利率上升，加大企业筹资成本。③利润虚增，造成企业资金由于利润分配而流失。④引起有价证券价格的下降，增加企业的筹资难度。⑤引起资金供应紧张，增加企业的资金管理难度。

为了减轻通货膨胀对企业造成的不利影响，企业应采取适当措施予以防范。在通货膨胀初期，货币面临着贬值的风险，这时企业进行投资可以避免贬值风险，实现资本保值；与客户应签订长期购货合同，以减少物价上涨造成的损失；取得长期负债，保持资本成本的稳定。在通货膨胀持续期，企业可以采用比较严格的信用条件，减少企业债权；调整财务政策，防止和减少企业资本流失等。

（三）金融环境

1. 金融市场与金融工具

金融市场是指资金供应者和资金需求者双方通过一定的金融工具进行交易而融通资金的场所。金融市场的构成要素包括资金供应者和资金需求者、金融工具、交易价格、组织方式等。金融市场为企业融资和投资提供了场所，可以帮助企业实现长短期资金转换、引导资本流向和流量，提高资本效率。金融工具是指形成一方的金融资产并形成其他方的金融负债或权益工具的合同。借助于金融工具，资金可以从供给方转移到需求方。

金融工具分为基本金融工具和衍生金融工具两大类。常见的基本金融工具有货币、票据、债券、股票等。衍生金融工具又称派生金融工具，有远期合同、期货合同、互换合同和期权合同等。财务管理应用金融工具实现管理目的时，必须注意金融工具的流动性、风险性与收益性等特征。

2. 金融市场的分类

金融市场可以按照不同的标准进行分类。

（1）按照金融工具交易期限的长短划分，金融市场可分为货币市场和资本市场。货币市场又称为短期金融市场，是指以期限在1年以内的金融工具为媒介，进行短期资金融通的市场，包括同业拆借市场、票据市场、大额定期存单市场和短期债券市场。其交易目的是解决短期资金周转的需要，具有期限短、流动性极强和价格平稳的特征。资本市场又称长期金融市场，是指以期限在1年以上的金融工具为媒介，进行长期资金融通的市场，包括股票市场、债券市场、期货市场和融资租赁市场。其交易目的是解决长期投资性资本的需要，具有期限长、借贷量大、收益高且风险大的特征。

（2）按照融资对象的不同划分，金融市场可分为资本市场、外汇市场和黄金市场。资本市场是指以货币和资本为交易对象的市场；外汇市场是指以各种外汇金融工具为交易对象的市场；黄金市场则是指集中进行黄金买卖和金币兑换的交易市场。

（3）按照所交易金融工具的属性划分，金融市场可分为基础性金融市场与金融衍生品市场。基础性金融市场是指以基础性金融产品为交易对象的金融市场，如商业票据、企业债券、企业股票等的交易市场；金融衍生品交易市场是指以金融衍生产品为交易对象的金融市场，如远期、期货、掉期（互换）、期权，以及具有远期、期货、掉期（互换）、期权中一种或多种特征的结构化金融工具的交易市场。

3. 利率

利率是指资金使用权的价格，利率对财务管理具有重要影响，其计算公式如下：

利率＝纯粹利率＋通货膨胀附加率＋风险附加率

（1）纯粹利率。纯粹利率是指在无通货膨胀、无风险情况下的平均利率。在没有通货膨胀时，国库券的利率可以视为纯粹利率，纯粹利率的高低受平均利润率、资金供求关系和国家调节的影响。

利息是利润的一部分，所以利率依存于利润率，并受平均利润率的制约。一般来说，利率随着平均利润率的提高而提高，利率最高不能超过平均利润率，否则，企业将无利可图，不会借入款项；利率最低应大于零，若利率等于或小于零，资金提供者将无利可图。

金融市场上的供求关系决定市场利率水平，当经济繁荣时，资金需求量上升，若供应量不变，则利率上升；当经济衰退时，情况正好相反。

中央银行的货币政策对利率有重要影响，为了防止经济火热，中央银行减少货币供应量，则资金利率上升；为了刺激经济发展，中央银行增加货币供应量，则资金利率下降。

（2）通货膨胀附加率。通货膨胀附加率是指为弥补通货膨胀造成的购买力损失而要求提高的利率。通货膨胀会使货币贬值，从而导致投资者的报酬下降。在通货膨胀的情况下，应在纯粹利率的水平上再加上通货膨胀附加率，以弥补通货膨胀造成的购买力损失。

（3）风险附加率。风险附加率是指投资者要求的除纯粹利率和通货膨胀附加率之外的风险补偿。投资者除了关心通货膨胀附加率以外，还关心资金使用者能否保证他们收回本金并取得一定的收益。这种风险越大，投资人要求的收益率就越高。实证研究表明，公司长期债券的风险大于国库券，要求的收益率也高于国库券；普通股的风险大于公司债券，要求的收益率也高于公司债券的收益率，即风险和收益之间存在对应关系。

（四）法律环境

法律环境是指企业与外部发生经济关系时，应遵守的法律法规和规章。具体的法律法规主要有：《中华人民共和国公司法》《中华人民共和国会计法》《中华人民共和国证券法》《中华人民共和国民法典》《中华人民共和国企业所得税法》《企业财务通则》等。

法律环境对企业影响的范围包括企业组织形式、公司治理结构、投融资活动、日常经营、收益分配以及信息披露等。

知识链接

国家税收制度特别是工商税收制度，是企业财务管理的重要外部条件。我国从 1994 年 1 月开始的新的税制有以下几种：

（1）所得税，包括企业所得税、外商投资企业和外国企业所得税、个人所得税；

（2）流转税，包括增值税、消费税、营业税、城市维护建设税；

（3）资源税，包括资源税、土地使用税、土地增值税；

（4）财产税，主要是房产税；

（5）行为税，包括固定资产投资方向调节税、印花税、车船使用税、屠宰税等。

学习总结

学习项目	学习目标	评分
学习过程评价	评估学生的学习方法和策略，如笔记记录和学习情况	
	评价学生的学习态度，如上课专注度、参与度和课堂表现等	
	评价学生的合作情况，如团队合作和课堂互动等	
学习成长评价	设计自我评价的方式，让学生评估自己的学习进步和成长	
	促进学生的反思能力，引导他们思考学习过程中的挑战和改进方向	
	评估学生目标的达成情况，帮助他们认识到自己的成就和进步	
合计：综合分数______________。师评（70%）+ 自评（30%）		总分：10 分

实践活动

【活动主题】

财务分析与预算制定。

【活动目标】

帮助学生理解财务分析的重要性，学习如何制定和解读预算，培养财务决策和规划的能力。

【活动流程】

流程一：理论导入

（1）引入财务分析的基本概念，解释为什么财务分析对企业至关重要。

（2）简要介绍预算制定的目的和作用。

流程二：财务分析实际操作

（1）将学生分成若干小组，每组分配一家模拟公司的财务报表。

（2）学生需要分析公司的盈利表、资产负债表和现金流量表，识别潜在的财务问题，并提出改进建议。

（3）鼓励学生使用财务比率、趋势分析等工具进行深入研究。

流程三：预算制定小组活动

（1）提供一个实际业务场景，要求每个小组制订一份年度预算。

（2）学生需要考虑公司的收入、支出、投资和融资等方面，以达到平衡财务状况的目标。

（3）每个小组将在课堂结束时展示他们的预算，并说明他们做出的决策。

流程四：讨论与反馈

（1）学生就实际操作中遇到的问题和挑战进行讨论，分享彼此的观点和解决方案。

（2）教师提供反馈，强调实际财务分析和预算制定中的关键要点。

流程五：总结与展望

（1）总结当天学到的主要概念和技能。

（2）引导学生思考如何将这些知识应用到未来的职业中。

【活动评价】

通过让学生亲自进行财务分析和预算制定，帮助他们将理论知识转化为实际操作的能力。鼓励学生思考财务决策对企业长期发展的影响，为他们未来的职业发展奠定基础。

项目二 大数据时代下的财务管理

学习目标

知识目标

- 了解会计工作的新特征。
- 认识会计数据新特征的新要求。
- 理解大数据对企业财务管理的影响。
- 了解大数据给企业财务管理带来的机遇和挑战。
- 掌握企业财务管理的创新思维。
- 重新审视财务决策的思路和环境。

能力目标

- 使用大数据工具处理庞大、多样化的会计数据。
- 培养实时决策的意识，迅速响应市场变化。
- 提高财务管理的灵活性，适应快速变化的环境。
- 提高与非财务部门协同工作的能力，整合非财务数据。
- 掌握建设强大数据基础设施的能力，确保数据质量和可靠性。
- 运用数据采集、分析和决策制定构建实际的财务决策框架。

素质目标

- 提高与非财务部门协同工作的沟通和协作能力。

- 发展敏捷决策和整合管理的创新思维。
- 提高在大数据时代灵活应对市场变化的适应能力。
- 提高对全球业务的理解，强化国际化经营的意识。
- 提升决策能力与风险管理意识。
- 培养对财务决策的责任心，确保决策的准确性和合规性。
- 强化专业精神，不断提升自身的财务管理能力。

项目导读

随着大数据时代的来临，财务管理领域迎来了深刻的变革与挑战。本项目将深入探讨大数据时代对财务管理的影响，重点关注会计工作的变革、企业财务管理面临的机遇与挑战以及财务决策的创新思维。通过系统地学习，将使学生在财务管理领域具备适应大数据时代的知识、技能和素质。

通过这一系列任务，我们将深入挖掘大数据时代下财务管理的新特征、新挑战，培养学生在数据驱动决策、创新思维和实际决策框架构建等方面的综合能力，为适应未来财务管理的发展趋势奠定坚实基础。

任务一　大数据时代对会计工作的影响

情景导入

在熙熙攘攘的都市中，一家历史悠久的百货零售公司决定通过数字化智能化的手段，迎接大数据时代的挑战。该公司引入了一套名为“智数财”的先进大数据会计系统，通过这个系统，会计团队能够深入了解每一笔交易的细节。一天，他们发现在周末购物的顾客更愿意购买高端护肤品，而工作日更青睐实用的生活用品。这一新特征成为他们调整促销策略的灵感来源，通过精准的定价和产品陈列，他们成功提升了周末销售额。

深思熟虑

思考题一：在案例中，数字化智能百货零售公司通过“智数财”系统深入了解了顾客购物的细节，如购物轨迹和偏好。你认为这种会计数据的丰富性如何影响了公司的决策能力和业务战略？

思考题二：面对大量的会计数据，数字化智能百货零售公司采取了匿名化处理技术以保护顾客隐私。你认为在大数据时代，保护数据隐私对企业的可持续发展有何影响？企业如何在数据隐私和业务需求之间取得平衡？

知识要点

一、大数据时代会计数据的新特征

从财务工作的流程上看，会计工作包含了会计确认、会计计量、会计记录、会计记账四个环节。每一笔业务的发生都必须经过原始凭证、记账凭证、明细账、总账的流程进行会计处理，企业每天所进行的大量的经营活动都必须通过财务数据的形式反映出来。因此，会计工作的过程就是大量纸质数据处理的过程。财务管理工作是通过专业的财务分析方法对会计核算的财务数据进行专业、全面的分析，为企业的经营成果进行合理评估。会计工作是数据核算处理的过程，财务管理工作是数据利用的过程，因此可以说财务工作是与大数据息息相关的管理工作，大数据时代的发展必然会带动财务工作的发展。

（1）会计数据的来源从以“结构化”数据为主导变更为以“非结构化”数据为主导。“结构化数据”主要采集来源是非关系型数据库，与其他数据库相比，其对于数据格式的约束没有那么严格。随着信息技术的不断发展，半结构化、非结构化数据的来源与价值变得越来越丰富，它们对结构化数据的取代不仅从数据数量上体现出来，而且还从提供的价值量上体现出来。静态结构化会计数据是由传统的运营系统产生的，通常情况下，结构化数据是以一维表的方式进行保存和管理，它是传统的数据库管理系统的重要组成部分。静态非结构化数据是通过现代科技设备产生的，在数据的管理过程中只能采用非关系型数据库将其保存。动态实时会计数据是与智能设备用户的地理位置、交易信息、使用场景相关联的。动态实时会计数据信息是大量的实时数据流，非结构型的会计数据来源较为广泛，如来自传感器的各种类型数据、移动电话的 GPS 定位数据、实时交易信息、行情数据信息、用户的网络点击率等。像网上书店这种通过互联网发展起来的电商，他们则通过存储顾客的搜索路径、浏览记录、购买记录等大量非结构化数据来分析顾客的购买倾向，设计算法来预测顾客感兴趣的书籍类型。在开展会计工作过程中，这些都是需要考虑的重要会计因素，这些非结构化的会计数据直接影响了会计数据的构成。

在数据结构如此多样化的背景下，所获得的数据往往是非结构化的，这使得传统的结构化数据库很难有效地存储和处理这种多样化的海量数据。因此，对于企业会计人员来说，挖掘新型数据中的巨大价值并对其进行深入挖掘显得尤为重要。只有挖掘到的信息越多，企业才能在激烈的市场竞争中越具有优势。

（2）会计数据的价值从简单的“数据仓库”转变为“深度学习对象”。传统的会计数据更多地被企业看成是一种“数据仓库”，随着大数据时代中非结构化数据的大量涌入，原有的从“数据仓库”中简单提取数据已经无法最大限度实现数据的价值，数据成为使用者深入学习的对象，其价值得到更好地体现。对数据的深入学习要求使用者必须对数据进行文本分析、语言处理、深入挖掘内容等，才能够最大限度地获得数据的内在价值。会计数据分析工作是企业在信息管理方面的重要内容。早期的会计电算化主要是面向操作型的，会计凭证、账簿和报表都没有可靠的历史数据来源，不能将会计信息转换为可用的决策信息。随着信息处理技术的应用，企业可以利用新的技术实现会计数据的联机分享，同时还引进了统计运算方法和人工智能技术对数据仓库进行横向和纵向的分析，将大量的原始数据转化为对企业有用的信息，提高了企业决策的科学性和可操作性。大数据时代下，会计数据分析改变了以往的传统关系数据库模式，将非结构化会计数据和动态实时会计数据纳入数据分析的范畴，使得企业可以根据这些信息进行定性和定量的分析，以便为企业对会计数据进行定向分析做好准备。

（3）会计数据具有实时更新的新特性，往往以动态的“流数据”形式体现。因此，企业在进行会计数据处理时需要树立“流处理”的观念。目前，“流处理”思想已广泛应用于实时在线销售、实时售后服务、实时信息反馈等领域。在会计数据的“流处理”中，我们需要借助计算模型、人工智能等技术手段。这实际上是对前文所提到的“深入学习”概念的补充，只不过在“流处理”中，机器自动对会计数据进行“深入学习”。

（4）会计数据处理由原来的集中式向分布式转变。大数据背景下数据量的指数化发展趋势明显，数据分析的样本空前大，数据分析处理的时效性要求更高，因此使得现在的数据会计处理方式与传统的会计处理方式不同。在计算全体和在线的数据时需要改变原来的集成式计算结构，企业要积极采用分布式或者扁平式的会计数据处理方式，以便能够跟上时代的步伐。企业在进行会计数据处理的时候可以采用 Hadoop，MapReduce 或者 Storm 计算架构，该计算架构在会计数据的处理方面各有优势，同时也有自己不可避免的缺点，企业在选择会计数据计算架构的时候，应根据企业自身的具体情况进行选择，要谨慎地对各种计算架构进行综合分析和了解，以便适应不同类型会计数据计算的需要，为下一步的会计数据分析工作奠定基础，从而更好地为企业提供信息服务。数据处理中的重要工作内容是数据清理、数据清洗和数据验证等工作，工作人员只需在相应的电子设备中设定好相应的清洗和验证程序。这不仅改变了以往的人工数据清洗方式，而且数据会更加真实，误差会更小。这在提高数据处理工作效率的同时也提高了数据处理工作的质量。

（5）会计数据输出形式由图表化转向可视化。在以前的会计数据输出工作中，企业大多采用图表的形式来报告企业的会计信息，如财务报表等，而在大数据的背景下，企业改变了以往的信息输出形式，将复杂的会计数据转化为直观的图形，通常会综合采用图形、表格和视频等方式将数据进行可视化呈现。同时，企业也可以采用 API，XML 和二进制等接口输出形式来输出数据，以便能够更好地将信息传达给信息内部和外部使用者，为企业进行决策提供数据支持。例如，社交网络的语音、图像、视频、日志文件等，这些都是可视化的会计数据输出形式，并且随着大数据时代的发展，新的数据来源与数据形式也会不断出现。像 1 号店、淘宝商城这样的电商平台就可以记录或搜集网上交易量、顾客感知、品牌意识、产品购买、社会互动等行为数据，以可理解的图形、图片等方式直观呈现出企业在不同时间轴上会计数据的变化趋势。

知识链接

1 号店，电商平台，上线于 2008 年 7 月 11 日，开创了中国电子商务行业“网上超市”的先河。该公司独立研发了多套国际领先的电子商务管理系统，拥有多项专利和软件著作权。通过在系统平台、采购、仓储、配送及客户关系管理等领域的持续投入，公司构建了核心竞争力，确保商品能够以低成本、高效率和极速物流实现高质量流通，为顾客提供实惠便捷的购物体验和全新的生活方式。

二、会计数据新特征产生的新要求

首先，企业会计应重视对多结构、多来源的会计数据进行搜集和存储。在大数据时代，数据的价值不可低估，其中以非结构化数据为主导，蕴含着更有价值的信息。企业之间的竞争在很大程度上体现在对有效数据资源的争夺上。因此，企业会计应尽可能通过多渠道、多来源获取多种结构的会计数据，并运用先进的数据处理系统进行有效的处理和分析，以克服信息不对称，尽可能全面反映企业经济业务的现状，为决策的准确制定提供尽可能详尽的信息依据。

其次，大数据时代影响财务数据处理方式。随着大数据时代的到来，企业在财务处理方法上应突破以劳动密集型的数据处理方式，充分利用新科技，搭建一个灵活、便捷、可扩展的信息数据平台。

再次，要注重对获得的会计数据的深入学习，满足信息使用者的个性化需求。随着会计数据从“数据仓库”的简单角色中转变过来，企业会计工作人员应当意识到其在处理会计数据中已经由被动使用的地位转换为主动挖掘价值的地位。

最终，我们需要完善企业会计制度，以提高数据处理的效率。在大数据时代背景下，企业的会计数据呈现出明显的“流”特征，因此数据采集和分析必须及时、快速。完善的企业会计制度可以从根本上提高会计数据处理的效率，通过制定详尽且恰当的制度，正确引导员工的工作，避免职责不分明、工作重复或无人处理的情况出现。

课堂思考

在大数据时代，会计数据的多样性和复杂性对会计工作有何影响？请列举具体的例子，并探讨相应的应对策略。

____

____

学习总结

学习项目	学习目标	评分
学习过程评价	评估学生的学习方法和策略，如笔记记录和学习情况	
	评价学生的学习态度，如上课专注度、参与度和课堂表现等	
	评价学生的合作情况，如团队合作和课堂互动等	
学习成长评价	设计自我评价的方式，让学生评估自己的学习进步和成长	
	促进学生的反思能力，引导他们思考学习过程中的挑战和改进方向	
	评估学生目标的达成情况，帮助他们认识到自己的成就和进步	
合计：综合分数________。师评（70%）+ 自评（30%）		总分：10 分

任务二　大数据时代财务管理面临的挑战

情景导入

随着大数据的积累，数字化智能百货零售公司遇到了数据隐私和合规性的挑战。为了解决这个问题，他们投入了大量资源，采用了先进的匿名化技术，以确保顾客个人信息的隐私得到最大程度的保护。同时，财务团队还与法务部门保持密切联系，时刻关注法规的变化，确保数字化智能化转型是合规的。

在处理这些挑战的过程中，该公司发现了另一个机会。通过建立透明的隐私保护机制，他们赢得了顾客的信任，提高了品牌忠诚度。

深思熟虑

思考题一：在面对数据隐私和合规性的挑战时，数字化智能百货零售公司通过透明的隐私保护机制赢得了顾客的信任。你认为在数字化时代，建立信任为什么能成为企业的重要竞争优势？它又如何影响顾客的购物决策？

思考题二：在案例中，数字化智能百货零售公司利用大数据系统发现了一个新的商机，通过实时决策迅速制订了相应的计划。在你看来，实时决策在快节奏的市场中的重要性体现在哪些方面？对企业而言，如何确保实时决策的高效性和准确性？

知识要点

本任务将首先分析大数据对企业财务管理的影响，其次讨论大数据给企业财务管理带来的机遇和挑战，最后提出企业应用大数据进行财务管理创新的思路。

作为具有革命意义的最新科学技术，大数据正在从各个角度影响着我们的生活，自然也包括企业财务领域。财务管理是企业管理的核心内容，对企业经营规划有着深刻的影响，能否执行优秀的财务管理关乎企业的生存发展。如何积极应对大数据背景下企业财务管理的环境变化和发展趋势，以敢于创新的姿态占领时代的先机，是当前我国企业必须认真对待的问题。

大数据与财务管理

一、大数据对企业财务管理的影响

传统的企业财务管理所依据的数据是非常有限的，这使得财务数据分析也具有明显的局限性，导致财务管理缺乏全面的、精确的数据基础。建立在数据不完全可靠基础上的企业财务管理如同管中窥豹，很容易以偏概全，与市场的客观性存在较大差距，极易发生判断失误，最终导致企业利益的损失。而大数据技术能够为企业呈现全面的、实时的、精确的市场数据和系统的、多层次的、个性化的数据分析，使企业拥有更可靠的财务分析工具、更先进的财务管理能力和更有效的财务决策依据。具体而言，大数据对企业财务管理的影响主要包括以下四个方面。

（一）企业财务处理方式的变化

首先，大数据改变了财务处理的范围。传统财务管理概念中，企业仅处理与本企业直接相关的财务数据。但是在大数据背景下，凡是与本企业相关的数据都在收集和处理范围之内，如行业信息、金融市场波动、上下游企业财务状况变化等信息都逃不过大数据的关注和数据挖掘。其次，与传统财务管理方式相比，大数据更注重非财务信息的价值。大数据技术能够通过分析那些从表面上与财务完全无关的数据并对其进行提取、统计、归纳，从中找出与财务管理相关的经济规律、企业特征、潜在问题，为企业进行财务管理提供扎实的数字依据，更重要的是为企业指明提高财务管理水平的方向，使企业可以将有限的资源放在最关键的财务管理节点上，实现财务管理资源的最大化利用。

（二）企业会计核算方式的变化

传统财务管理大多采用“人—机”结合的半手工方式，而大数据背景下财务管理则向全自动化方向发展。在大数据平台的处理中，企业财务与外部相融合进行统一核算，基础核算工作越来越少，核算过程越来越智能化、去人工化、高速化和标准化。以华为公司为例，任正非为改变华为粗放式财务管理带来的风险，专门请来 IBM 的财务团队为华为量身定做了以大数据为支撑的集成财务体系（IFS），用大数据的会计核算理念重新梳理会计核算流程。该体系甚至成为影响华为现今组织架构的重要因素，正如华为一位财务顾问所说的：“没有配套的 IFS，华为是不可能下决心将权力下放的。”

（三）对企业财务管理人员知识结构要求的变化

目前我国很多企业已经意识到大数据对财务管理变革的意义，但是由于传统财会人员在运用大数据技术方面存在能力不足、观念更新速度慢等原因，在具体运用大数据和进行大数据分析方面存在一定难度。在大数据背景下，企业财务人员不仅要具备财务方面的相关知识技能，还要掌握计算机、统计学等方面的知识，使大数据能够真正地服务企业。

（四）企业财务管理环境发生变化

大数据的出现改变了人们生活、工作的方式，同时也改变了人们的思想观念，在经济领域同样深刻影响着人们。普通消费者、企业、经济团体的众多金融行为都成为大数据收集的内容，众多企业应用大数据判断业务的影响，加深对服务的理解，加快企业利润的增长。在这样的环境变化下，企业想要实现高水平的财务管理就不可能离开大数据的支持。

二、大数据给企业财务管理带来的机遇和挑战

（一）大数据给企业财务管理带来的机遇

首先，大数据采用巨量数据集合技术采集海量数据并进行分析，使企业财务人员从庞杂的数

据中得到潜在的、具有关键财务价值的信息，为企业制定发展战略和重要决策提供有力的数据支持。

其次，通过对企业内外部庞杂信息的筛选和梳理，大数据帮助企业找到影响自身发展和健康运行的负面因素。举例来说，通过对企业投资、利益分配、运营管理等与财务相关的活动分析，大数据不但为企业指出可能存在的风险因素，也为企业风险管理指明方向，有助于企业清醒地认识自身存在的问题和潜在风险，提前做好规避财务风险的准备，制定具有针对性的事前、事中和事后控制方案，有效降低风险发生概率，使财务管理更加稳定可靠地为企业服务。

再次，大数据可以为不同企业提供智能化的、形式统一的、内外融合的财务分析工具。一方面，大数据分析能够有效提升企业财务管理水平，降低财务管理工作量；另一方面，大数据通过综合性分析结果，提供以往财务部门和其他部门都无法提供的企业战略依据，使财务部门在企业中的地位得到大幅度提升。

最后，大数据将促进企业内部人员结构向更科学的方向发展。企业应用大数据处理财务管理问题时，不仅仅要收集财务数据，也要收集表面上看起来与财务“完全不相关”的数据。财务部门与其他部门共同调取、选择和分析数据，这就要求财务部门与其他部门建立更直接和更协调的关系，财务部门关注企业运行的范围更广，工作内容更全面。这些改变要么促使财务部门获得更高的管理职权，如长虹公司的“财务共享系统”使企业财务部门向高端化转型，成为企业运营的中心枢纽部门；要么促使企业重新规划财务框架，如海尔集团通过创新性推行“人单合一的预算管理模式”，提高了一线员工对预案财务化的责、权、利，从根本上重塑了企业领导与普通员工之间的管理关系。无论哪一种方式，它都带动企业人员架构向更合理的方向发展，为企业带来更高的利润。

（二）大数据给企业财务管理带来的挑战

首先，企业将面对如何科学有效应用大数据的挑战。大数据浩如烟海、种类庞杂，如何快速提取、挖掘和分析数据对于企业财务部门来说是一项全新的挑战。从硬件角度来看，多数企业带宽不足，也不具备大数据所需的数据储存和处理条件。从软件角度来看，多数企业也不具备自行开发海量数据处理、建立超大型数据仓库和进行深度数据挖掘的能力。从财务人员角度来看，很多企业的财务管理人员并不具备应用大数据技术的技能。

其次，企业将面对财务管理模式转型的挑战。大数据背景下，企业财务管理将向信息化、智能化方向转变，变事后处理为事中处理。最重要的变化是传统的管理型财务方式向现代的价值型财务管理体系的转型，即将普通的记账管理工作模式转变为管理价值和创造价值的工作体系。如何实现这种改变并真正发挥新模式的作用，对企业来说是新的挑战。

最后，企业将面临寻找和培养新型财务管理人才的挑战。大数据的应用对企业财务管理人员提出了新要求，包括如何保护企业商业机密、如何提取具有价值的数据、如何结合企业所处行业特点和发展战略进行个性化数据分析等，都需要同时具有财务管理知识、统计知识、计算机知识和大数据应用技能的高水平人才。当前我国多数企业都缺乏相应的人才储备，因此如何寻找和培养新型财务管理人才是对我国企业的重要挑战。

课堂思考

大数据为企业财务管理带来了机遇和挑战。从机遇的角度看，大数据如何提高财务管理的效率和前瞻性规划？而从挑战的角度，企业在应对大数据时可能面临哪些困难，应该如何解决？

三、大数据下企业财务管理的创新思维

（一）创新企业财务管理组织结构

企业通常根据职能进行财务管理，最常见的是将财务部门细分为会计部、财务部、资金部等。为迎接大数据对财务管理的改变，企业应主动创新财务部门的组织结构。

首先，企业应该在财务管理组织中设置独立的部门或人员来专项管理财务数据及与财务相关的非财务数据，进行数据获取、数据挖掘和分析。对于暂时不具备创建大数据财务管理体系的企业，可以购买第三方的大数据平台使用权，但仍需专人管理和分析数据。

其次，大数据的产生使财务管理与企业其他部门的联系更加紧密，企业管理者应从新的高度来看待财务管理在整个企业中的作用。根据企业自身的特点进行合理的重组。或学习长虹公司，提升财务管理部门在企业中的沟通能力；或学习海尔集团，通过制度和新的财务体系将财务管理渗透到企业运行的每一个环节，形成扁平化的财务管理流程。无论哪种方式，其最终目的都在于调动企业全员参与到财务管理中去。

（二）构建大数据财务管理系统

大数据的冗余信息较多，其有效信息的密度相对较低。因此，要从海量数据中提取有价值的信息，必须借助大数据财务管理系统。这类系统利用数据预测和数据挖掘分类等技术，对所有涉及企业财务的大数据进行采集、分析和评价。不仅为企业提供全面的财务数据，还能够指出存在的问题和潜在风险。同时，它还能评估上下游企业的财务和经营状况，预测企业和所在行业未来的发展趋势。这些可靠的数据为企业制定财务策略和发展战略提供了重要依据。在条件允许的情况下，企业可以独立建立大数据财务管理系统，或者购买第三方大数据平台的使用权，只需下载客户端即可构建本企业的大数据库。对于大多数企业来说，这种方式更为便捷且成本更低。

（三）建设大数据财务人才队伍

无论是依靠企业自身能力建设大数据财务分析体系，还是购买第三方大数据平台的使用权，财务管理部门都离不开能够应用大数据软件和对大数据进行分析的财务人才。这些人才不但要精通传统的会计学和财务管理知识，还要能够应用统计学、大数据技术，熟悉企业运营规律和所在行业的发展状态。只有这样的人才才能真正发挥大数据在财务管理上的宏观优势，为企业提供具有较高价值的财务决策依据。为了得到这样的财务管理人才，企业一方面应强化原有财务管理人员的培训，全面提高财务人员的综合能力；另一方面应积极引进大数据人才，组建起具有现代化大数据综合处理和应用能力的财务管理团队。无论哪种方式，最终目的都在于充分利用大数据的优势，使其在企业财务管理中的价值得到真正的体现。

大数据从根本上改变了企业财务管理的效率。顺应潮流、完成自身变革，是时代对企业财务管理提出的必然要求，也是大势所趋。以积极主动的姿态迎接这一变革，可以为企业财务管理带来质的改变，也会为我国企业的整体发展带来深远的影响。

学习总结

学习项目	学习目标	评分
学习过程评价	评估学生的学习方法和策略，如笔记记录和学习情况	
	评价学生的学习态度，如上课专注度、参与度和课堂表现等	
	评价学生的合作情况，如团队合作和课堂互动等	
学习成长评价	设计自我评价的方式，让学生评估自己的学习进步和成长	
	促进学生的反思能力，引导他们思考学习过程中的挑战和改进方向	
	评估学生目标的达成情况，帮助他们认识到自己的成就和进步	
合计：综合分数______________。师评（70%）+ 自评（30%）		总分：10 分

任务三 大数据时代下的财务决策新思维

情景导入

实时决策的新思维贯穿数字化智能百货零售公司的各个层面。一天，系统突然发出了预警，显示一款新产品的销售正在迅速增长。财务团队立即召集了销售、生产和市场部门的负责人，通过系统实时分析数据，他们制订了迅速补货和市场宣传的计划，最终取得了市场的领先地位。

与此同时，财务团队还通过系统的成本管理功能，实时了解每个产品的生产成本。当市场变动时，他们可以迅速调整定价策略，确保公司能够在竞争激烈的市场中保持竞争力。

深思熟虑

思考题一：在实时决策的新思维下，数字化智能百货零售公司通过系统分析数据，迅速调整了补货和市场宣传的计划。你认为实时决策如何帮助企业更灵活地应对市场变化，以及对公司的竞争力有何影响？

思考题二：在案例中，数字化智能零售公司通过系统的成本管理功能实时了解每个产品的生产成本。在你看来，如何通过实时成本管理更好地制定价格策略以适应市场需求？这种策略又如何影响企业的盈利能力？

知识要点

一、重新审视决策思路和环境

在大数据的背景下，财务决策参与者及相关决策者仍然是决定企业未来发展方向的关键角色。然而，大数据的理念已经彻底改变了传统的依赖企业管理者经验和相关理论进行决策的模式。如今，数据的规模、活性以及收集、分析和利用数据的能力，已成为决定企业核心竞争力的关键因素。

以往企业的经营分析往往只局限于对简单业务和历史数据的分析，却忽视了对客户需求变化和业务流程更新的深入探究，这导致企业在战略和决策定位上容易出现偏差，面临较大的风险。然而，在大数据时代，企业可以通过收集和分析大量内部和外部的数据，获取有价值的信息。通过挖掘这些信息，企业可以预测市场需求，并将信息转化为商业洞察，从而进行更为智能化的决策分析和判断。

二、基于数据的服务导向理念

企业生产运作的标准即敏锐快捷地制造产品、提供服务，保证各环节高效运作，使企业成为有机整体并持续提升竞争力。企业不断搜集内外部数据，同时将数据转化为精炼信息，并由企业前台传给后台，由后台利用海量数据中蕴藏的信息分析决策。数据在企业前台与后台间、企业横向各部门间、纵向各层级间传输，使得企业运作的各个环节紧紧围绕其时代价值的信息与决策展开。同样，大数据使得全体员工可以通过移动设备随时随地查阅所需信息，减少了部门之间的信息不对称，使企业生产运作紧跟时代步伐，在变化中发展壮大。在社会化媒体中发掘消费者的真正需求，在大数据中挖掘员工和社会公众的创造性。

三、采用实时数据以减少决策风险

多源异质化的海量数据来源打破了以往会计信息来源单一、估量计算不准确的情况，使企业能够实时地掌握准确的市场情报，获得准确的投资性房地产、交易性金融资产等公允价值信息。同时，大数据财务管理系统对数据信息具有强大的获取与处理能力，且一直处于不断更新的状态；通过对市场信息的实时监控，可及时更新数据信息，从而保证会计信息的可靠性和及时性，有效避免由于信息不畅造成的资金损失。JCPenny 公司是一家服装公司，该公司采用大数据分析工具，实现了对企业内部流程的全面提升，包括全面实现价格优化和流程管理，灵活实现即时分析计算，缩短工作周期时间，提高数据质量和预算业务流程的效率，并利用数据分析工具灵活调整动态预测信息，将组织货源、定价优化以及供应链等环节整合在一起。这种方法使公司的毛利增加了五个百分点、库存周转率提高了10%，连续四年实现了经营收入和销售额的增长，公司的经营利润也实现了两位数的增长。

课堂思考

在大数据时代，财务决策需要采用创新思维。请以敏捷决策和整合管理为例，探讨它们在财务决策中的应用场景，并分析这些创新思维如何帮助企业更好地适应市场变化。

学习总结

学习项目	学习目标	评分
学习过程评价	评估学生的学习方法和策略，如笔记记录和学习情况	
	评价学生的学习态度，如上课专注度、参与度和课堂表现等	
	评价学生的合作情况，如团队合作和课堂互动等	
学习成长评价	设计自我评价的方式，让学生评估自己的学习进步和成长	
	促进学生的反思能力，引导他们思考学习过程中的挑战和改进方向	
	评估学生目标的达成情况，帮助他们认识到自己的成就和进步	
合计：综合分数______。师评（70%）+ 自评（30%）		总分：10 分

任务四 大数据时代下企业的财务决策框架

情景导入

数字化智能化的改革使百货零售公司建立了一个全面的财务决策框架，从采购原材料到生产再到销售，每个环节都与“智数财”财务系统无缝连接。

一次，百货零售公司接到了一个大订单，需要在短时间内完成。通过财务系统，他们能够实时了解库存情况、原材料供应链状态，并迅速调整生产计划以适应需求。此外，通过系统的预测分析功能，他们能够提前预知未来的销售趋势，做出更长远的规划。

深思熟虑

思考题一：在数字化智能百货零售公司的财务决策框架中，每个环节都与“智数财”财务系统无缝连接。你认为这种全面财务决策框架如何提升了企业的整体管理效能？它对公司的决策速度和准确性有何影响？

思考题二：在面对大订单时，数字化智能百货零售公司通过财务系统实时了解库存和供应链状态，迅速调整了生产计划。在你看来，如何通过全面财务决策框架更好地应对突发情况，确保企业能够灵活适应市场需求？

知识要点

一、财务决策的基础

大数据影响着企业整个架构和企业的分析战略结果。其中，财务数据是大数据中影响企业战略决策的重要因素之一，所以企业在制定战略决策时必须考虑现有资产、负债的总量等财务数据。财务数据对市场营销管理影响很大，在考虑大数据分析的时候不仅仅要从公司的整体层面去考虑，还要参考财务报表情况，进而优化企业决策结果。大数据下的财务决策是基于云计算平台，将通过互联网、物联网、移动互联网、社会化网络采集到的企业及其相关数据部门的各类数据，经过大数据处理和操作型数据仓储（ODS）、联机分析处理（OLAP）、数据挖掘 / 数据仓库（DM/DW）等数据分析后，得到以企业为核心的相关数据部门的偏好信息，通过高级分析、商业智能、可视发现等决策处理后，为企业的成本费用控制、筹资、投资、资金管理等财务决策提供支撑。

二、财务决策框架

在大数据背景下，财务决策框架由数据来源、数据处理、数据分析和企业财务决策组成，共同构建起一个完整的财务支持体系。该框架的底层数据来源主要来自企业、工商部门、税务部门、财政部门、会计师事务所、银行以及交易所等数据部门。这些数据包括结构化、半结构化和非结构化三种数据类型。

经过处理后的大数据，我们进行数据分析和信息提取，生成以企业为中心，辐射工商、税务、财政、会计师事务所、银行、交易所等企业相关数据部门的有价值信息。在企业财务决策层面，决策者主要参考各数据部门的偏好信息，借助文本分析和搜索、可视发现、高级分析、商业智能等决策支持工具，进行针对企业的生产、成本费用、收入、利润、定价、筹资、投资、资金管理、预算和股利分配等财务决策。

大数据下的财务决策除了有益于企业，还可为会计师事务所、工商部门和税务部门等数据部门提供业务支撑。基于云计算平台收集和处理数据，将运营数据保存在各个云端而不是企业自己的服务器上，这为会计师事务所的外部审计带来了方便，减少了企业临时篡改数据的可能性，使审计结果更加可靠。同时，企业在运营过程中产生的财务数据和非财务数据可实时接受工商和税务等政府部门的监管，从根本上避免了做假账和偷税漏税等违法行为的发生。

学习总结

学习项目	学习目标	评分
学习过程评价	评估学生的学习方法和策略，如笔记记录和学习情况	
	评价学生的学习态度，如上课专注度、参与度和课堂表现等	
	评价学生的合作情况，如团队合作和课堂互动等	
学习成长评价	设计自我评价的方式，让学生评估自己的学习进步和成长	
	促进学生的反思能力，引导他们思考学习过程中的挑战和改进方向	
	评估学生目标的达成情况，帮助他们认识到自己的成就和进步	
合计：综合分数____________。师评（70%）+ 自评（30%）		总分：10 分

实践活动

【活动主题】

基于大数据的财务决策新思维模拟。

【活动目标】

通过实际模拟，让学生深入理解大数据时代下的财务决策新思维，培养他们在数据驱动、服务导向和实时决策方面的能力。

【活动流程】

流程一：数据驱动决策模拟（30 分钟）

（1）将学生分成若干小组，每组代表一家企业。

（2）每组将收到一组实际财务数据，并被要求制定基于数据的财务决策。

流程二：基于数据的服务导向实践（40 分钟）

（1）学生需要以客户需求为中心，分析模拟中的数据，提供个性化的财务服务方案。

（2）强调服务导向理念，尝试为模拟企业客户提供最优解决方案。

流程三：实时数据决策挑战（30 分钟）

（1）引入实时数据，模拟市场变化。

（2）学生需根据实时数据迅速调整他们的财务决策，以适应新的市场情境。

流程四：团队分享与讨论（30 分钟）

（1）每个小组向全班分享他们的数据驱动决策、服务导向实践和实时决策经验。

（2）全班进行讨论，分析不同团队的决策是否成功，以及面对挑战时采取的策略。

流程五：总结与反思（20 分钟）

教师总结学生在模拟中的表现，强调数据驱动决策、服务导向和实时决策的重要性。学员进行个人反思，总结新学到的财务决策思维。

【活动评价】

强调学员对整个实践过程的反思，总结新学到的财务决策思维，提高学生对大数据时代下财务决策新思维的理解。

项目三 大数据在财务与战略决策中的综合应用

学习目标

知识目标

- 了解财务大数据的数据范围，包括其覆盖的维度和信息。
- 掌握财务大数据的不同数据来源，包括结构化和非结构化数据的获取渠道。
- 理解财务大数据的多样化，包括不同类型数据（交易数据、用户行为数据等）的特点和应用。
- 理解大数据时代下企业战略分析的思维方式和管理变革。
- 学习大数据时代下企业战略管理的创新模式，包括智能市场营销和创新产品设计等领域。
- 掌握基于用户的舆情分析的方法，了解如何通过社交媒体等渠道分析用户反馈和市场舆情。

能力目标

- 能够运用财务大数据分析工具，解读和分析财务数据的多维度信息。
- 具备整合多渠道数据的能力，能够构建全面的财务数据分析框架。
- 熟练运用数据分析技术，对财务大数据进行有效的数据清洗、处理和可视化。
- 具备战略分析思维，能够利用大数据进行市场趋势和用户需求的深入分析。
- 能够制订基于大数据的战略管理计划，包括智能市场营销和产品创新的方案。

素质目标

- 具备在大数据背景下进行财务数据分析和战略决策的能力。

- 能够通过对多样化数据的分析，提出具体的业务建议和决策方案。
- 具有创新思维，能够将大数据技术应用于财务和战略领域。
- 能够推动企业在市场竞争中通过创新脱颖而出。
- 具备跨部门协作的能力，能够与技术团队、市场团队等有效沟通，推动大数据应用于财务和战略的全面发展。
- 能够清晰地向非技术人员解释和传达大数据分析的结果，促进决策的合理理解和执行。

项目导读

随着大数据时代的来临，企业在财务与战略决策方面面临着前所未有的机遇与挑战。本项目将深入探讨大数据在财务管理和战略决策中的综合应用，以帮助学生全面了解和应用大数据技术，从而提升财务决策的精准性和战略管理的创新性。

本项目将带领你深入大数据的海洋，帮助你掌握在财务与战略决策中应用大数据的关键技能，为你在职场中展现更卓越的业务素养打下坚实基础。

任务一　财务大数据分析的数据基础

情景导入

X 公司处于市场竞争激烈的环境中，他们意识到财务大数据的潜力，决定借助大数据技术提升财务管理水平。通过深入了解财务大数据的数据范围，他们发现某产品线销售额逐渐下滑，成本也在不断上升。通过细致的数据分析，X 公司迅速找到问题的症结，并迅速采取措施调整生产和市场策略。这个案例成为 X 公司未来财务决策的重要参考，他们更加合理地进行资源分配，提高了整体的盈利水平。

在数据来源方面，X 公司整合了内部财务系统和采购系统，同时将外部市场数据纳入考量。通过这一多元的数据来源，X 公司更全面地了解了市场动态。一次，X 公司通过分析外部供应链数据，发现原材料价格波动较大，他们迅速调整采购计划，准确把握了成本控制的机会，显著降低了成本。

此时，X 公司已经意识到财务大数据不仅仅是数字，还包括文本、图像等多种类型。通过分析客户反馈和社交媒体评论，X 公司了解到市场对某款产品的口碑极佳。在这个基础上，X 公司调整生产计划，及时提高了产品产量，增加了销售额。

深思熟虑

思考题一：你认为外部市场数据在财务大数据分析中的作用是什么？可以给出一个具体的例子吗？

思考题二：案例中，X 公司通过分析客户反馈和社交媒体评论了解市场口碑，你认为这种非结构化数据对财务决策有何帮助？

知识要点

大数据是一种行业术语，通常是指无法在一定时间范围内用常规软件工具完成提取、存储、共享、分析和处理的复杂数据集合。这些数据产生于人们的各种行为，一直存在却未能被有效地开发和利用。在以云计算为代表的互联网技术创新的推动下，大数据的价值逐渐显露出来，大数据也成为企业新的无形资产，具有了资本的属性。

未来企业的经营发展会越来越依赖数据，对大数据的运用影响企业发挥其管理职能，而财务管理作为企业管理的重要组成部分，只有主动适应大数据时代的变化，才能更好地发挥其作用，更好地服务于企业经营管理和决策，为企业创造更大的价值。大数据的广泛运用正推动着企业财务管理向着高效、协同、精细化的方向发展。大数据时代，财务管理的边界在不断拓展，财务数据与业务数据、内部数据与外部数据、结构化数据与非结构化数据逐渐连接起来。

一、财务大数据的数据范围

目前，财务大数据包括财务数据、业务数据和关联数据与信息。

（一）财务数据

财务数据是财务人员从企业各个业务部门汇集得来的，对企业当前财务状况和经营成果进行描述的数据，如采购数据、生产数据、销售数据等，通过汇总、整理、加工成财务数据，然后输出成果，比如进行纳税申报，向业务部门和管理层提供财务分析、财务预算与预测、财务报告等。

财务人员应当充分利用财务数据，挖掘其潜在价值。一方面，通过对财务数据进行分析，评价企业财务指标所反映的问题，预测企业发生财务困境的可能性，为企业健康运营保驾护航。另一方面，企业的经营状况直接影响企业经济效益，财务人员可以通过指标，计算分析企业偿债能力、营运能力和盈利能力等具体运营状况，便于管理层直接了解企业目前的经营效率。财务数据是业务活动结果的综合反映，但并不反映业务活动的过程，使得财务分析结果缺乏立体感，不能有力支持企业的经营管理决策。

（二）业务数据

业务数据是由企业各个部门的业务人员通过自身的业务系统直接产生的数据，是未经过预处理的初始数据。不同的业务部门根据其业务性质能够产生显性数据、隐性数据和相关的深度数据。如采购部门生成的显性数据有采购合同、采购订单、运费单等，对应的隐性数据则包括价格高低、质量好坏、运输成本高低等，进一步挖掘的深度数据为应付账款周期、采购周期、供应商管理数据等；又如生产部门，其生成的显性数据有领料单、BOM 单、生产工时、维修工时等，对应的隐形数据为产能利用率、人工效率、废品率等，深度数据可能包括产品市场情况、产品生命周期、产品链分析数据；同理，销售部门能够生成销售小票、客户统计单、销售合同、产品清单、产品价格表等显性数据，销售政策、产品品质、品牌价值等隐性数据，品类管理、市场占有率、产品生命周期、客户管理数据，竞争对手数据等深度数据。

这里列示的只是企业经营与财务数据中的冰山一角，现实中哪怕是一家小企业，也能产生出许多数据，包括人力资源、办公室这些职能部门。哪怕是打扫卫生的保洁，也会产生诸如拖把、消毒水、保洁人员工资或者保洁外包费等业务数据，进而到财务上转换成管理费用等财务数据。无论是财务数据还是业务数据，都是企业经营数据。其主要区别在于单个零散的业务数据很难直接为经营决策提供支持，而经过进一步加工提炼的财务数据可以为经营决策提供支持。

就企业而言，业务数据分析主要有三方面的作用。一是对业务进行改进优化，包括企业用户体验的改进和对公司资源的分配方面；二是帮助业务发现机会，利用数据发现人们思维上的盲点，进而发现新的业务机会；三是创造新的商业价值，主要是在数据价值的基础上形成新的商业模式。

财务数据是企业财务人员根据企业已经发生的交易或事项进行记录、计量和报告生成的数据，虽然财务数据显示了业务活动的结果，但是无法揭示企业业务活动的具体实施过程。这一现象使得财务数据无法分析企业具体业务活动的效率，无法给予管理层企业业务活动层面的决策支持。因此，财务人员要提高财务数据决策支持度，必须将财务数据与业务数据相融合，在向管理层提供分析报告时，不仅仅局限于数据结果的分析，还可以提供业务经营活动的决策支持。

（三）关联数据与信息

在大数据驱动的环境下，企业能够在大量、复杂的关联数据信息中选择出精准、有效的数据，并通过数学方法和统计方法对其进行处理和分析，挖掘出数据背后所反映出的内容，从而做出更具有前瞻性、科学性的财务决策。这类关联数据及信息包含管理当局的影响力和政府政策的变化、利率水平及行业发展趋势等。

管理当局和政府的行动常常会带来行业惯例和战略方面的重大变化，大数据时代为企业制定财务政策提供了有力的数据信息支持。企业在制定财务政策时，通过数据挖掘获取企业制定财务政策所需的有用信息，成为企业制定有效财务政策、实现价值可持续增长的重要手段。具体可从企业融资、投资、营运、分配环境四个方面看，通过对国家金融政策、金融市场信息、国家财税和价格政策、经济环境、通货膨胀、各行业投资信息、国家关于股利分配的政策、债务契约约束、行业股利分配特征等关联数据信息的分析，来预测利率、股价、市场系统性风险、经济周期等因素的变化，从而为企业选择可行的融资、投资、应收账款信用政策和股利分配方案。而且，行业的发展不是一成不变的，在不同阶段会呈现不同的趋势，影响行业发展的因素有产品革新、技术变革、营销革新、服务创新、企业规模的扩展和缩减等。对于企业来说，应当把握行业趋势，通过行业数据的挖掘，及时做出调整，为企业制定有效的财务战略，才能迎来更长远的发展。

二、财务大数据的数据来源

大数据应用中的数据来源是关键点之一，在分析财务大数据的时候，需要重视大数据中的数据来源，只有这样，才能够做好具体分析。现代管理中，互联网和物联网应用程序产生了大部分的数据。首先我们需要看这个应用程序是否有数据支撑，数据资源是否可持续，来源渠道是否可控，数据安全和隐私保护方面是否有隐患。然后要看这个应用程序的数据资源质量如何，是好数据还是坏数据，能否保障这个应用程序的实效。

采集精准的目标数据，是数据分析合理有效的前提，数据的来源有很多种渠道，要不断实践、勇于尝试，才能发掘出满足业务需求的数据来源。

从数据的来源看，我们可以把数据分为来自组织机构内的内部数据和来自组织机构外的外部数据。

（一）内部数据

内部数据是指企业自身日常经营管理中收集、整理的数据，主要有生产数据、库存数据、订单数据、电子商务数据、销售数据、客户关系管理数据等，随着企业自动化设备的大量启用，机器和传感器会产生越来越多的数据。内部数据具有较好的可控性，数据质量一般也有保证，但数据覆盖范围有限，因此还需要借助其他资源渠道。

在内部数据中，财务数据是主要的数据之一。财务数据是各类信息的综合集成，涉及人、财、物等方方面面。财务人员作为数据的处理、计量、分析和报告者，理应在大数据分析中发挥关键作用。企业内部财务数据是由资产负债表、利润表、现金流量表及所有者权益变动表共同构成的数据集合，是对企业经营状况、财务成果及资金运作的综合概括和高度反映，与财务人员后续的工作核算管理、成本费用管理、财务报表分析管理息息相关。

（二）外部数据

外部数据是指来源于企业外部的数据，如互联网数据、其他供应商的付费数据等。对于企业来说，互联网是数据的海洋，是获取各种数据的主要途径。例如国家统计数据、各地方政府公开数据、上市公司的年报、季报，研究机构的调研报告，各种信息平台提供的零散数据等。随着数据需求的加大，市场上催生了一些产品化数据交易平台，提供多领域的付费数据资源，可以按需购买使用。分析者也可自行通过网络采集软件，按照设定好的规则自动抓取互联网上的信息、程序，这些软件具有很好的内容收集作用。

对于从互联网采集的数据，技术能力是关键，既要有能力获得足够大的量，又要有能力筛选出有用的内容。对于从第三方获取的数据，需要特别关注数据交易的稳定性。

大数据技术扩展了管理会计的数据范围，过去企业大多只能使用内部数据，而现在通过互联网则可以对外部数据进行采集处理。除企业内部数据外，财务人员还可以利用外部数据包括上市公司公告数据库、宏观经济数据库、市场交易数据库、行业数据库以及诸如电子邮件、影像、博客、微信、呼叫中心对话和社交媒体等非结构化数据。

目前各行各业都已经意识到大数据带来的机会，企业开始热衷于运用大数据分析企业的各项活动。财务人员应该学习各种大数据的收集方法，不仅仅局限于企业内部数据，也可以收集到与企业相关的外部数据。典型的公开的数据有以下几个来源。

（1）中华人民共和国国家统计局。国家统计局官网上所有的数据都是免费的，并且该网站上含有多个地区数据、国际数据等。

知识链接

中华人民共和国国家统计局是国务院直属机构，成立于1952年8月。1952年，为了适应社会主义经济建设的需要，中央人民政府第十七次全体会议决定成立国家统计局，主管全国统计和国民经济核算工作，拟定统计工作法规、统计改革和统计现代化建设规划以及国家统计调查计划，组织领导和监督检查各地区、各部门的统计和国民经济核算工作，监督检查统计法律法规的实施。

（2）智研咨询（原中国产业信息网）。中国产业信息网上的数据主要包括以下行业：能源、电力、冶金、化工、电子、汽车、安防、环保、医药、IT、通信、数码、传媒、办公、文教、金融、培训、服装、玩具、工艺品等。

此外，国务院发展研究中心信息网、中国证券监督管理委员会、上海证券交易所、深圳证券交易所网站也提供许多经济类数据。

（3）网站分析类数据，如百度指数、Google趋势、360趋势、腾讯云分析等。

（4）电商数据，如阿里价格指数、淘宝数据魔方、京东智圈、淘宝排行榜等。

（5）国家社会数据，如中国综合社会调查、中国人口普查数据、中国国家数据中心、中国健康与营养调查、中国金融信息网等。

（6）数据分析机构提供的数据，如艾瑞、埃森哲、德勤等数据分析机构发布的数据。

尽管上面列举了多种数据源，但要满足具体企业或机构的需要，也常常有困难。采集合适的大数据，是数据分析合理有效的前提，数据的来源有多种渠道，要不断实践、勇于尝试，才能发掘出满足业务需求的数据来源。同时，单是获得数据还不够，大部分情况下还需要获得相关细节数据，如对数据的说明、数据产生背景以及其他能帮助理解的数据，如果没有这些细节，对数据的正确解读可能就会有困难。

三、财务大数据的数据类型

在实际应用中，我们会碰到各种各样数据格式的数据库，如RDBMS关系数据库（MSSQL Server、Oracle、MySQL等），NoSQL非关系数据库（MangoDB、Cassandra、CouchDB、Redis、Hadoop，HBase等）以及其他不同类型数据库。大数据是一个数据集合，按照其数据组织方式的不同，我们一般将其分为结构化数据、半结构化数据和非结构化数据三类。

（一）结构化数据

结构化数据，简单来说就是数据库，也称作行数据，是由二维表结构来逻辑表达和实现的数据。结构化数据严格地遵循数据格式与长度规范，可以通过固有键值获取相应信息，且数据的格式固定，主要通过关系型数据库进行存储和管理，其缺点是难以扩充。如企业用的人事系统、财务系统、ERP系统，这些系统中的数据都是结构化的。传统的结构化数据在业务流程中需要严格遵守相关规范要求，强化数据的安全性，展现真实的交易事件，故其可以展现经济业务的本质。表3-1所示的序时账数据就是一个结构化数据的例子。

结构化数据与非结构化数据

表 3–1 结构化数据示例

日期	类别	凭证号	摘要	科目编码	科目名称	借方	贷方	制单人	会计年度	会计期间
2019/12/6	记	1	借备用金	122102	其他应收款 – 部门	500.00	0.00	蒋 × ×	2019	12
2019/12/6	记	1	借备用金	1001	库存现金	0.00	500.00	蒋 × ×	2019	12
2019/12/6	记	2	提取备用金	1001	库存现金	10 000.00	0.00	蒋 × ×	2019	12
2019/12/6	记	2	提取备用金	100201	工行存款	0.00	10 000.00	蒋 × ×	2019	12
2019/12/6	记	3	预付贷款	1123	预付账款	102 080.00	0.00	蒋 × ×	2019	12
2019/12/6	记	3	预付贷款	100201	工行存款	0.00	102 080.00	蒋 × ×	2019	12
2019/12/28	记	4	销售商品	1122	应收账款	2 326 960.00	0.00	蒋 × ×	2019	12
2019/12/28	记	4	销售商品	6001	主营业务收入	0.00	2 006 000.00	蒋 × ×	2019	12
2019/12/28	记	4	销售商品	22210103	销项税额	0.00	320 960.00	蒋 × ×	2019	12
2019/12/12	记	5	缴纳上月个税	222105	应交个人所得税	2 607.79	0.00	蒋 × ×	2019	12
2019/12/12	记	5	缴纳上月个税	100201	工行存款	0.00	2 607.79	蒋 × ×	2019	12
2019/12/12	记	6	采购原材料	140301	外购原材料	120 000.00	0.00	蒋 × ×	2019	12
2019/12/12	记	6	采购原材料	140301	外购原材料	100 000.00	0.00	蒋 × ×	2019	12
2019/12/12	记	6	采购原材料	22210101	进项税额	35 200.00	0.00	蒋 × ×	2019	12
2019/12/12	记	6	采购原材料	220202	一般应付账款	0.00	255 200.00	蒋 × ×	2019	12
2019/12/12	记	9	采购部报销差旅费	660203	差旅费	2 000.00	0.00	蒋 × ×	2019	12
2019/12/12	记	9	采购部报销差旅费	1001	库存现金	0.00	2 000.00	蒋 × ×	2019	12
2019/12/28	记	10	收款单	100201	工行存款	2 486 530.00	0.00	蒋 × ×	2019	12
2019/12/28	记	10	收款单	1122	应收账款	0.00	2 486 530.00	蒋 × ×	2019	12

（二）非结构化数据

非结构化数据是企业重要的信息资产，本质上是结构化数据之外的一切数据，难以用预定义的模型进行描述，不容易组织和格式化，一般存储在非关系数据库中，可使用 NoSQL 进行查询。收集、处理和分析非结构化数据也是一项重大挑战，因为它可能是文本的或非文本的，也可能是人为的或机器生成的。简单地说，非结构化数据就是字段可变的数据，包括所有格式的办公文档、文本、图片、XML、HTML、各类报表、图像和音频 / 视频信息及传感器、移动终端、社交网络产生的数据。

典型的人为生成的非结构化数据包括但不限于：

（1）文本文件：文字处理、电子表格、演示文稿、电子邮件、日志等日常管理生成的数据（大部分亦可归类为半结构化数据）；

（2）社交媒体或网站数据：微博、博客、照片共享网站等平台生成的数据；

（3）移动数据：短信、位置等；

（4）移动通信数据：QQ、微信、电话录音、协作软件等生成的数据；

（5）媒体文件：照片、音频、视频等格式的文件。

典型的机器生成的非结构化数据包括但不限于：

（1）卫星图像：天气数据、地形、军事活动等；

（2）科学数据：矿产勘探、空间勘探、地震图像、大气数据等；

（3）数字监控：监控照片和视频等；

（4）传感器数据：交通、天气等。

比如，若需给水果拍照，用语言描述水果的口感，甚至给每个水果做一个网页，这些数据都是非结构化数据，这些数据不直接对应某个属性，需要相对复杂的方式来分析才能知道其含义。现代网络产生了大量非结构化数据，传统的数据分析工具和方法已经难以完成对它们的分析。

非结构化数据与企业的价值相关性更强，具有独立性和客观性，可提高会计数据质量，展现经济业务实质的真实性，有利于提高会计信息化水平。

进入大数据时代后，结构化和非结构化数据发生了本质性的逆转。过去绝大多数的数据是结构化数据，而现在非结构化数据正呈快速增长的趋势，非结构化数据已占企业数据总量的 80% 以上，这也促使大数据时代的会计数据体系进一步完善。该体系基于传统结构化数据，将独立客观且与企业价值相关的非结构化数据作为辅助信息和补充信息，这将改善会计数据信息质量，保证会计信息与企业价值之间的相关性。财务分析人员必须学会从海量的网络资源中搜集并筛选与自己的分析对象和分析目的相关性较强的资料信息，这些资料信息可能是结构化数据，例如金融数据库等，也可能是非结构化数据，例如网页等。而通过对大数据时代相关数据信息的综合分析，可促使企业经济效益得到一定的提升。

（三）半结构化数据

半结构化数据是结构化数据的一种形式，结构化数据与半结构化数据都是有基本固定结构的数据，它并不符合关系型数据库或其他以数据表形式关联起来的数据结构，但包含相关标记，用来分隔语义元素以及对记录和字段进行分层。因此，它也被称为自描述的结构。其本质，就是介于完全结构化数据（如关系型数据库、面向对象数据库中的数据）和非结构化数据（如声音、图像文件等）之间的数据，可以通过灵活的键值调整获取相应信息，且数据的格式不固定。同一键值下存储的信息可能是数值型的，可能是文本型的，也可能是字典或者列表，如电子邮件、用 Windows 处理的文字、日志文件、XML 文档、XBRL 文档、JSON 文档和在网上看到的新闻等。

举例来说，一个关于人员档案的半结构化 XML 文件如图 3-1 所示，而其对应的结构化数据库如表 3-2 所示。

```
<person>

<name>张三</name>
```

图 3-1　人员档案的半结构化 XML 文件

表 3-2 人员档案的结构化数据库描述

Name	Age	Gender
张三	18	female

课堂思考

在财务大数据的数据范围中，为什么了解多个维度的信息对企业的财务决策至关重要？举例说明在不同行业中，通过多维度数据分析对企业决策的具体帮助。

学习总结

学习项目	学习目标	评分
学习过程评价	评估学生的学习方法和策略，如笔记记录和学习情况	
	评价学生的学习态度，如上课专注度、参与度和课堂表现等	
	评价学生的合作情况，如团队合作和课堂互动等	
学习成长评价	设计自我评价的方式，让学生评估自己的学习进步和成长	
	促进学生的反思能力，引导他们思考学习过程中的挑战和改进方向	
	评估学生目标的达成情况，帮助他们认识到自己的成就和进步	
合计：综合分数______________。师评（70%）+ 自评（30%）		总分：10 分

任务二 基于大数据的战略分析与管理

情景导入

公司 X 在财务大数据的基础上，决定将大数据的优点延伸到战略层面。首先，X 公司通过先进的数据分析工具深度挖掘市场趋势和竞争动态。他们发现市场对可持续发展的关注度增加，为了迎合市场需求，X 公司立即调整了战略方向，加大了对环保产品的研发和推广。

在企业战略管理的创新方面，X 公司实现了从传统的静态战略规划向灵活、动态的战略调整的转变。通过将大数据纳入战略管理体系，X 公司建立了实时监控和反馈机制。一次，X 公司通过实时监测市场反馈数据，发现新产品推出后市场反应较差，他们立即进行市场调查并调整了产品定位和宣传策略，最终成功挽回了市场份额。

通过这两个任务的协同实施，X公司不仅提升了财务管理效能，还在战略层面更加灵活地应对市场变化，为企业的可持续发展奠定了坚实基础。X公司在大数据的引领下，走向了一个新的发展阶段。

深思熟虑

思考题一：在大数据时代，企业战略分析思维和管理方式发生了变革，你认为这种变革是如何影响企业决策的？

思考题二：在案例中，X公司通过实时监测市场反馈数据成功挽回市场份额，你认为这种实时监控在战略管理中的作用是什么？

知识要点

一、大数据时代下企业战略分析思维及管理变革

（一）企业战略分析思维的变革

企业战略分析离不开数据的支持，大数据时代的到来颠覆了我们对数据分析的认知，传统的战略管理分析思维已经无法应对快速变化的外部环境。要想较好地利用大数据，首先必须进行战略分析思维上的变革，传统数据分析与大数据时代下的数据分析对比如表3–3所示。

表3–3 传统数据分析与大数据分析的比较

类型	分析对象	算法特征	数据处理方式	数据分析技术	源数据	寻找关系
传统数据分析	业务全过程	复杂算法	报表、抽样	基于关系型数据库	精确数据	因果关系
大数据分析	若干数据要素不涉及原业务	简单算法	全样本	基于NoSQL数据管理技术	混杂数据	相关关系

（二）企业战略管理的变革

1. 决策主体的转变

在企业传统的战略管理模式里，决策主体一直是有经验的管理者或者商业精英，在大数据时代下，企业决策的主体由企业高管向一线员工转变，由“精英式”向“大众化”转变。一些新兴社会媒体和社交网络的出现，加速了信息的传播速度和范围，使社会公众的意见和建议成为企业决策的重要依据。基层员工对一线比较熟悉，通过对来自二线数据的分析，能够及时发现问题，给出合理的建议或决策。同时，这样的决策模式也会增强员工的积极性和企业凝聚力，从而更能发挥集体的效力。

2. 决策方式的转变

大数据环境下决策的对象是相关的全部数据，而不是样本数据，通过对全部数据的整理、分析，只需要找到一个现象的良好关联物即可，通过对关联物的监控、追踪，就可以帮助我们捕捉到现在

和未来，从而做出决策，而不需要非要搞清楚事物内在的运行机制，也就是从追寻因果关系向相关关系的转变。同时，大数据也促使企业管理者从单纯的依靠自己的经验和直觉进行决策，转变为经过数据的收集、分析进行决策；摒弃老旧的“经验至上”的思维方式，使决策的结果更加科学和准确，降低决策给企业带来的风险。

3. 注重数据预测，把握机遇

传统了解市场的方法主要是进行市场调查，但这种方法往往跟不上市场的变化，具有滞后性。而大数据的核心是预测，通过实时关注市场动向，对消费者的消费行为及社交媒体上对产品评价进行整合及分析，及时获知顾客对于产品的偏好及需求，并以此对产品进行实时改进与创新，使其更具竞争力。同时，还可根据竞争对手的营销活动、价格等重要信息，分析其下一步走向，制定最优的应对策略，以占有更多的市场份额。

4. 运用大数据降低运营成本

通过对所获数据的分析和研究，可以发现企业管理上存在的一些问题，让企业管理者及时了解企业内部各个部门的工作状态和运营状况，对资源配置不合理的地方及时加以调整，使有限的资源能够发挥出最大的价值。这不仅可以提高资源的利用率和企业整个流程的运转效率，而且可以使企业的管理和决策更加科学，做到有据可依，以此来降低企业在生产经营管理中的运营成本。

5. 创新信息的渠道来源

大数据时代，除了传统的数据企业平台以外，企业还可以与社交网络、移动互联等平台积极合作，通过与大数据价值链中的上游数据拥有者合作，利用他们所收集的有关社会公众的建议和意见等信息，实时关注社会动向及消费倾向，从中挖掘出有用的商业价值。或者与有优势的第三方数据收集机构合作，利用其广阔的数据来源渠道，获得所需要的数据，均摊收集数据的成本，实现共赢。

二、大数据时代下企业战略管理的创新

（一）传统时代与大数据时代企业战略管理创新的对比

传统战略管理创新，是从特定的企业实践管理问题出发，以问题为驱动的探索式创新，从制度管理及人性化管理出发，利用组织知识和专家智慧，在定性与定量分析结合的基础上，探索出问题的解决途径，从而实现企业管理创新。大数据环境下，不仅创新环境与条件复杂、多样，而且企业所面临的创新选择以及实现企业战略管理创新的方法和路径也更多。企业外界大环境和条件的变化对企业战略管理方法路径的选择及最终可能结果实现的影响是毋庸置疑的，就好比以前是“池塘捕鱼”，现在是“大海捕鱼”。因此，随着企业外部环境的变化，企业战略管理创新在大数据环境下与传统模式下有着诸多本质性的区别，如表 3-4 所示。

表 3-4 传统时代与大数据时代企业战略管理创新比较

创新模式	驱动因素	环境与条件	创新途径	创新方法	成功关键因素
传统企业战略管理创新	问题驱动	组织内资源	自上而下	德尔菲法、决策树法	专家经验知识
基于大数据的企业战略管理	创新问题数据驱动	组织生态内的大数据	自上而下、自下而上、网络式协同	云计算、数据挖掘、统计分析等	数据的可得性、数据分析结构及解读的准确性

（二）基于大数据背景下的企业战略管理创新

大数据是企业战略管理创新的核心要素，而数据处理、分析过程则是大数据解决问题的关键。相关领域的研究表明，数据处理、分析过程与创新过程存在一种耦合关系。因此，大数据环境下的企业战略管理创新模式主要体现在以下几方面。

1. 数据获取与数据平台的形成

大数据时代下，数据平台在企业中扮演着重要的角色，在企业的生产经营中承担着数据的收集、处理、分析、监测及预测的功能。企业的创新管理活动往往是从问题驱动（或是在平时的数据监测及预测的过程中发现的问题）或数据驱动开始的。

2. 创新问题界定与方案决策

在发现问题后，企业首先要确定是否需要进行企业战略管理创新，这一决策涉及的关键问题是数据的收集和获取。利用先进的计算机及信息技术，企业可以收集到相关数据并评估是否需要进行创新以及能否创新。如果有必要进行创新，首先需要明确界定两个关键问题：一是大致确定目前企业需要创新的领域和范围；二是借助初步的定性数据分析，对创新问题进行一个具体的阐述。在创新问题界定基础上，利用各种数据分析技术，挖掘出数据隐藏的深层次信息，将半结构化、非结构化数据进行数据预处理与清洗，使其转化为可被数据库识别分析的结构化数据，以此作为数据平台处理的“数据源”。以数据分析结果作为决策依据，对所报定的备选方案的可行性及预期效果进行再验证，以便选择满意的创新方案。

3. 动态数据与创新方案实施

在创新方案实施过程中，企业需要持续收集、整理和分析实施数据与绩效数据，并将其作为数据共享平台的“数据源”。通过对实时数据的反馈分析，可以及时发现并纠正创新方案执行中的偏差，实现对创新过程的不间断监控和动态优化，从而确保创新目标的顺利达成。

这种基于实时数据的闭环管理机制，使整个创新过程从启动到结束都处于持续反馈、不断改进的动态循环中，而非传统的静态执行模式，这种方式能够显著提高创新方案的成功概率。

4. 实时数据与创新方案的提升

在大数据环境下，创新方案实施的整个过程中，始终有数据分析结果对其进行实时的检验，从而根据企业所面临实时内外部环境做出相应的调整与修正，以期创新方案的顺利实施。这样不仅可以避免在引入其他借鉴式的创新方案时，由于企业内外部环境不同带来的一系列“水土不服”现象，而且可以在对创新方案实施过程中进行实时数据的收集、分析，通过运行数据的反馈，以此来修正原有创新管理方案，并达到提升创新方案的效果。

（三）大数据背景下企业战略管理模式的创新

大数据蕴藏着巨大价值，它将掀起一场商业模式和战略管理决策模式上的重大变革，企业的每个细节都将受到这场变革的影响，企业管理者应及时转变管理思维，创新企业战略管理模式。企业在大数据时代的背景下，不仅需要掌握更多更优质的数据，还要有高超的领导能力、先进的管理模式，才能在竞争中获得优势。大数据时代，创新的企业战略管理模式将从以下几个方面体现。

1. 基于数据的运营与决策

大数据时代，除了传统的数据企业平台以外，还可建立一个非结构化的集影像、文本、社交网络、微博数据为一体的数据平台，通过做内容挖掘或者企业搜索，开展声誉度分析、舆情化分析以及精准营销等，企业可随时监控、监测变化的数据，提供实时的产品与服务，即实时的最佳行动推荐。企业的创新、发展、改革，除了传统的数据之外，还要把非结构化数据、流数据用在日常企业业务当中，对产品、流程、客户体验进行实时记录和处理。企业可融合不同类型的数据，配合定性分析，以突破传统的商业分析模式，带来业务的创新和变革。企业可把微博等社交媒体中需要的文档、文章放进非结构化数据平台中，对其中的内容进行字、词、句法分析和情感分析，同时还进行一些关系实体的识别。通过这些内容，可以实现企业声誉的关系分析，对服务质量、品牌、产品和服务进行评价，监测舆论。企业可以将客户在社交网络上、交互、媒体上的一些数据与传统的数据结合在一起，查看完整的客户观点，全面了解客户，以实现营销活动管理、客户细分、风险的信誉评估以及竞争对手的分析。企业还可以将客户对企业、对产品的言论进行语意分析，提取关键词，建立模型，制定规则，自动识别客户反映的问题或需求。

2. 首席数据官的培养

大数据时代，数据技术人员的价值将不断凸显出来。对数据的分析和处理需要同时具有市场营销知识、信息技术知识、运营管理知识等综合素质的人才来调配，首席数据官（chief knowledge officer，CDO）应运而生。应用归信息部门，数据归业务部门，这些概念已被人们广泛接受，但挑战这一想法的同时，在大多数组织中，业务部门并不想拥有数据，它们也不是为管理数据而存在的。通过数据推进企业与社会的对话，挖掘信息化过程中更为潜在的价值是首席数据官的主要职能。他们视数据为资产，负责运营数据，通过分析来自网络、传感器、社会网络评论等多方面的数据，为企业的战略决策提供多方面参考。首席数据官必须能够理解“商业语言”，从数据的角度分析企业所面临的挑战从而帮助管理者决策。另外从组织结构方面来说，企业应该重视 CDO 人才的培养与引进，CDO 在企业未来发展过程中起着重要作用，企业高层应及时意识到并给予其更多的话语权。

3. 树立以社会公众为决策主体的观念

传统战略管理模式中，一些著名的商业精英和咨询公司以及企业的中高层管理者一直被认为是战略决策的主体，然而随着社交网络的普及以及社会化媒体的出现，削弱传统的战略决策模式具有合理性和正确性。社会公众作为战略决策主体的观念应及时树立，将战略决策的理念由企业高层转移到广泛的社会公众，通过社交网络、移动互联网等收集社会公众的建议和意见。大量的非结构化数据使得原材料、市场、生产设备等因素越来越没有明确的定义，产业边界也变得模糊不清，因此大数据增加了企业战略决策的不确定性、不合理性和不可预测性，企业应注重以社会公众为主体的战略管理决策模型的发展。

4. 建立生态系统的企业网络

企业可以将生态产业链资源化、产业化、创新化；重新建立供应商、客户、合作伙伴、企业与员工之间的关系，创新企业战略管理模式；整合资源，协同创新价值，提供新的产品与服务，创造一个新的商业模式。这都是建立在大数据基础上的，可为现代企业的运营管理模式带来深度的变革。事实上，基于企业大数据的新型企业决策模式和战略管理理念正在企业管理发展中迅速涌现。现代企业应逐渐抛弃“以产品为中心”，注重微观方面的产品、成本、营销和竞争等要素的传统管理模式，转变为“以服务为中心”的管理模式，注重宏观层面整合资源、创造价值的能力，发展与产业联合有关的其他元素。新的战略管理模式是基于企业网络生态系统可持续发展的战略管理模式，对于企业战略管理与决策具有非常重要的意义。

课堂思考

基于用户的舆情分析在战略管理中的应用有哪些优势？通过分析一个行业案例，探讨企业如何通过社交媒体等渠道的舆情分析，更好地理解市场态势，及时调整战略，提高市场竞争力。

____

____

学习总结

学习项目	学习目标	评分
学习过程评价	评估学生的学习方法和策略，如笔记记录和学习情况	
	评价学生的学习态度，如上课专注度、参与度和课堂表现等	
	评价学生的合作情况，如团队合作和课堂互动等	
学习成长评价	设计自我评价的方式，让学生评估自己的学习进步和成长	
	促进学生的反思能力，引导他们思考学习过程中的挑战和改进方向	
	评估学生目标的达成情况，帮助他们认识到自己的成就和进步	
合计：综合分数______________。师评（70%）+ 自评（30%）		总分：10 分

实践活动

【活动主题】

数字化决策模拟。

【活动目标】

通过模拟真实场景，让学生亲身体验大数据在财务与战略决策中的应用，加深对课程内容的理解，并培养他们运用大数据进行决策的能力。

【活动流程】

流程一：分组与角色分配

（1）将学生分成若干小组，每组包括财务分析师、战略经理、数据科学家等角色。

（2）每个小组将负责模拟一个企业，学生需了解他们模拟企业的行业、市场情况和财务状况。

流程二：数据收集与分析

（1）学生以各自角色的身份，收集与模拟企业相关的大数据，包括财务报表、市场调研、用户反馈等。

（2）利用提供的大数据工具，进行数据清洗、分析和可视化，提取关键信息。

流程三：财务决策制定

（1）财务分析师根据收集到的数据，制定财务决策方案，包括资金运作、成本控制等方面。

（2）学生需要考虑如何通过财务手段优化企业绩效，提高企业盈利水平。

流程四：战略管理规划

（1）战略经理分析市场趋势、竞争对手，提出战略管理方案，包括市场定位、产品创新等。

（2）学生需要思考如何在市场中寻找新机会，应对竞争、保持企业竞争力。

流程五：实时决策与调整

（1）设定模拟时间，学生需要在特定时间内做出决策，并观察模拟企业的表现。

（2）根据实时数据的变化，调整财务和战略决策，适应市场变化。

流程六：结果展示与讨论

（1）每个小组汇报他们的决策过程、采用的战略和财务手段以及最终的企业表现。

（2）进行全班讨论，学生分享彼此的经验和教训，从中总结大数据在财务与战略决策中的实际应用。

【活动评价】

通过这场课堂活动，学生将深刻理解大数据在财务与战略决策中的应用，培养实际操作的能力，提高团队协作和决策分析的技能。此外，通过讨论和分享，学生能够吸收不同组的经验教训，加深对课程内容的理解。

项目四
大数据时代下的财务管理理念

学习目标

知识目标

- 了解平衡计分卡的概念和四个层面。
- 熟悉平衡计分卡方法的分析步骤。
- 理解阿米巴经营的哲学和基本原则。
- 掌握阿米巴经营的五大目的和操作条件。
- 掌握 ABC 成本法的概述和基本原理。
- 理解成本分配的过程以及 ABC 成本法的组成。
- 理解精益六西格玛的概念和背景。
- 掌握精益与六西格玛结合的必要性和可行性。
- 理解 DMAICL 实施方法。

能力目标

- 能够制定与组织战略一致的平衡计分卡。
- 具备将组织划分为业务单元的能力。
- 能够设计有效的激励机制，激发团队成员的积极性。
- 能够应用 ABC 成本法进行成本分析。
- 能够实施 ABC 成本法的过程和步骤。

- 具备精益和六西格玛结合的管理能力。
- 能够识别和改善业务流程中的问题。

素质目标

- 培养对大数据时代下财务管理理念的全面理解和分析能力。
- 培养团队合作精神，能够在不同层面与团队成员进行有效沟通。
- 激发创新思维，培养对变革的敏感性，能够适应不断变化的商业环境。
- 培养在面临挑战时迅速识别问题、制定方案并做出决策的能力。

项目导读

随着时代的不断演进，大数据技术的崛起对各行各业的管理理念产生了深远的影响，尤其在财务管理领域。本项目旨在深入探讨大数据时代下的财务管理理念，聚焦于平衡计分卡、阿米巴经营、ABC 成本法以及精益六西格玛等关键概念。

通过本项目的理论学习，可以培养学生在大数据时代下应对财务管理挑战的知识和技能，培养学生的综合分析、团队协作、创新变革和解决问题等能力，为未来的职业发展打下坚实的基础。

任务一 平衡计分卡

情景导入

在大数据时代，一家名为“未来制造有限公司”的企业成为财务管理理念的先行者。公司的财务总监张晓是一位敏锐的业务领导者，他意识到仅仅关注财务绩效无法全面地评估企业表现，因此，他引入了平衡计分卡。除了传统的财务指标，公司还设立了包括客户满意度、内部流程效率和员工培训等指标，形成了四个平衡的维度。在制定战略目标和关键绩效指标的过程中，各部门积极参与，形成了全员共识，这使得公司能够更加全面地衡量和管理绩效，不仅在财务上取得了成功，同时也在市场份额和员工创新方面取得了显著的成果。

深思熟虑

思考题一：在平衡计分卡的实施过程中，案例中的公司设立了客户满意度、内部流程效率和员工培训等指标。请思考，对于一家科技公司来说，应该如何量化和衡量这些非财务指标，以确保它们能够准确反映公司的绩效状况？

思考题二：平衡计分卡引入后，案例中的公司取得了在市场份额和员工创新方面的显著成果。

在实施平衡计分卡的初期，公司可能会遇到一些挑战。请思考，在引入新的绩效评价体系时，公司应该如何平衡各个层面的指标，以避免出现过分侧重某一方面而导致的问题？

知识要点

平衡计分卡是20世纪90年代由哈佛大学商学院教授罗伯特·开普兰和大卫·诺顿根据“通用电气的绩效评估报告”以及20世纪上半叶在法国流行的“仪表盘评估法”设计制定出来的。他们认为，过去的方法过分注重财务指标，而忽视其他方面，如用户体验、上下游企业关系、企业潜力等，然而，这些因素对企业的表现和长远发展有着至关重要的影响，往往是这些因素影响了企业的表现。他们之所以将这种方法称为“平衡计分卡”，是因为这种方法将非财务评价指标加入传统的评价体系中，构造了一个更加“平衡”的评价体系。平衡计分卡代表了国际上最前沿的管理思想，集测评、管理与交流功能于一体。

知识链接

哈佛商学院的罗伯特·开普兰教授和大卫·诺顿是在1990年开始研究平衡计分卡的。他们认为财务业绩衡量法有可能已经过时了，所以他们花了一年时间研究新的衡量方法。初步的结果刊登在1992年和1993年的《哈佛商业评论》上，1996年的《平衡计分卡》一书阐述了整个系统的运作。美国西尔斯公司、埃克森美孚石油公司和美国信诺保险集团就是从平衡计分卡方法中受益的公司，平衡计分卡帮助它们实现了战略转变和公司改革。

一、平衡计分卡的四个层面

平衡计分卡是一个综合考虑财务因素和非财务因素的业绩评价系统，与其他方法相比，它更强调非财务指标的重要性。平衡计分卡通过四个层面解释企业组织的行为，分别是学习成长层面、商业过程层面、客户层面、财务层面。

平衡计分卡

（一）学习成长层面

这个层面包括员工培训和企业文化的自我成长。在一个主要以知识型员工构成的组织中，员工是最主要的资源，尤其是面对近年来快速发展的科技浪潮，让员工能保持持续学习不仅对员工个人的发展至关重要，更对企业的发展有重要影响。罗伯特·开普兰和大卫·诺顿强调的是“学习”，而不是“培训”，是营造一种主观能动的氛围，而不是流于形式的企业活动。平衡计分卡强调对未来进行投资的重要性，要求企业必须对员工、信息系统及组织程序进行大量投资。

（二）商业过程层面

这个层面考量的是一个组织内部运行是否高效，一个企业的商业过程是否达到高效满足客户的要求，是否达到每个商业过程都增加价值的目的。平衡计分卡下的业务流程遵循“调研和寻找市场—产品设计开发—生产制造—销售与售后服务”的轨迹展开。其中，信息管理系统的应用在帮助管理者将总体目标分解到基层的过程中扮演了极为重要的角色。

（三）客户层面

近年来的管理哲学越来越多地认识到客户满意度在各行业中的重要性，因为满意度最终会决定客户的去留。在此层面的分析中，客户特点和产品线的配对研究至关重要。平衡计分卡在评价客户满意度方面发挥着重要作用。

（四）财务层面

罗伯特·开普兰和大卫·诺顿并未否认准确及时地提供财务数据的重要性，但他们更加强调财务数据的采集与分析的集中化和自动化，也就是说，他们更看重企业能否更好地整合财务数据、利用财务数据，而不是让企业被财务指标左右从而丢失了长期竞争力。同时，在平衡计分卡中，对财务层面的考量加入了风险测评数据、成本绩效考核数据等。

平衡计分卡是针对企业战略愿景的四个级别的分析和评估，它代表着世界上最先进的管理思想，并集成了评估、管理和沟通的功能，它使用大量领先和滞后指标来评估企业是否正在实现其战略目标。将战略置于中心的平衡计分卡是一种战略管理系统，而不仅仅是企业绩效评估系统，它可以提供许多非财务指标，可以反映财务指标变化的根本原因，它更注重促进企业未来的利润，而不是过去的利润统计。

二、平衡计分卡方法的分析步骤

（一）定义研究评价对象的战略

平衡计分卡能反映企业战略，其四个方面均与企业的战略密切相关。这一步骤是设计一个好的平衡计分卡并进行综合分析的基础。

（二）针对战略目标取得一致意见

由于各种原因，管理团队可能对目标有不同的意见，但无论如何，必须就企业的长期目标达成一致。平衡计分卡每个方面的目标数量都应控制在合理范围内，并应评估影响组织成功的关键因素。

（三）选择和设计分析测评指标

目标一旦定下，就要判断这些目标能否达到。平衡计分卡中的每个指标都是表达组织战略的因果链的一部分，指标必须准确反映每个具体目标。在指标设计中，使用太多指标是不合适的。对于一般平衡计分卡的每个方面，三个或四个指标就足够了，这也体现了财务报告综合分析指标设计的简明性原则和有效性原则。

（四）制订实施计划

各级管理人员必须参与评估。平衡计分卡指标应与企业的数据库和管理信息系统相关联，并应用于整个组织。

（五）监测和反馈

平衡计分卡定期向最高经理报告。当评估设定一段时间并且认为已达到目标时，企业需要设置新目标或为原始目标设置新目标。平衡计分卡应用于战略规划、目标设定和资源分配的过程，需要持续地监控和反馈，以使财务分析报告动态化，帮助企业适应竞争。

课堂思考

在大数据时代，平衡计分卡的四个层面（学习与成长、商业过程、客户、财务）如何相互关联，以实现组织的整体协同发展？举例说明其中一个层面如何影响另一个层面。

____

____

学习总结

学习项目	学习目标	评分
学习过程评价	评估学生的学习方法和策略，如笔记记录和学习情况	
	评价学生的学习态度，如上课专注度、参与度和课堂表现等	
	评价学生的合作情况，如团队合作和课堂互动等	
学习成长评价	设计自我评价的方式，让学生评估自己的学习进步和成长	
	促进学生的反思能力，引导他们思考学习过程中的挑战和改进方向	
	评估学生目标的达成情况，帮助他们认识到自己的成就和进步	
合计：综合分数________。师评（70%）+ 自评（30%）		总分：10 分

任务二　阿米巴经营

情景导入

未来制造有限公司总经理刘明是一位推崇激发员工创造力的领导者，他决定在大数据时代采用阿米巴经营哲学，将公司划分为多个小经济实体，每个实体负责特定的产品线，员工被赋予更多决策权，并能分享实体的盈利。在一个新产品项目中，一个小经济实体的团队成功地将创新理念付诸实践，推出了一款备受市场欢迎的产品，这种鼓励创新的文化让每个小经济实体都取得了显著的经济效益。

深思熟虑

思考题一：阿米巴经营强调将公司划分为小经济实体，每个实体像一家小企业。在实际操作中，你认为这种模式对员工的激励和团队协作有何影响？如何确保小经济实体间的合作达到最佳效果？

思考题二：阿米巴经营的核心在于实体的自负盈亏，在推行这一理念时，公司需要建立清晰的激励机制。请思考，一个有效的激励机制应该包括哪些要素，以激发员工的积极性和创造力？

知识要点

阿米巴商业模式是稻盛和夫提出的原始管理模式。阿米巴也称变形虫，是一种具有细胞分裂、繁殖、灵活性和变异性的单细胞动物。在经营过程中，阿米巴被视为核算单位，并扩展到企业中最小的基层组织，即最小的业务单位，可以是部门、生产线、团队，甚至是某位员工。阿米巴业务是指通过小集体的独立核算实现全员参与的业务管理模式，汇集所有员工的力量。

阿米巴业务管理的实施是将整个公司划分为许多名为阿米巴的小型组织。每个小型组织都是独立的利润中心，并进行独立的核算和管理。阿米巴经营单元可以根据内外环境进行快速地分裂、合并、成长。

一、阿米巴经营哲学

经营哲学既指导经营实践，也是对经营实践的提炼和升华。在阿米巴经营中，其经营哲学不仅成功地引领企业走向成功，也是阿米巴经营的核心。

企业是个生命体，阿米巴作为一个小的经营单元需要有一个统一的“思想”。虽然每个阿米巴经营单元都能进行自主决策经营，但每个阿米巴的根本目标是一致的。稻盛和夫从“作为人，何谓正确”这个最基本命题出发，用“敬天爱人”这一最朴实的语言阐述了日本京瓷公司的经营哲学。“敬天”就是按事物的本性做事。这里的“天”是指客观规律，也就是事物的本性。他坚持以正确的方式和正确的程序执行正确的事情，并根据他的本性做事。所谓“爱人”就是按照人性行事。“爱人”是“利他主义”，“利他主义”是生活的基本出发点，利他主义是自利的。对于企业来说，“利他管理”是指客户管理。一般而言，客户包括顾客、员工、社会和其他利益相关者。只要为客户创造价值，企业就可以从中分享价值。因此，阿米巴经营哲学一方面起到引导作用，能够成功引领企业；另一方面也可以规范企业的经营行为，避免企业在经营过程中做出违背经营哲学的事情。

二、阿米巴经营的五大目的

阿米巴商业模式的独特魅力在于它与一般管理模式不同，具体而言，它实现了五个目标。

（一）在企业中实现全员参与经营

在阿米巴经营模式中，根据工作内容进行分配，每一个“阿米巴”都是独立核算的经营单元。阿米巴小组负责人（以下简称经营长）就像经营自己的小工厂一样，对所有事务负全部责任。在这种充分授权和内外竞争的机制下，每个人都能充分发挥他们的主观能动性。

（二）以核算作为衡量员工贡献的重要指标，培养员工的数字意识

阿米巴以简单易懂的单位时间增值核算方式运作。只要简单地将阿米巴单位的收入减去支出，然后除以总劳动时间，就可以计算单位时间的附加值。

（三）实行高度透明的经营

根据阿米巴商业模式的要求，企业的业务数据必须准确，并及时反馈给每位员工，以便经营者在第一时间获得准确的业务数据。一般而言，经营者可以在业务活动发生后 24 小时内获取业务数据。

（四）自上而下和自下而上的整合

这种整合的前提是在企业上下拥有共享的价值观与目标。通过会议，企业不断地给员工灌输企业价值观，让每位员工从经营中体会到快乐，使所有员工都拥有共同的企业价值观。

（五）培养经营长

由于公司被划分为一个个阿米巴单元，经营长所占的比率要比一般企业高，经营长对于阿米巴导入的成功与否起到关键的作用，同时经营长被充分授权，有发挥才能的舞台，可以在成功和失败中成长。

总之，稻盛和夫使用简单易懂的商业会计作为赋权工具，使每个阿米巴成员都能够关注并参与运营，使企业充满活力并保持繁荣。

三、阿米巴模式的操作条件

阿米巴经营模式能够获得有效运转，需要具备以下三个条件。

（一）阿米巴经营单元划分

经营单元划分需要坚持三个原则：①有明确的收入，能够计算获得收入所需的开支；②最小单位组织的阿米巴必须是独立的业务单位；③能够实现公司的总体目标。在阿米巴经营模式下，经营员工的自我管理理念和方法可以使阿米巴部门的目标与公司的总体目标相一致。

（二）阿米巴经营运转的基础和载体

单位时间附加值核算是阿米巴经营运转的基础和载体，这需要管理会计来提供数据，并且按照以下公式进行测算：

单位时间附加值核算＝结算销售额／劳动总时间

（三）阿米巴在运转过程中的三个步骤

阿米巴在运转过程中分为制订计划、实施计划、反馈与评估三个步骤。计划主要包括年度计划和月度计划。阿米巴经营单元不断地根据内外部环境来制订滚动经营计划。在实施计划的过程中，经营长会频繁巡视现场来确保目标的完成，每天在晨会上也会不断更新单位时间核算的经营数字，使得数字深入每一位员工的内心。在反馈和评估时，企业每天反馈、及时反思，并每月公布全公司的业绩情况，对成绩优秀的经营长委以重任。总之，在运转循环中，企业不断地强调数字，使每天的经营都能够得到有效反馈。

中日两国的国情、文化和企业发展的阶段既有相似性，又有区别。如何将在日本运行良好的阿米巴经营模式本土化，值得我们进一步研究。

课堂思考

阐述阿米巴经营的核心哲学，并解释为什么这种基于分权和激励的管理方式在大数据时代尤为重要。在实际应用中，你认为阿米巴经营模式对于提高企业的灵活性和适应性有哪些显著优势？

____

____

学习总结

学习项目	学习目标	评分
学习过程评价	评估学生的学习方法和策略，如笔记记录和学习情况	
	评价学生的学习态度，如上课专注度、参与度和课堂表现等	
	评价学生的合作情况，如团队合作和课堂互动等	
学习成长评价	设计自我评价的方式，让学生评估自己的学习进步和成长	
	促进学生的反思能力，引导他们思考学习过程中的挑战和改进方向	
	评估学生目标的达成情况，帮助他们认识到自己的成就和进步	
合计：综合分数＿＿＿＿＿＿＿＿。师评（70%）+ 自评（30%）		总分：10 分

任务三 ABC 成本法

情景导入

为了更准确了解产品成本，未来制造有限公司决定采用 ABC 成本法。在实施过程中，公司进行了详细的活动识别和成本分配。通过将资源成本分配到各项活动中，公司确保了每个环节都得到了充分的支持。这一过程中，公司深入了解了产品生产中的各个环节，确定了成本池、活动成本驱动因子和成本分配率。通过 ABC 成本法，公司成功地识别了关键活动，有针对性地降低了一些高成本环节的支出，提高了整体效益。

深思熟虑

思考题一：在实施 ABC 成本法时，未来制造有限公司进行了详细的活动识别和成本分配。对于一家刚刚采用 ABC 成本法的公司，你认为最具挑战性的是哪个步骤？该公司应如何克服这些挑战？

思考题二：ABC 成本法通过深入了解产品生产中的各个环节，帮助公司更准确地计算产品成本。请思考，采用 ABC 成本法后，公司如何根据这些成本信息来优化生产流程或制定更有效的市场定价策略？

知识要点

现代管理将 ABC 成本法定义为“基于活动的成本管理”。ABC 成本法是一种定量管理方法，它采用数理统计方法，根据物联网的经济和技术特点进行统计、排列和分析，掌握主要矛盾，区分关键点和一般点，并采用不同的管理方式和方法。

一、ABC 成本法概述

ABC 成本法也称成本分析法、作业成本计算法、作业成本核算法。其指导原则是："成本对象消耗活动，活动消耗资源。"该方法将直接成本和间接成本（包括期间成本）合理分配到消费活动的产品（服务）中，从而扩大了成本计算的范围，使得计算出的产品（服务）成本更加准确和真实。

活动是成本计算的核心和基本目标。产品成本或服务成本是所有活动的总成本，是企业实际资源成本的终结。

ABC 成本法因其准确的成本信息，可以改善业务流程，为资源决策、产品定价和投资组合决策提供完善的信息而受到广泛好评。20 世纪 90 年代以来，世界上许多先进企业都实施了基于活动的成本核算，以改善原有的会计制度，提高企业的竞争力。

二、成本分配的过程

ABC 成本法不仅是成本计算方法，而且是成本计算和成本管理的有机结合。ABC 成本法根据资源消耗的因果关系分配成本：首先根据活动中资源消耗的情况，将资源消耗分配给活动；然后根据成本对象消费活动的情况，将活动成本分配给成本对象。

（一）资源

资源是生产支出的原始形式和成本来源。企业运营系统涉及的人力、物力和财力资源都属于资源。企业的资源包括直接人工、直接材料、间接制造成本等。

（二）活动

活动是指在组织中为特定目的消耗资源的行为，它是基于活动的成本核算系统中最小的成本聚合单元。从产品设计、原材料采购、生产和加工到产品交付和销售，活动贯穿产品生产和运营的整个过程，在此过程中，每个链接和进程都可以视为一个操作。

（三）成本动因

成本动因也称成本驱动因素，是指导致成本发生的因素，即成本激励。成本动因通常通过活动消耗的资源来衡量，如质量检查的数量、电力消耗等。在基于活动的成本核算中，成本动因是成本分配的基础。成本动机可分为资源动机和活动动机。

（四）活动中心

活动中心（也称成本存储库）是指构成业务流程的互联与操作集合，用于收集业务流程及其输出的成本。换句话说，根据统一的运营动机，各种资源消耗项目可以概括在一起，形成一个活动中心。活动中心可以帮助企业更清晰地分析相关业务，进行运营管理、企业组织和责任中心的设计和评估。

三、ABC 成本法的组成

（一）作业

作业是需要操作并因此消耗资源的过程或程序。例如，调用供应商进行订购是一项作业。

（二）成本动因是工作的直接原因

成本驱动因素反映了产品或其他活动成本对象的需求。如果操作是交付货物，则成本动因是要交付的货物数量。成本动因应与计量单位相关联，并且要易于衡量，它们之间的关系将影响活动与交易成本之间的关系，即活动是否会影响交易成本。简单的测量可以轻松测量基于活动的成本、产品或服务的使用量。采购活动的一般成本动因包括申请所需的货物数量、零件规格数量、进度变更数量、供应商数量和延迟交货数量。

（三）成本对象

成本对象需要考核绩效的实体，如产品、顾客、市场、分销渠道和项目。

（四）作业清单

作业清单即产品或其他成本对象所需的活动和相关成本的列表。

四、ABC 成本法的过程

ABC 成本法的过程如下：

（1）定义业务和成本核算对象（通常是产品，有时也可能是顾客、产品市场等）。这一过程比较耗费时间。如果两种产品都满足客户的相同需求，那么选择客户比定义业务时选择单一产品更合适。

（2）确定每种业务的成本动因（成本的决定因素，如订单的数量）。

（3）成本分配给每个成本核算对象，并比较每个对象的成本和价格以确定其盈利能力。

五、ABC 成本法的实施步骤

作业成本的实施一般包括以下几个步骤。

（一）设定作业成本法实施的目标、范围，组成实施小组

基于活动的成本核算的实施必须有明确的目标，即决策者如何使用基于活动的成本进行计算。实施范围是基于活动的成本核算部门，基于活动的成本核算可以在整个企业或独立核算部门中实施，基于活动的成本核算的实施范围必须明确。为了实施基于活动的成本核算，必须建立一个基于活动的成本核算实施小组，由企业负责人领导，包括负责企业的会计和相关人员。ABC 在国外的实施通常由内部员工和外部专业顾问组成。外部专业顾问具有 ABC 实施的经验，因此，ABC 的实施可以从其他实施的成功和失败中吸取经验和教训。

（二）了解企业的运作流程，收集相关信息

实施小组应详细了解企业的业务流程，明确企业成本流程、导致成本发生的因素、各部门对成本的责任，以及便于设计运营和责任控制系统。

（三）建立企业的作业成本核算模型

在充分认识和分析企业运作的基础上，可以设计一种基于活动的企业成本核算模型，主要定义

以下内容：企业资源、活动和成本对象的确定，包括其分类与各种组织层面，每个计算对象的责任主体，以及资源活动分配的组成；从资源到作业分配关系，再到作业产品分配关系。

（四）选择 / 开发作业成本实施工具系统

基于作业的成本核算可以提供比传统成本计算更多的信息，并且基于大量计算。没有软件工具的支持，就无法实现基于活动的成本核算，软件工具有助于完成复杂的会计任务和分析信息。基于作业的成本核算软件系统提供了基于活动的成本核算系统的构建工具，可以帮助建立和管理基于活动的成本核算系统，并完成基于活动的成本核算工作。

（五）作业成本运行

在建立基于作业的成本核算系统的基础上，实施小组输入特定数据并运行基于作业的成本核算。

（六）分析解释作业成本运行结果

实施小组对作业成本的计算结果进行分析与解释，如成本偏高的原因、成本构成的变化等。

（七）采取行动

实施小组针对成本核算中反映的问题，如提高运营效率、评估组织和员工、改变运营方式、消除毫无价值的工作等采取行动。

企业是一个不断变化的实体，在作业活动的成本核算正常运行之后，还需要维护基于作业的成本核算模型，使其能够反映企业的发展变化。随着企业的运作，基于作业的成本核算的运作、解释和行动是一个周期性过程。

课堂思考

ABC 成本法相较于传统成本法的优势在于更精确地分配成本。在大数据时代，你认为使用 ABC 成本法的组织在提高成本管理精度方面可能遇到的挑战是什么？请提出应对这些挑战的建议。

____

____

学习总结

学习项目	学习目标	评分
学习过程评价	评估学生的学习方法和策略，如笔记记录和学习情况	
	评价学生的学习态度，如上课专注度、参与度和课堂表现等	
	评价学生的合作情况，如团队合作和课堂互动等	
学习成长评价	设计自我评价的方式，让学生评估自己的学习进步和成长	
	促进学生的反思能力，引导他们思考学习过程中的挑战和改进方向	
	评估学生目标的达成情况，帮助他们认识到自己的成就和进步	
合计：综合分数________。师评（70%）+ 自评（30%）		总分：10 分

任务四 精益六西格玛

情景导入

为了提高生产效率和产品质量，未来制造有限公司引入了精益六西格玛。通过精益思想，公司优化了生产流程，削减了浪费，提高了效率。同时，通过六西格玛的方法，公司引入更强的质量控制，减少了产品缺陷。这使得公司不仅在生产效率上有了显著提升，而且产品质量也得到了大幅度的提升。

未来制造有限公司通过整合各种财务管理理念，形成了一套完善的管理体系，使得企业在大数据时代下更加灵活，取得了长足的发展。

深思熟虑

思考题一：在案例中，未来制造有限公司引入精益六西格玛的方法以提高生产效率和产品质量。在实施这一理念的过程中，公司可能会面临员工培训和文化转变的挑战。你认为公司应该如何克服这些挑战，以确保精益六西格玛的成功实施？

思考题二：精益六西格玛的成功实施通常需要公司员工的全力配合。请思考，公司应该如何建立一个鼓励员工提出改进建议并参与质量管理的文化，以推动精益六西格玛的长期发展？

知识要点

一、精益六西格玛概念

精益的核心理念是消除浪费，最大限度地提高企业活动的附加值；尊重和培养员工，使他们和他们的企业能够共同发展。六西格玛旨在降低波动性和复杂性，以期所有产品或服务都能达到或超过客户期望。精益六西格玛是精益和六西格玛的有机组合和相互补充，它旨在通过减少波动来消除浪费，从而提高效率。

六西格玛管理是在全面质量管理的基础上发展起来的战略管理方法。六西格玛管理起源于20世纪80年代，由Motorola公司首先执行，但真正将其发扬光大的则是美国通用电气公司。它经历了从冷到热，从西到东，从顶级跨国公司到普通企业的传奇过程。六西格玛管理为企业提供了通用的手段和语言，以实现业务目标，与员工联系流程，集中资源，以严格的科学方法和稳健的业绩改善模式实现利润和收入的提高。六西格玛紧密联系组织的所有要素，帮助企业实现业绩的突破，最终成为持久的绩效改进基因，这是企业成功的阶梯。

精益六西格玛是精益生产和六西格玛管理的完美结合，其实质是“消除浪费，提高速度”。精益六西格玛管理的目的是整合精益生产和六西格玛管理，吸收两种管理模式的优势，弥补单一模式的不足，实现更好的管理效果。精益六西格玛不是精益生产和六西格玛的简单组合，而是两者的互补和有机结合。

二、精益与六西格玛结合的必要性

精益生产依赖于参与者的知识，并采用直接解决问题的方法。因此，对于简单的问题，它解决得更快，但缺乏标准化的知识。对于复杂问题，它缺乏解决的效率，不能保证它处于统计控制状态。六西格玛管理更好地集成了各种工具，使用定量方法分析和解决问题，并具有标准化的DMAIC（定义、测量、分析、改进、控制）过程来解决问题，它为复杂问题提供了高度可操作的解决方案和工具。

六西格玛优化的目标通常不够全面，缺乏优化整个系统的能力，因此需要将待解决的问题与整个系统联系起来，然后优化流程。精益生产理论的优势之一是系统过程的管理，其可以为六西格玛项目管理提供框架。一般而言，系统中存在一些非增值流程或活动。如果我们使用六西格玛方法来优化这些流程或活动，我们就无法突破原有的系统流程设计。为了消除这种非增值活动或过程，我们需要重新设计流程。六西格玛方法无能为力，而精益生产刚好有一套方法和工具来支持我们完成这项工作。

三、精益与六西格玛结合的可行性

两者都是持续改进和追求完美的例子，这是两者本质的同质性。因此，可以将两者结合起来。

精益生产和六西格玛管理与全面质量管理（TQM）密切相关，它们都是基于流程的管理，以客户价值为基本出发点，为两种生产模式的整合提供了基础。

精益思想的本质是消除浪费。六西格玛的本质是控制变异，变异是浪费的原因之一。因此，这两种模式不是对立的，而是互补的。

四、精益六西格玛结合的潜在收益

精益六西格玛管理的主要内容包括工厂现场管理、新产品开发、与客户的关系及与供应商的关系。对于现场管理，精益内容包括通过看板系统组织生产过程，实现准时化生产等。

精益六西格玛是一套系统管理原则和实施方法，旨在追求卓越和完美；它是一种全面的系统方法，用于了解客户需求、标准化使用和事实与数据的统计分析，以及灵活的管理和业务流程再造。同时，提升客户满意度，使用流程创新方法降低运营成本和周期，从而通过提升核心业务能力、提升企业盈利能力，是企业获取竞争力和可持续发展能力应采取的企业战略。

成功实施精益六西格玛的企业数据表明，精益六西格玛可以减少人力资源需求，无论是在产品开发、生产系统，还是在工厂的其他部门，与其他生产模式相比，最低可以减少到1/2；减少产品开发周期，最小可减少到1/2或2/3；生产过程中制成品的库存可以减少到其他生产方式下的一般水平的 1/10；工厂占用空间可以释放到其他生产方式的 1/2 以下；在其生产方式下，成品库存可降至平均库存水平的 1/4；产品质量可以提高，员工的能力也可以得到提高。

五、精益六西格玛的 DMAICL 实施方法

精益六西格玛活动可分为精益改进活动和精益六西格玛项目活动。精益改进活动主要针对简单问题，可以通过精益方法和工具直接解决。精益六西格玛项目主要针对复杂问题，它将精益生产方法和工具与六西格玛方法和工具相结合。自 20 世纪 80 年代诞生于 Motorola 公司以来，经过三四十年的发展，它已经发展成为解决问题和提高企业绩效的有效系统方法，即“定义—测量—分析—改进—控制—推广”，称为 DMAICL。

DMAICL 各阶段的内容如下：在定义阶段，使用精益思想定义价值并提出流程框架，在此框架中定义具有六西格玛工具的改进项目。将精益生产时间分析技术与测量阶段的六西格玛管理工具相结合，结合测量过程管理的现状。在分析阶段，使用六西格玛技术，将技术与精益流量原理相结合，分析变化和浪费。在改进阶段，流程和拉动是原则，两种模式中的所有可用工具用于增加、重新排列、删除、简化和合并过程，同时提高特定过程的稳健性和过程能力。除了在控制阶段完成六西格玛管理控制内容外，我们还应总结实施过程中出现的新问题，以便在下一个周期中进一步完善系统，最后进入推广阶段。

学习总结

学习项目	学习目标	评分
学习过程评价	评估学生的学习方法和策略，如笔记记录和学习情况	
	评价学生的学习态度，如上课专注度、参与度和课堂表现等	
	评价学生的合作情况，如团队合作和课堂互动等	
学习成长评价	设计自我评价的方式，让学生评估自己的学习进步和成长	
	促进学生的反思能力，引导他们思考学习过程中的挑战和改进方向	
	评估学生目标的达成情况，帮助他们认识到自己的成就和进步	
合计：综合分数______________。师评（70%）+ 自评（30%）		总分：10 分

实践活动

【活动主题】

案例分析——ABC 成本法应用。

【活动目标】

通过实际案例演练，帮助学生深入理解 ABC 成本法的应用，培养其成本识别与分配能力，并引导他们思考该方法在大数据时代的实践应用和发展潜力。

【活动流程】

流程一：案例介绍

提供一个实际业务案例，涵盖多个成本要素（如生产、分销、客户服务等），并确保案例中存在传统成本法难以准确分配成本的问题，以突显 ABC 成本法的价值。

流程二：ABC 成本法原理解释

（1）介绍 ABC 成本法的基本原理，包括活动识别、资源驱动的成本分配等概念。

（2）强调 ABC 成本法相对于传统成本法的优势，尤其是在产品或服务多样化的业务场景中。

流程三：小组分工与活动识别

（1）将学生分成若干小组，每个小组负责分析案例中的一个特定业务领域。

（2）学生需要识别与他们负责领域相关的主要活动，并建立活动清单。

流程四：成本分配与计算

（1）引导学生使用 ABC 成本法，将案例中的各项成本分配到不同的活动中。

（2）学生需要讨论并计算每项活动的成本分配比例以及这些比例对产品或服务的影响。

流程五：讨论 ABC 成本法的应用挑战

（1）按小组汇报他们的分析结果，并讨论在实际应用中可能遇到的挑战。

（2）引导学生思考大数据时代对 ABC 成本法应用的影响，讨论如何利用大数据技术解决潜在的问题。

流程六：总结与分享经验

（1）综合各小组的分析结果，总结 ABC 成本法在案例中的应用效果。

（2）学生分享他们在应用 ABC 成本法过程中的经验和教训，从而深化对这一管理工具的理解。

【活动评价】

通过此实践活动考察学生在解决实际问题时的创新思维，尤其是面对挑战时的解决方案，并且检验学生对 ABC 成本法的实际应用水平。

项目五 大数据时代下的财务关键职能

学习目标

知识目标

▸ 掌握财务预测的概念、意义、种类、原则、程序和方法。

▸ 了解财务决策的概述、作用、原则与条件、程序和方法，筹资决策、股利分配决策、投资决策等方面的知识。

▸ 理解财务预算的概述、目标、管理体制与编制模式，预算执行、控制与考核等方面的知识。

▸ 了解财务分析的概述、内容和主要方法。

能力目标

▸ 能够运用不同的财务预测方法，根据企业实际情况进行财务预测，为管理层提供决策支持。

▸ 具备进行资金优化配置、风险管理、价值最大化的能力，能够有效进行筹资决策、股利分配决策、投资决策等财务决策活动。

▸ 具备制定和执行财务预算的能力，能够有效管理资源，提高企业的整体经济效益。

▸ 能够运用不同的财务分析方法，对企业的财务状况进行全面深入的分析，为决策提供有效的参考。

素质目标

▸ 培养对财务数据和信息的敏感性，能够准确判断企业财务状况，形成科学的分析意见。

- 培养与不同部门、层级之间进行有效沟通的能力，促进财务决策与其他业务决策的协调。
- 提高对财务风险的敏感性，培养防范和化解财务风险的意识和能力。
- 培养在财务管理领域寻找创新解决方案的意识，能够灵活应对变化和挑战。

项目导读

在大数据时代的背景下，财务管理作为企业决策的重要组成部分，正面临着更为复杂和多变的挑战与机遇。本项目将聚焦于大数据时代下的财务管理，通过深入探讨财务预测、财务决策、财务预算和财务分析等关键主题，旨在为学生提供全面而实用的知识体系，培养其在财务管理领域的综合能力和素质。

通过本项目的学习，可以深化学生对财务管理的理论认识，掌握财务分析、预测和决策的实际操作技能。同时，培养学生的创新意识、团队协作和风险管理能力，使其能够在大数据时代背景下，更加灵活、高效地应对企业财务管理的复杂挑战。

任务一　财务预测

情景导入

在大数据时代的都市之中，有一家崭新的科技公司——数据智谷（Data Wise），由一位名为张峰的创始人领导。公司专注于为企业提供先进的大数据分析解决方案，而张峰则渴望用数据搭建一座贯穿财务管理领域的桥梁。

张峰对公司的财务状况充满好奇，于是他开始了一场财务预测的探索之旅。他召集了公司的财务专家和数据科学家，利用大数据技术对过去的财务数据进行深度挖掘。通过历史趋势、市场变化和企业内部决策的全面分析，团队成功地建立了一套高效的财务预测模型，不仅涵盖了短期内的现金流预测，还能够进行中期和长期的企业财务规划。

深思熟虑

思考题一：在案例中，大数据技术被用于对过去的财务数据进行深度分析。你认为在进行财务预测时，大数据技术如何帮助企业更好地理解市场变化和制订未来规划？

思考题二：财务预测不仅包括短期内的现金流预测，还涵盖了中期和长期的企业财务规划。选择一家企业，思考其在中长期财务规划中可能面临的挑战，并提出一些建议，如何通过财务预测建立可持续的经营战略。

知识要点

一、财务预测的意义和目的

财务预测是指财务工作者根据企业过去一段时间财务活动的资料，结合企业现在面临和即将面临的各种变化因素，运用数理统计方法，结合主观判断，对企业未来财务活动的发展变动趋势及其财务成果做出科学的预计和判断。因为财务预测具有较强的综合性，预测的最终结果实际上是对企业未来的生产经营活动的一种预先综合反映，因而财务预测的主体应当是财会人员和有关业务人员（如销售人员）等，但主要是财会人员。

预测是进行科学决策的基础，它基于所研究现象的过去信息以及该现象的一些影响因素，运用科学方法来估计现象未来的发展趋势。它是人们认识世界的重要手段，也是一个超前思考的过程。预测有助于企业应对未来的变化，展现各种可能的前景，并促使人们制订相应的应急计划。通过提高企业对不确定事件的反应能力，可以减少不利事件给企业带来的损失，并增加利用有利机会带来的收益。因此，预测在科学决策和企业应变中起着至关重要的作用。

财务预测的目的，是为了体现财务管理的事先性，即帮助财务人员认识和控制未来的不确定性，使未来的风险降到最低，使财务计划的预期目标同可能变化的周围环境和经济条件保持一致，并对财务计划的实施效果做到心中有数。

财务预测

二、财务预测的种类

财务预测是企业财务管理的首要环节，财务预测的具体内容与企业财务活动的内容密切相关。为了便于研究和掌握财务预测，人们往往依据不同的标准对其进行分类。

（一）长期财务预测、中期财务预测和短期财务预测

按财务预测所跨越的时间长度，财务预测分为长期预测、中期预测和短期预测。长期预测主要是指对 5 年以上的财务变化以及趋势的预测，为企业今后长期发展的重大决策提供财务依据。中期预测主要是指对 1 年以上、5 年以下的财务变化及其趋势的预测，它是长期预测的细化、短期预测的基础。短期预测则是指对 1 年以内的财务变化及其趋势的预测，主要为编制年度计划、季度计划等短期计划服务。

（二）资金需要量预测、销售预测、成本费用预测和利润预测

按财务预测的内容，财务预测可分为资金需要量预测、销售预测、成本费用预测和利润预测。资金需要量预测，主要是以预测期企业的生产经营规模的发展和资金利用效果的提高等为主要依据，运用一定的数学方法，对未来一定时期进行生产经营活动所需资金以及扩展业务追加投入所需资金进行预计和推测。销售预测主要是对预测期企业的销售量或销售额所做的预计和测算。销售预测是决定企业经营决策的重要依据，在搞好销售预测的前提下，才能搞好其他的预测。成本费用预测是编制成本预算之前，根据企业的经营总目标和预测期可能出现的各个影响因素，采用定量和定性的分析方法，对预测期的目标成本、成本水平和变动趋势所进行的预计。利润预测就是根据企业经营目标的要求，通过对影响利润的有关因素进行分析，对未来一定时期可能达到的利润水平和变化趋势所进行的科学预计和推测。

（三）定性财务预测和定量财务预测

按财务预测方法的性质，财务预测可分为定性财务预测和定量财务预测。定性财务预测是一种直观预测，多采用专家意见结合调查研究的方式进行。这种预测的目的不在于准确地推算具体数字，而在于广泛集合意见，判断事物的未来发展方向，如判断分析法、调查分析法等。定量财务预测主要是根据过去的历史资料（包括会计、统计、业务核算等资料），运用一定的数学方法进行科学的加工处理，并建立数学模型，充分揭示有关变量之间的规律性联系，如算术平均法、移动平均法、直线趋势法、指数平滑法等。

在实际工作中，定性财务预测与定量财务预测往往互相渗透、相互补充。换言之，定量财务预测也要在定性分析的基础上进行，这样才能提高预测的科学性、精确性。

三、财务预测的原则

进行财务预测时，一般遵循以下原则。

（1）连续性原则。财务预测必须具有连续性，即预测必须以过去和现在的财务资料为依据来推断未来的财务状况。

（2）关键因素原则。进行财务预测时，应首先集中精力于主要项目，而不必拘泥于面面俱到，以节约时间和费用。

（3）客观性原则。财务预测只有建立在客观性的基础上，才有可能得出正确的结论。

（4）科学性原则。进行财务预测时，一方面要使用科学方法（数理统计方法）；另一方面要善于发现预测变量之间的相关性和相似性等规律，进行正确预测。

（5）经济性原则。财务预测要讲究经济性，是因为财务预测涉及成本和收益问题，所以要尽力做到使用最低的预测成本达到较为满意的预测效果。

四、财务预测的程序

财务预测一般应按以下程序进行。

（一）明确预测对象和目标

财务预测首先要明确预测对象和目标，然后才能根据预测的目标、内容和要求确定预测的范围和时间。

（二）制订预测计划

预测计划包括预测工作的组织领导、人事安排、工作进度、经费预算等。

（三）收集整理资料

资料收集是预测的基础。公司应根据预测的对象和目的，明确收集资料的内容、方式和途径，然后进行收集。对收集到的资料要检查其可靠性、完整性和典型性，分析其可用程度及偶然事件的影响，做到去伪存真、去粗取精，并根据需要对资料进行归类和汇总。

（四）确定预测方法

财务预测工作必须通过一定的科学方法才能完成。公司应根据预测的目的以及取得信息资料的特点，选择适当的预测方法。使用定量方法时，应建立数理统计模型；使用定性方法时，要按照一定的逻辑思维，制订预算的提纲。

（五）进行实际预测

运用所选择的科学预测方法进行财务预算，并得出初步的预算结果。预测结果可用文字、表格或图形等形式表示。

（六）评价与修正预测结果

预测毕竟是对未来财务活动的设想和推断，难免会出现预测误差。因而，对于预测结果，企业要经过经济分析评价之后，才能予以采用。分析评价的重点是影响未来发展的内外因素的新变化，若误差较大，企业需要进行修正或重新预测，以确定最佳预测值。

五、财务预测的方法与运用

（一）财务预测的方法

财务预测的方法是财务预测管理系统的核心，采取有效合理的财务预测方法是取得较好财务预测结果的重要前提。财务预测的方法有很多，但归纳起来主要有以下两类。

1. 定性预测法

定性预测法是指预测者根据调查研究，结合自己的实践经验、专业水平及组织有关领域的专家学者进行研讨，不用或仅用少量的计算，从预测对象中找出规律进行分析并求得结果的一种预测方法。

定性预测方法的主要优点是：企业在缺乏足够的统计数据和原始资料的情况下，也可以做出较为准确的量化估价。由于这种预测需要的数据不多，其预测精确度只依赖于预测者的经验水平，要求不是很高，因此使用起来比较简单。同时，定性预测方法的缺点是：定性预测依赖于组织者和专家等个人积累经验的判断，选择的人员不同，预测结果也不同，所以主观性比较强；又因为数据资料不够完整，使预测结果与实际发展情况误差增大，预测质量降低，只有再结合定量预测才能提高预测的精确度。常用的定性预测方法主要有以下几种。

（1）意见汇集法。意见汇集法又称主观判断法，它是由预测人员根据事先拟定好的提纲，对那些对预测对象比较熟悉、对未来发展趋势比较敏感的领导人员、主管人员和业务人员展开调查，广泛征求意见，然后把各方面的意见进行整理、归纳、分析、判断，最后做出预测结论。

意见汇集法的优点在于：能够广泛收集专业人员的意见，集思广益，并且耗费时间与精力都比较少，运用灵活。意见汇集法的缺点表现为：一是预测结果易受个人主观判断的影响，一个问题可能会产生多种不一致的观点，给预测带来一定的困难；二是缺乏数字说明，使一些专门问题的研究不能深入，难以得出令人信服的结论。

（2）专家小组法。专家小组法是由企业组织各方面的专家组成预测小组，通过召开各种形式的座谈会的方式，进行充分、广泛的调查研究和讨论，然后根据专家小组的集体研究成果做出最后的预测判断。

专家小组法的优点在于：由专家组成的小组面对面地进行集体讨论和研究，可以相互启发、印证和补充，使对预测问题的分析和研究更为充分、全面和深入，避免各专家因信息资料不能共享而使预测带有片面性。专家小组法的缺点表现为：一是由于参加讨论的人数有限，因而代表性较差；二是由于会议上进行的是面对面的讨论，参加者可能碍于情面而不能充分发表自己的意见，讨论观点容易为权威人士或争强好胜者所左右。

（3）德尔菲法。德尔菲法又称专家调查法，由美国兰德公司在20世纪40年代首先使用。它主要是采用通信方法，通过向有关专家发出预测问题调查表的方式来搜集和征求专家的意见，并经过多次反复、综合、整理、归纳各专家的意见之后做出预测判断。德尔菲法具有以下特点。

①保密性。针对目标组成的专家小组一般由15～20人组成。调查者给每位专家发出信函，要求他们针对预测目标做出独立的判断，提出书面意见。各成员之间不见面、不商量，相互保密，以避免彼此之间的心理干扰。

②反馈性。调查者将各位专家寄来的书面意见加以整理、归纳，然后再反馈给各位专家，让他们在吸取别人思想、参考别人意见的基础上对自己的第一次判断进行修正。这一过程也是在保密的情况下进行的，并且重复若干次，使专家的意见逐渐趋于成熟。

③集中判断。经过几次反复征求意见，调查者对最后一次的不同意见采用适当的方法加以综合平均，提出预测结果。

德尔菲法的优点在于：各个专家既可以各抒己见，又可以集思广益、取长补短。对专家意见进行综合分析，有助于克服预测中的片面性。其缺点在于：占用时间较多，速度较慢。

德尔菲法适用于对没有足够的信息和历史资料的经济现象的预测，在新产品与新技术开发、工作项目投资、有限资源与无限资源的合理配置、商品市场需求、销售及产品普及时间等方面的预测中较为适用。

2. 定量预测法

定量预测法是利用企业已经掌握的历史资料，运用数理统计、信息运筹处理的定量的数学手段，建立数学模型进行财务分析，以做出预测结果的一种预测方法。定量预测法是财务预测方法中的重要组成部分，当代计算机科学的发展也给定量预测提供了现代化手段。这种预测技术能够比较客观地分析预测对象的发展趋势及外部条件，加上科学的数理统计，所得出的数据较为可靠，预测精确度也相对较高，适用于对经济发展和经营活动比较正常且稳定时期一些复杂、精密活动事项的预测。

定量预测通常不能把不定量的因素综合进去，所以对经济运转过程中的突发事件估计不足，而在预测对象发生偶然性变化时，容易产生滞后的偏差，应变能力较差。此外，定量预测结果虽然精确度很高，但其数学模型建立过程比较烦琐，耗费人力、财力较多，难以达到既经济又准确的预测目的。

为了使预测结果更加符合实际，财务预测需要把两种方法结合起来进行综合判断，以取得满意的预测效果。定量预测法按照具体做法的不同，又可以分为以下2种类型。

（1）因果预测分析法。因果预测分析法即从某项指标与其他有关指标之间的规律性联系中进行分析研究。这种预测方法主要根据各有关指标之间内在的相互依存、相互制约的关系，建立相应的因果数学模型进行预测分析。因果预测分析法又包括销售百分比法、本量利分析法、回归分析预测和比例预测法。

①销售百分比法。销售百分比法是常用的资金需求量的预测方法，它是以未来销售变动率为主要参数，考虑企业资产负债表项目及其他因素随销售变动而造成对资金的影响，从而预测未来需要增加资金量的一种分析方法。

②本量利分析法。本量利分析法是分析产品的销售价格、销售数量、销售成本等变动对利润的影响，从而进行预测、决策的一种分析方法。就其简单的形式而言，本量利分析法仅指销售水平的测定，在某一销售水平下使企业既无利可获，又不发生亏损，即进行盈亏临界点（损益平衡点、保本点）的测定。

从管理的需要出发，企业的成本按其性质可以划分为固定成本和变动成本两类。固定成本是指成本总额在一定时期和一定业务量（生产量或销售量）范围内，不受业务量增减变动影响、固定不变的成本。如企业管理费、折旧费、差旅费、管理人员工资等。变动成本是指成本总额与业务量成正比例增减变动关系的成本。如直接材料、直接人工和变动性制造费用等。

为了提高管理水平，企业在生产经营活动中灵活地运用本量利分析的技术方法，可以合理地处理成本与产量的关系，正确确定产品的产销量，达到降低产品成本、增加企业利润的目的。

③回归分析预测。回归分析预测是通过对与预测对象有联系的经济现象变动的观测数据和变化趋势的计算与分析，建立起变量间数量关系的数学模型，推断未来状态的数量表现的一种方法。其预测的基本数学模型为：

$$y = a + bx$$

式中：y 为预测值；x 为影响因素；a 和 b 为回归系数。上式是一个直线方程，求常数 a 和系数 b 的合理值，通常用最小平方原理得出。该方法预测精确度较高，预测结果有很大的稳定性。但回归计算比较烦冗，需要计算和储存的数据太多，加大了预测的工作量。同时其灵活度不够，预测结果反应速度较慢，也不易在多变的经济现象中预测未来的发展趋势。

回归分析预测一般适用于较长期的预测，在具有因果关系的分析中优势更为突出。在一些生产较为稳定、需求量不随时间的变化而变化的必需品和药品等企业有着广泛的应用。

④比例预测法。比例预测法是利用利润指标与其他经济指标之间存在的内在比例关系来预测目标利润的方法。由于销售利润与产品销售收入多少、产品成本水平及企业资金总量存在密切的关系，因而比例预测法可以应用于多种比例关系。这些比例关系主要有销售收入利润率、成本利润率、资金利润率和利润增长比率等。财务人员可以根据分析，先对这些比率进行预测，再根据预测结果确定利润目标。

第一，销售收入利润率预测法。销售收入利润率预测法是利用销售利润与销售收入的比例关系进行利润预测的方法。在其他条件不变的情况下，销售利润的多少完全取决于销售收入的多少，二者呈正比例变化趋势。因此，企业可以在上期实际销售收入利润率的基础上进行目标利润的预测。用销售收入利润率预测法确定目标利润的计算公式为：

$$目标利润=预计销售收入 \times 预定的销售利润率$$

第二，成本利润率预测法。成本利润率预测法即利用销售利润与销售成本的比例关系进行利润预测的方法。在其他条件不变的情况下，成本降低就可以增加利润，从而提高成本利润率。因此，企业可以在上期实际销售成本利润率（或同行业先进水平的销售成本利润率）的基础上进行目标利润的预测。用成本利润率预测法确定目标利润的计算公式为：

目标利润=预计销售成本 × 预定的成本利润率

第三，资金利润率预测法。资金利润率预测法即利用销售利润与资金总量的比例关系进行利润预测的方法。按照资金利润率预测目标利润的实质是企业按照要求的投资利润率取得利润，获得预期的利润水平。因此，企业可以按照要求的资金利润率（或上期实际或上几期平均资金利润率）进行目标利润的预测。用资金利润率预测法确定目标利润的计算公式为：

目标利润：预计资金占用总额 × 预定的资金利润率

第四，利润增长比率预测法。利润增长比率预测法是根据有关产品上一期间实际获得的利润额和过去连续若干期间平均利润的增长幅度，并全面考虑影响利润的相关因素的预期变动，预测目标利润的方法。其计算公式为：

目标利润=上期实际利润总额 ×（1+ 利润增长百分率）

（2）趋势外推预测法。趋势外推预测法又称历史资料引申法或时间序列法，即把历史资料按年或月排成一个时间序列，从中找出预测对象发展趋势的变化规律，从而推断未来结果的一种方法。其具体方法又包括简单平均法、移动平均法和指数平滑法。

①简单平均法。简单平均法是指依据简单平均数的原理，将预测对象过去各个时期的数据加以平均，以这个平均数作为预测值的一种预测方法。其计算公式为：

预测对象预测值=预测对象以往若干期历史数据之和 ÷ 期数

简单平均法的优点是计算简便。简单平均法的缺点是将预测对象的波动平均化了，因而不能反映预测对象的变化趋势，所以该方法只适合于比较稳定的企业或波动不大的预测对象。

②移动平均法。移动平均法是指预测所用的历史资料要随预测期的推移而顺延的一种预测方法。之所以要顺移历史资料，是因为距离预测期越近的年度或月份对预测期的影响越大，而距离预测期越远的年度或月份对预测期的影响越小。移动平均法又可以分为简单移动平均法、加权移动平均法和移动平均数法三种。

第一，简单移动平均法。其计算公式为：

某指标预测值=所选期数内该指标历史数据之和 ÷ 所选历史数据的期数

简单移动平均法在计算上比较简单，但与简单平均法一样，也存在着以平均化的历史资料替代预测结果的问题，这一方法可适用于预测对象波动不大的情况。

第二，加权移动平均法。加权移动平均法是指在预测时所用的历史资料随预测期的推移而顺延，同时还要考虑不同时期早晚的差异，并对其进行加权平均的一种预测方法。离预测期越近的历史数据，其权数越大；离预测期越远的历史数据，其权数越小。比如，预测销售收入，当企业销售收入呈上升或下降趋势时，应采用此法把近期观察值的权数加大一些，远期观察值的权数缩小一些，以体现销售量增减变动的趋势。加权移动平均法避免了简单平均法把每个观察值看得同等重要的问题，更能体现事物稳定的变化趋势。加权移动平均法的计算公式为：

某指标预测值=所选期数内该指标历史数据与权数的乘积之和 ÷ 所选历史数据的期数

当企业采用加权移动平均法时，影响预测值的一个重要的因素是权数的选择，而权数的选择属于主观判断，其合适与否直接影响到预测结果的准确性。因此，从某种意义上说，加权移动平均法是定量预测法和定性预测法的结合。

第三，移动平均数法。移动平均数法是以过去一定时期的历史资料为基础，根据时间序列逐项移动求序时平均数，对平均变化趋势加以修正的一种预测方法。其计算公式为：

预测值 = 最后一步的移动平均值＋最后一步距离预测期间隔的期数 × 最后一步平均变动趋势值

式中，移动平均值既可以按简单算术平均数计算，也可以按加权算术平均数计算；平均变动趋势值是指每后一步的移动平均值与前一步的移动平均值之差，即每步移动平均值增减额。

③指数平滑法。指数平滑法是利用过去的统计资料以及平滑系数进行预测的一种方法。通常以上期预测值为基础，加上上期实际数与上期预测的差额用平滑系数加权后的调整数作为本期预测的期望值。这一过程又称为修匀，因此此法又称指数修匀法。其计算公式为：

预测值 = 平滑系数 × 上期实际值＋（1– 平滑系数）× 上期预测值

其中，平滑系数取值一般在 0 ～ 1 之间。指数平滑法的优点在于：简便实用，对当前的数据要比过去的数据更为重视，不必进行数学推导，可来自经验推导，还能及时、自动地用新信息来调整预测值，使预测结果跟上经济现象的变化，消除季节性和随机性的影响，清楚地表明事物发展的趋势。但由于指数平滑法假设了过去的趋势和图形将继续发展到未来的情况，因此不能预测未来的转折点。当新数据出现显著变化时，应用这种方法容易出现两种极端：一是预测模型对显著变化的反应过于迅速，造成反应过于灵敏的偏差；二是预测模型过于稳定和保守，反应过于谨慎和缓慢，造成滞后的偏差。因此，这种方法的精确度比其他定量预测方法要低，适用于具有线性趋势的时间序列的短期预测。

综上所述，财务预测方法很多，每种方法都有自身的特点、用途与适用范围，必须综合多种因素来考虑、分析比较，进行选择。在选择预测方法时，企业应当注意正确把握各种不同预测方法的适用条件，注意按经济发展的不同阶段选择最适宜的预测方法，掌握好预测时间满足成本的要求，注意预测精确度的条件等。

（二）财务预测常用方法分析

在实际财务管理工作中，财务预测工作主要表现为通过预测对企业资产利用和资金需求做出估计，并综合各种影响因素编制企业财务计划。其具体步骤为：根据企业历史数据，运用各种财务预测方法进行销售预测，在此基础上，通常采用销售百分比法预测企业资产负债表，或者在相应假设条件下，通过各种预算得到所需要的预测财务报表。下面分析这两种常用方法。

1. 财务报表预测的销售百分比法

财务预测由一系列预测的有关各项财务数据构成，预测的财务数据将构成企业预测财务报表，主要包括预测的资产负债表和利润表。传统的财务报表预测常用的方法是销售百分比法，或者通过对收入、成本、费用和利润进行估计，做出相应的成本预算、生产预算及资金预算等，在此基础上完成预测财务报表。

销售百分比法基于两个假设：一是大多数资产负债表和利润表的科目与销售额存在稳定的百分比关系，即这些科目随销售额的变化而呈同比例的增减变化；二是在现有销售水平下，所有资产都已得到充分利用，如果增加销售，则必须增加资产。采用销售百分比法进行财务报表预测的基本步骤如下：

（1）对历史数据进行审核，判断财务报表的哪些项目与销售成比例变化。

（2）预测销售额。可以运用各种财务预测方法尽可能准确地估计销售额。

（3）根据预测的销售额，得到财务报表中与之成比例关系的项目的预测值。

（4）考察分析追加资金的方式，找出补充资金的最佳来源。

（5）编制出完整的预测资产负债表和预测利润表。

采用销售百分比法预测财务报表，充分利用了财务数据之间的内在联系，并且延续了上年度的财务状况，简便易用，是一种简单实用的方法。但销售百分比法机械地利用比例关系得出的结论，使财务管理者无法获得所需要的信息；同时，其前提假设经常不符合企业所面对的实际情况，尤其是在规模经济或存在批量购销问题时，从而限制了这一方法的使用。销售百分比法的缺陷在于：一是规模经济效应。资产的运用存在着规模经济效应。在一定条件下，随着公司规模的扩大、销售收入的增加，单位资产产生的销售额和利润额也会随之增加，即单位资产的利用效率会提高，如存货的增长速度通常低于销售额的增长速度等。这样，某些资产的占用量并不会与销售额同步增长，这时就不能简单地使用销售百分比法。二是资产的不可分割性。在很多情况下，资产特别是固定资产，必须按照一个个完整的项目增加，而不能任意分割为零散的单位。比如，一条生产线的最小单位是年生产能力 1000 万件，那么当企业需要增加 500 万件的产量时，也需要购入或建造整条生产线，无法按照销售额增长的比例增加其固定资产。

2. 由各种预算得出预测财务报表法

企业由各种预算得出预测财务报表法的基本步骤如下：

（1）根据企业经营目标、发展趋势和面对的市场情况，运用各种分析手段做出销售预测；

（2）按照以销定产原则，根据销售预测制订生产计划，进而做出生产成本预算和费用预算；

（3）根据生产和销售需要制定出最佳库存量；

（4）以销售收入、生产计划以及成本和费用为基础，做出现金预算；

（5）通过对收入、成本、费用和利润的分析，预测利润表中各项目的数值；

（6）根据以上各步骤提供的数值，得出预测资产负债表。

这种预测财务报表的方法，计算工作量较大，需要确定各种计划和预算，涉及各个部门，加大了财务管理的工作量和工作难度，并且各步骤都存在人为假设，最终报表的偏差会比较大，不适合财务部门对企业综合财务状况的全面了解和把握，不利于企业观测、掌握未来财务活动的发展趋势，容易陷入被动的财务困境中，从而加大企业经营风险。

预测财务报表是财务预测使用最广泛的工具，但传统的财务报表预测方法往往无法准确地体现企业的发展趋势，在计算环节中，离初始计划目标越远，同实际规律偏离越大。因此，企业需要积极探讨新的财务报表预测方法，克服传统方法的不足，以更好地满足企业财务管理的需要。

课堂思考

财务预测的意义是什么？在大数据时代，为什么财务预测对企业更为重要？

学习总结

学习项目	学习目标	评分
学习过程评价	评估学生的学习方法和策略，如笔记记录和学习情况	
	评价学生的学习态度，如上课专注度、参与度和课堂表现等	
	评价学生的合作情况，如团队合作和课堂互动等	
学习成长评价	设计自我评价的方式，让学生评估自己的学习进步和成长	
	促进学生的反思能力，引导他们思考学习过程中的挑战和改进方向	
	评估学生目标的达成情况，帮助他们认识到自己的成就和进步	
合计：综合分数________________。师评（70%）+ 自评（30%）		总分：10 分

任务二 财务决策

情景导入

随着财务预测的成功，张峰意识到财务决策是通向成功的下一站。他组织了一场财务决策的研讨会，与公司高管一起探讨如何优化资金配置、降低风险、实现价值最大化。在讨论中，张峰提到了筹资决策、股利分配决策和投资决策等重要议题。通过集思广益，团队制定了一系列财务决策的智慧方案，为公司的未来奠定了坚实的基础。

深思熟虑

思考题一：在财务决策的智谋中，张峰强调了优化资金配置、降低风险和实现价值最大化。请选择一种财务决策，探讨在实际情况中如何平衡这三个目标，并提出在大数据时代如何更精准地进行资金优化配置。

思考题二：股利分配决策是财务决策的一个重要方面。请选择一家企业，分析其股利分配决策的方法，并讨论这种方法对公司治理和股东关系的影响。

知识要点

一、财务决策概述

（一）财务决策的含义

财务决策是财务人员按照财务目标的总体要求，利用专门的方法对各种备选方案进行比较分析，并从中选出最佳方案的过程。

财务决策是财务管理的重要内容。企业财务管理包括财务预测、决策、预算、控制、分析和考核等环节，企业的一切财务管理工作都要以财务决策为原则和依据来进行，财务决策是决定财务管理成败的关键。财务决策是企业经营决策的组成部分，而企业的经营决策从属于企业的经营管理。所谓“管理的重心在经营，经营的重心在决策”，这正说明了决策职能在企业经营管理中所处的重要地位。企业在经营管理活动中往往要做出各种决策，而大多数决策都会涉及财务问题。从这一点来看，财务决策是其他经营决策的趋同和回归，是各项经营决策的核心和综合反映。企业的任何决策都必须把财务决策放在重要的位置上。

（二）财务决策系统的要素

一个财务决策系统由以下五个要素构成。

1. 决策者

决策者是决策的主体，它可以是一个人，也可以是一个集团——决策机构。关系团体利益的决策，逐步从个人决策转为集团决策，逐步从高度集中的决策转变为多层次的分散决策。

2. 决策对象

决策对象是决策的客体，即决策想要解决的问题。构成决策对象的只能是决策者的行为可以施加影响的系统，决策者的意志不能改变的东西不能成为决策对象。

3. 信息

信息包括企业内部功能的信息，以及企业外部环境的状态和发展变化的信息。在决策时，保持信息的真实性和正确性是十分重要的，绝大多数决策错误都与信息失真有关。

4. 决策的理论和方法

决策的理论和方法包括决策的一般模式、预测方法、定量分析和定性分析技术、决策方法论、数学和计算机应用等。有了正确的信息，只是具备了科学决策的前提，并不等于就有了科学的结论。决策者还需要科学的理论指导，并运用恰当的方法来分析、推理和判断，才能找出好的方案。

5. 决策结果

决策结果是指通过决策过程形成的、指导人的行为的行动方案。企业决策的结果通常要采用语言、文字、图表等明显的形式来表达。

决策的五个要素相互联系、相互作用，组成了一个决策系统。

（三）财务决策的分类

1. 按决策影响的时间分为长期决策和短期决策

（1）长期决策。长期决策是指影响所及时间超过一年的决策，它关系到企业今后发展的长远性和全局性，因此又称战略决策，如资本结构决策、项目投资决策等。

（2）短期决策。短期决策是指影响所及不超过一年的决策，它是为实现长期决策目标所采取的短期策略手段，如短期资金筹集决策、闲置现金利用决策等。

2. 按决策的问题是否重复出现分为程序化决策和非程序化决策

（1）程序化决策。程序化决策是指针对不断重复出现的例行性经济活动，根据经验和习惯确立一定的程序、处理方法和标准，经济业务实际发生时，依据既定程序、方法和标准做出决定的过程。例如，企业现金与有价证券转换、信用发放等业务经常重复出现，并有一定规律，企业可以事先制定现金管理政策、信用政策，平时据此具体决定执行。

（2）非程序化决策。非程序化决策是指针对特殊的非例行性业务专门进行的决策，如项目投资、新产品开发等重大问题的决策。它的特点是非重复性和创新性，没有统一的模式可以借鉴，只能针对具体问题，按照收集情报、设计方案、抉择和审查的过程来个别解决。

3. 按决策的条件不同分为确定型决策、风险型决策和非确定型决策

（1）确定型决策。确定型决策是指一个方案只有一种确定的结果，只要比较各个方案的结果，即可做出选择的决策。

（2）风险型决策和非确定型决策。风险型决策和非确定型决策涉及的方案的结果都是不确定的，都有可能出现多种结果，但风险型决策需要具备两个条件：①知道结果的数量及每种结果的条件值；②可以估计每种结果相应的概率值。不同时具备以上两个条件的方案决策称为非确定型决策，现实中绝大部分决策都属于非确定型决策，因此，有时也将决策划分为确定型和非确定型（或风险型）两类。对于风险型和非确定型决策，必须采用专门的方法评价风险或非确定型对决策结果的影响。

4. 按决策方法与程序不同分为定性决策和定量决策

（1）定性决策。定性决策是指根据决策者的知识和经验所做出的决策，它是在决策者掌握预测信息的前提下，对决策目标和影响目标实现的因素所做出的主观判断，往往不需要利用特定数学模型进行定量分析。

（2）定量决策。定量决策是指利用数学模型对备选方案进行数量分析，根据计算结果判断备选方案是否可行以及选择最优方案的决策。

其中，定量决策主要用于决策目标和影响目标实现的因素可以用数量指标表示的决策，而定性决策主要用于影响因素过多或者目标及影响因素难以量化的情况。

5. 按决策是否考虑货币时间价值因素分为静态决策和动态决策

（1）静态决策。静态决策是指不考虑货币时间价值因素的决策。货币时间价值与时间跨度的大小成正比，当决策方案影响的时间期间较短时，货币时间价值较小，甚至可以忽略不计。因此，短期决策一般使用静态决策法。此外，静态决策具有计算简单、便于理解的优点，有时也作为长期决策的补充方法。

（2）动态决策。动态决策是考虑货币时间价值的决策方法，主要用于长期决策。

二、财务决策的作用

财务决策对企业具有重要的作用，主要表现在以下几个方面。

（一）能使企业增强预见性、计划性，减少盲目性

财务决策运用一系列科学的决策方法，能比较深刻地洞察决策对象的本质，不被其表面现象所迷惑。通过财务决策，可以否定那些似是而非的方案，肯定那些表面看来似乎错误的方案，提高计划的准确性。众所周知，计划的节约是最大的节约，计划造成的浪费是最大的浪费，计划准确

能使企业增加盈利，避免重大损失，真正做到防患于未然，财务决策对制订正确的计划具有重要的作用。

（二）企业财务活动的依据

企业的财务管理包括财务决策、财务预算、财务控制等。在企业财务管理中，一些重要的财务问题，如制定和选择财务活动方案，确定各种财务活动的目标及实现的途径和方法，从多种渠道合理筹集企业必需的资金、确定资金的使用方向，在企业现有资源条件限制下使企业的盈利最大化等，都由财务决策完成。财务决策在财务管理中占有举足轻重的地位。

（三）可以评价和选择企业的经营决策

企业的大部分经营决策都涉及资金和盈利问题，如投资决策、产品生产决策等。企业的一些重大经营活动往往是经营决策和财务决策互相交织在一起，只不过对同一项经营活动的着眼点不同而已。经营决策侧重于从经营角度看问题，而财务决策则侧重于从资金占用和盈利的角度看问题。二者殊途同归，目的都是为求得企业的生存与发展，提高企业的经济效益。为了全面地看问题，这些经营决策都应最终汇总于财务决策，通过财务决策对这些经营决策进行评价和选择，确定各种经营决策的优劣及正确与否，以便决定经营方案的取舍。财务决策对正确进行经营决策起着检查、把关的作用，可以对经营决策进行评价和选择，保证经营决策的正确性与最优化。

（四）可以合理配置企业的各种资源

企业的一切生产经营活动都离不开各种资源。只有从实物形态与价值形态的结合上合理配置各种资源，才能使企业获得较优的经济效益。从价值形态上配置各种资源，实际上是在资金合理分配的基础上实现的，这项工作只有通过财务决策才能完成。财务决策能使各种资源得到合理配置，从而为企业卓有成效地利用企业有限资源、提高资源使用效果创造极为有利的条件。

显而易见，财务决策在企业经营管理中具有不可忽视的重要作用。过去，在我们企业的财务管理中不重视财务决策，不进行财务决策，因而不能充分发挥财务对生产的促进作用，财务管理的广度和深度都不够，这是企业经济效益提高不快的原因之一。作为一个自负盈亏的相对独立的商品生产者，企业要求生存、图发展，必须提高对财务决策重要性的认识。努力加强财务决策，这是当前摆在企业面前的一项重要任务。

三、财务决策的原则与条件

（一）财务决策应遵循的原则

社会主义市场经济体制的确立，企业经营机制的转换，为企业的财务活动提供了广阔的范围，并对决策活动提出了更高的要求。企业在走向市场的过程中不能背离市场规律，要在财务决策中始终坚持市场导向的原则，具体包括以下几项原则。

1. 最优化原则

财务决策最终要选择最优的经营方案，因此，决策中要求在遵守国家有关政策法令及考虑社会、政治、道德等各方面因素的前提下，反复比较，论证各种方案的成本、收入、利润和承担的风险，在权衡各种方案利益得失的基础上，把能使企业获得最优经营效益的方案作为实施方案，使财务决策最优化。

2. 量力而行原则

财务决策要根据企业的实际需要与可能，做到量力而行。在决策中要冷静、全面地分析和考察企业的人力、物力、财力及市场情况，做出符合企业实际需要的实事求是的结论。筹资决策要考虑偿还能力，投资决策要考虑市场需求和投资效益；还必须充分调动企业内部各部门和人员的积极性，在综合平衡的基础上，使财务决策更具有可行性和指导性。

3. 弹性原则

财务决策要有弹性，具有适应不同情况变化的应变能力。在决策中要清醒地估计到各种方案的风险程度及企业承受风险的能力，使风险损失不至于造成不可挽回的严重后果。因此，最优的决策方案必须建立在获取尽可能大的经济效益的前提下，留有充分的余地，使方案切实可行。

4. 收益与风险配比原则

进行负债经营、规模投资等决策时，既要考虑它的收益，又要进行风险识别，在两者之间权衡抉择，并要相应制定应对风险的对策和措施。

5. 决策相关原则

在可供选择的几个资金运用方案中，如果决策行为涉及或影响各种成本费用和收益，应在决策时加以考虑和分析。

6. 资本成本原则

占用任何资金都要付出一定的代价，资金的筹集和利用都不会没有代价。进行财务决策时，应把资本成本作为一个重要的因素加以考虑。

（二）财务决策应具备的条件

财务决策涉及的范围广泛，从经营资金的筹集到投资方案的确定，从原材料的采购到产品生产的安排，从产品收入的实现到利润的分配，都是财务决策的对象。正确进行财务决策必须具备下列条件。

1. 进一步扩大企业理财的自主权

进行财务决策必须进一步扩大企业的财务决策权，具体包括：

（1）企业有权根据生产经营资金的需求，采用不同渠道筹集资金；

（2）企业有权自行支配、使用维持简单再生产所必需的全部折旧基金；

（3）对留存的各项资金分配比例，企业应有一定的财务决策权；

（4）对企业拥有的全部资金，在国家规定范围内，企业应有独立的使用权和支配权，使企业真正成为一个自负盈亏的、独立的经济核算单位。

2. 实行固定资金有偿使用制

企业使用资金就要承担一定的经济责任。实践证明，资金无偿使用的做法弊端极大，只有实行资金有偿使用，才能促使企业从经济利益上去关心资金的使用效果，改变对固定资产只讲使用而不考虑成本的状况，促使企业及时处理多余的固定资产，减少不合理的资金占用，提高资金的使用效果。

3. 加强宏观调控，发挥市场机制作用

进行财务决策必须正确处理宏观利益与微观利益、眼前利益与长远利益的关系，要运用价值规律和各种经济杠杆，加强宏观调控，充分发挥市场机制的作用，为企业提供正确的市场信息，提高企业的决策水平。此外，企业内部还必须有一种追求自我改造和自我发展的动力。这种动力的产生来源于企业职工在权、责、利相结合基础上所产生的对切身经济利益的强烈要求，源自职工经济利益与企业经济利益的紧密结合，同时还源自企业和职工对社会的高度责任感和献身精神，在不断的实践中，使企业正确、自觉地进行财务决策。

四、财务决策的程序和方法

（一）财务决策的基本程序

1. 提出问题，确定决策目标

及时发现企业当前财务管理中存在的问题，以及伴随经营发展可能产生的财务风险，是财务决策的前提条件。分析评价每个问题的性质和重要性及其影响因素，这是确定财务决策目标、进行财务决策的前提条件。财务决策中经常遇到的问题体现在以下几个方面。

（1）资金筹措方面。企业筹集的资金主要用于日常生产经营活动和投资活动。因此，企业首先应该分析当前以及未来开展正常生产经营活动所需资金的供应是否充足，哪些方面需要追加资金，资金需要量多少，预计占用期限多长；为了实现企业战略目标，企业近期的投资项目有哪些，需要多少资金，项目现金流量如何分布等。然后，了解适合这些资金需求的筹措渠道和方式，以及影响资金供求关系的各种因素的变化趋势。最后，还要考虑企业偿债能力和筹资后对资金来源结构的影响，以及企业是否具有控制风险的得力措施等。

（2）资金投放方面。企业为了获取规模效益、多元化经营分散风险、行业战略转轨及维持生产经营能力等需要进行投资活动和投资决策。这时涉及的问题主要是，有哪些投资方案可供选择，它们的预期收益是多少，投资风险有多大，如何控制风险，每个方案分别对企业整体战略影响的大小，投资所需资金供应是否具有保障，以及企业是否具有相应的技术优势和管理能力剩余等。

（3）资本运营管理方面。存量资产配置合理与否会影响企业经营效率的高低，企业内外环境条件的变化也会影响各项既定资产经营管理政策的适用性。因此，企业应该经常检查各项资产运行现状和各项资产经营管理政策的执行情况，以及时发现是否存在各项存量资金不足与闲置现象以及管理政策过时的问题，并考虑可供选用的改进方案措施。

（4）股利政策方面。企业的股利政策既涉及企业的眼前利益和长远利益，也影响着不同利益相关者的利益，还起到信号传输的作用。因此，股利政策是企业的一项非常重要的财务管理政策，它既要保持稳定性，也应具有一定的灵活性，随企业内外环境的变化而改变。当资本市场条件、利率水平、企业战略、企业治理结构以及股东发生变化时，企业应该随之做出股利政策决策，调整现行股利政策。

明确了企业财务管理中存在的问题以后，就能够确定决策目标。所谓决策目标，就是将要做出决策的问题要达到的目的和要求。确定决策目标是整个决策过程中必不可少的一个环节，不同的决策目标所需的决策分析资料不同，所采取的决策依据也不相同。因此，只有明确决策目标，才能有针对性地做好各个阶段的决策分析工作。

财务决策的目标因决策方案的性质不同而不同。如果去掉风险因素，财务决策只涉及收益，则可以收益最大为目标；若收益既定，财务决策只考虑风险时，则以风险最低为目标；若需同时兼顾收益与风险时，则应以企业价值最大化为目标。

2. 根据决策目标，提出备选方案

所谓方案，无非是指解决问题以达到目标的方法及途径的综合设计。企业根据发现的问题及确定的目标，对所搜集的资料进行进一步的加工、整理，即可提出实现目标的各种可供选择的方案，即备选方案。

拟订方案时，原则上要求整体详尽性和相互排斥性相结合。整体详尽性是指所拟定的方案应尽量包括所有能找到的方案；相互排斥性则是指在不同方案中只能选用一个方案。拟定方案与选择方案往往无法截然分开，一般情况下，是先拟定一批，初次淘汰一些，补充修改一些，再选择。如此反复进行，直到选到满意方案为止。

3. 分析评价，选择最优方案

决策的核心就是做决定，即选择最优方案。备选方案提出后，企业根据决策目标，采用淘汰法、排除法、归类法等经验判断法或优选对比法、边际贡献法、数学微分法、线性规划法、概率决策法、损益决策法等数量分析法分析、评价各种方案的经济效益，进行综合权衡，从中选择最优方案。对单一方案进行可行性决策时，也可利用经验判断法和数量分析法对其进行综合分析评价，通过与最低标准比较，决定其是否可行。

选择最优方案，关键在于正确地选用评价方案的标准。其标准一般包括三个方面：技术的可行性、目标的先进性和经济的合理性。

此外，评价方案时，还要注意如下几个问题：一是要注意决策所依据的信息是否全面、及时、可靠；对不够可靠的信息要有应变计划、防范措施和补救手段。二是要注意考虑方案如何执行、由谁执行、何时执行及执行过程中如何检查等问题。三是在比较评选方案时，要注意各方案的相同点，更要注意各方案的差异。因为只有找出方案之间的差异，才能更加了解方案的优劣。四是要充分估计在方案执行过程中的形势变化及可能引起的新问题。五是要对方案做敏感性分析，使决策保持一定的弹性。

（二）财务决策的方法

财务决策的基本方法包括优选对比法、数学微分法、线性规划法、概率决策法、损益决策法等。

1. 优选对比法

优选对比法是把各种不同方案排列在一起，按其经济效益的好坏进行优选对比，进而做出决策的方法。优选对比法是财务决策的基本方法之一。优选对比法按其对比方式的不同，又可分为总量对比法、差量对比法、指标对比法等。

（1）总量对比法。总量对比法是将不同方案的总收入、总成本或总利润进行对比，以确定最佳方案的一种方法。

（2）差量对比法。差量对比法是将不同方案的预期收入之间的差额与预期成本之间的差额进行比较，求出差量利润，进而做出决策的方法。

（3）指标对比法。指标对比法是把反映不同方案经济效益的指标进行对比，以确定最优方案的方法。例如，在进行长期投资决策时，可把不同投资方案的净现值、内含报酬率、现值指数等指标进行对比，从而选择最优方案。

2. 数学微分法

数学微分法是根据边际分析原理，运用数学上的微分方法，对具有曲线联系的极值问题进行求解，进而确定最优方案的一种决策方法。在用数学微分法进行决策时，凡以成本为判别标准的，一般是求极小值；凡以收入或利润为判别标准的，一般是求极大值。在财务决策中，最优资本结构决策、现金最佳余额决策、存货的经济批量决策都要用到数学微分法。

3. 线性规划法

线性规划法是根据运筹学原理，对具有线性联系的极值问题进行求解，进而确定最优方案的一种方法。在有若干个约束条件（如资金供应、人工工时数量、产品销售数量）的情况下，这种方法能帮助管理人员对合理组织人力、物力、财力等做出最优决策。

4. 概率决策法

这是进行风险决策的一种主要方法。这种方法考虑到财务管理中的风险性，用概率法来计算各个方案的期望值和标准差系数，并将它们结合起来分析评价方案的可行性，进而做出决策。这种方法往往把各个概率分支用树形图表示出来，故有时也称之为决策树法。

5. 损益决策法

这是在不确定情况下进行决策的一种方法。在这种情况下决策是十分困难的，财务管理中常采用最大最小收益值法或最小最大后悔值法来进行决策，统称为损益决策法。最大最小收益值法又称小中取大法，是把各个方案的最小收益值都计算出来，然后取其最大者。最小最大后悔值法又叫大中取小法，是把各方案的最大损失值都计算出来，然后取其最小者。

五、筹资决策方法

财务决策从筹资决策开始，筹资决策主要解决资金来源的类别及比例、具体筹资方式、长短期资金选择及其比例确定问题。

（一）筹资渠道与筹资方式

筹资需要经过一定的渠道，运用一定的筹资方式来进行，不同的筹资渠道与筹资方式各有不同的特点，需要加以具体分析。

1. 筹资渠道

筹资渠道指的是企业取得资金的来源。

（1）筹资渠道的种类。企业资金的来源直接受到社会经济结构和政府管理资金政策及体制的影响。企业主要的资金来源渠道有以下 7 种。

①国家财政资金。长期以来，国家投资一直是我国国有企业获取自有资本的基本来源。从 1985 年起，凡是由国家预算安排的基本建设投资全部由财政拨款改为银行贷款，也就是国家对企业的投资逐步改无偿拨款为有偿拨款。国家贷款是指国家通过银行贷款方式为企业提供的资金，它来自中央和地方财政，是国家财政通过税收等手段所筹措和调配资金的一部分。企业筹措国家贷款资金是指

企业根据国家产业政策和投资政策及投资项目需要向国家有关部门申请获取国家财政贷款的资金。目前，国家对企业的贷款投资通过银行直接贷放和委托国家投资公司贷放，投资公司或银行起监督和媒介作用，贷款的决定权主要掌握在国家有关部门手中。

国家贷款的特点表现为：一是只有国有企业才可能采用国家贷款筹资方式，这一方式主要为大中型国有企业所采用；二是通过国家贷款筹取的资金一般都有规定的用途，这些资金主要用于企业固定资产投资，符合国家产业政策和投资政策的要求；三是国家贷款筹资往往利率较低，优于一般的银行借款；四是申请取得国家贷款的程序比较复杂。

②银行信贷资金。1983 年以前，银行只负责供应企业的短期流动资金，其地位不如财政。1983 年以后，随着定额流动资金和基本建设资金的“拨改贷”，银行逐渐成为企业筹资的重要渠道。目前，国有企业的各种资金需要，如固定资产、定额流动资金、结算资金等，绝大多数通过银行渠道获取。

银行贷款是企业筹资的一种方式，它具有许多优点，具体表现在：一是银行可以从国民经济全局利益出发，通过利率高低、贷款额多少，对某些需要发展或经济效益好的企业和产品给予资金上的支持；而对本身经济效益或社会效益差的企业和产品进行资金上的限制，从而起到宏观调整、引导企业资金合理流向的作用。二是由于银行贷款必须到期还本付息，因此能够促进企业合理有效地使用资金。三是银行贷款成本低，通常低于发行债券、股票、租赁固定资产等方式，因此，企业在筹措资金，尤其是筹措长期资金时，应尽量利用这一方式。目前，向银行贷款是我国企业筹资的重要途径之一。据统计，我国国有企业流动资金的约 70%、固定资金的约 30% 来自银行贷款。因此，银行贷款在企业资金筹集中具有重要地位，企业应积极有效地运用这一筹资渠道。

③非银行金融机构资金。商业银行和专业银行以外的金融机构统称为非银行金融机构。非银行金融机构资金是企业长期资金的重要来源。非银行金融机构又主要包括以下五类。

第一类，信用合作社。信用合作社资金来自社员的股金，除了对社员个人进行贷款以外，此类机构还运用部分资金投资于不动产和政府公债。

第二类，共同基金。共同基金也发行股票，但这种公司不从事直接生产经营，而是用筹集的资金投资于其他公司股票或债券。共同基金是企业长期资金的重要来源。

第三类，养老基金。筹集的养老基金在没有动用之前，通常由企业或专门的金融机构投资于风险小、收益高的股票或债券。一方面，养老基金成为其他企业的资金来源；另一方面，职工退休之后也可以保证获取足额的养老金。

第四类，保险公司。保险公司是指把资金从被保险者手中集中起来，当被保险者遭受损失时进行赔偿的一种非银行金融机构。通常，从资金获得到赔偿的时间间隔较长，且总体而言，赔偿以后还有剩余。这些暂时闲置和剩余的资金都可以用于投资。保险公司主要投资于政府公债、风险小的股票和企业债券，有时也提供中长期贷款。保险公司的资金是企业的又一个重要资金来源。

第五类，租赁公司。租赁公司介于金融机构与实业公司之间，租赁公司筹集资金购买各种机器设备，然后租给实业公司。租赁公司的经营租赁业务实质上是为企业提供短期融资支持，而融资租赁业务则相当于向企业提供中长期资金融通。通过这两种租赁模式，租赁公司已成为企业重要的融资渠道之一。

非银行金融机构筹资具有的优点表现为：一是可以进行租赁、担保、咨询和委托业务；二是可以在国内办理业务，也可以办理利用外资的有关业务；三是民间金融组织资金供应灵活，服务项目、资金用途一般不受限制。因此，这类金融机构具有其特有的特征，企业可以从中筹措资金。

非银行金融机构筹资也具有一定的缺点，表现为：资金力量薄弱、资金使用时间短、利息和手续费高等。因此，企业应酌情加以利用。

④其他企业资金。其他企业资金主要指企业之间，以延期付款或预收货款方式买卖商品时所取得的资金。就我国目前的情况来看，主要有赊购商品和预收货款两种。这种赊购商品延期付款或预收货款方式，可以缩短商品生产和流通时间，促进商品价值迅速实现，保证社会再生产的顺利进行。随着商品经济的发展，这种商业信用已经越来越受到企业家的重视和广泛应用。

⑤企业自留资金。企业自留资金主要指企业内部积累形成的资金，主要包括税后留利、固定资产基本折旧资金、大修理基金中当年未使用部分。企业内部积累是企业筹资的重要渠道之一。

⑥居民个人资金。企业职工和居民个人的结余货币，作为“游离”于银行及非银行金融机构等之外的个人资金，可用于对企业进行投资，形成民间资金来源渠道，从而为企业所用。居民个人资金投资是近年来发展起来的，也是今后企业筹资的发展方向。居民个人资金具有的优点有：一是居民个人资金使得资金融通多渠道、信用多样化，适应了我国商品经济发展的需要。资金运动是纵向的，商品流通却是横向的；纵向资金供应不能适应纵横交错的商品流通需要，单一的银行信用形式也无法满足多种多样的资金需求，而居民个人资金却能打破这些界限，适应企业的多种需要。二是居民个人资金能够满足企业不断增长的资金需求。随着商品经济的发展，财政、银行两个渠道已无法满足企业所需要的全部资金，而社会集资却能充分挖掘社会资金能力，把社会上的沉淀资金转化为生产建设资金。因此，企业筹资正在不断面向社会、面向市场，这不仅为老企业筹集部分生产经营资金，而且可以为地方兴办新企业筹集创业所需资金。

⑦外商资金。外商资金是外国投资者以及我国港、澳、台地区投资者投入的资金，是外商投资企业的重要资金来源。

（2）对筹资渠道分析时应注意的问题。对以上筹资渠道分析时应注意以下问题：一是各种渠道的资金与流量的大小；二是每种筹资渠道适用于哪些经济类型的企业；三是每种筹资渠道适合采用哪些筹资方式；四是哪些筹资渠道已经被本企业利用了，哪些尚可开通等。

2. 筹资方式

筹资方式是企业筹措资金所采用的具体形式。在市场经济中，企业筹资方式总的来说有两种：一是内源融资，即将本企业的留存收益和折旧转化为投资；二是外源融资，即吸收其他经济主体的资金，以转化为自己的投资。内源融资不需要实际对外支付利息或者股息，不会减少企业的现金流量。同时，由于资金来自企业内部，不会发生融资费用，使得内源融资的成本要远远低于外源融资。因此，它是企业首选的一种融资方式。但是，企业内源融资能力的大小取决于企业的利润水平、净资产规模和投资者预期等因素，当内源融资无法满足企业资金需要时，企业往往会转向外源融资。随着经济技术的进步和生产规模的扩大，单纯依靠内源融资已很难满足企业的资金需求，外源融资逐渐成为企业融资的主要方式。

（1）筹资方式的种类。

筹资方式中的外源融资，包括以下几种：

①股票。股票是股份公司为筹集权益性资本而发行的有价证券，是投资者入股并借以取得股利的凭证，它代表了投资者对股份企业的所有权。发行股票是股份制企业筹措自有资本的基本方式，它是企业直接向社会融资的方式之一。目前，我国已有越来越多的企业选择发行股票进行融资。但是《中华人民共和国公司法》（以下简称“公司法”）对企业发行股票的条件做了严格的规定，如发行股票的企业必须是股份制公司，公司资产规模须在3000万元人民币以上，有连续3年的盈利等。

②债券。债券是指企业为筹措资金而发行的、承诺在一定期限内向债权人还本付息的一种有价证券。发行债券是企业筹措负债资金的一种重要方式。企业可以通过发行长期和短期债券筹措资金，用于固定资产投资和弥补流动资金不足。

③借款。借款是指企业根据借款合同向银行或非银行金融机构借入的、按规定期限还本付息的各种款项。借款广泛适用于各类企业，几乎是企业筹资必不可少的一种筹资方式。

④商业信用。商业信用是指商品交易中延期付款或延期交货所形成的借贷关系，是企业之间的一种直接信用关系。这种筹资方式比较灵活，为各类企业所采用。

⑤租赁。租赁是指出租人以收取租金为条件，在契约或合同规定的期限将资产租借给承租人使用的一种信用业务。租赁实质上具有借贷的属性，已成为一种解决企业资金来源的特殊筹资方式。

（2）筹资方式比较。

在当前经济体制改革下，企业筹资渠道发生了根本性的变化，筹资方式也开始多样化，这种多样化局面使企业面临如何选择筹资渠道与方式，才能使筹资成本最低、风险最小、获利最大的问题。筹资方式的比较主要从以下几个方面来考察：

①资本成本高低。资本成本是企业为筹集和使用资金而付出的代价，包括筹资过程中发生的筹资费用和用资过程中支付的利息、股利等。筹资的渠道和方式多种多样，财务人员应综合考察各种筹资方式和渠道，实现最优筹资组合以降低资本成本。

②筹资风险大小。一般来说，企业所用资金到期日越短，其不能偿付本金和利息的风险就越大；反之，资金到期日越长，企业筹资风险就越小。

此外，还要考虑筹资机动性大小、筹资的方便程度、筹资期限长短及用途限制等因素。

以上因素在不同程度上影响着企业筹资方式的选择，其中影响最大的是企业筹资成本、风险、机动性三大因素。现代企业筹资方式选择是很复杂的问题，比较标准不同，做出的评价也不同。财务管理人员必须从企业具体情况入手，分析各种筹资方式的优劣，分析企业自身的优劣，选择适合企业生产经营特点的筹资方式，维护企业的生存，并使企业不断发展壮大。

3. 筹资方式和筹资渠道的结合

以上企业筹资方式和筹资渠道之间并不是截然分开的，一定的筹资方式可能只适用于某一特定的筹资渠道，但同一渠道的资金通常可采用不同筹资方式取得，而同一筹资方式又往往可适用于不同的筹资渠道。

（二）资本成本计算方法

资本成本是资本的价格，是在市场经济条件下，由于资金所有权和使用权分离而形成的一种财务概念。从投资人角度来看，资本成本表示与投资机会成本和投资风险相适应的回报率；从筹资者的角度来看，资本成本表示公司为取得资金而支付的价格。

1. 资本成本的特征

（1）资本成本是资金所有权和资金使用权分离的结果。资本成本是资金使用者向资金所有者和中介人支付或负担的资金占用费和资金筹集费。因此，资本成本是市场经济条件下资金所有权和资金使用权分离的结果。

（2）资本成本具有不同于一般产品成本的某些特性。资本成本和产品成本的基本属性相同，都属于企业资金的耗费，企业要为此付出代价、支付费用，而这种代价最终也要作为收益的扣除项目从收入中得到补偿。但它们又存在区别，具体表现为：产品成本通过会计核算确定，是用于确定产品价值和产品价格的基础；资本成本则根据目前和未来的有关资料，采用一定的方法估算而来。

（3）资本成本与货币时间价值有联系也有区别。资本成本不同于货币时间价值。货币时间价值着重反映资金随着其运动时间的不断延续而不断增值的性质，是资金所有者在一定时期内从资金使用者那里获得的报酬；资本成本是指资金的使用人由于使用他人的资金而付出的代价。它们都是以利息、股利等来作为其表现形式，是资金运动分别在其所有者及使用者身上的体现。但二者也存在明显的区别，主要表现为：一是货币时间价值表现为资金所有者的利息收入，而资本成本是资金使用人的筹资费用；二是货币时间价值一般表现为时间的函数，而资本成本则表现为资金占用额的函数；三是资本成本的基础是货币时间价值，它既包括货币时间价值，又包括投资风险价值。

2. 资本成本的种类

按照用途，资本成本可以分为个别资本成本、综合资本成本和边际资本成本。

（1）个别资本成本。个别资本成本是指按照各种资金具体的筹资方式而计算确定的成本，如债券及股票筹资成本等。个别资本成本是比较各种筹资方式的重要标准。企业筹集资金有多种方式可供选择，不同筹资方式下的筹资费用与使用费用各不相同。通过计算和比较个别资本成本就能够按照其成本高低进行排列，从中选出成本较低的筹资方式。

（2）综合资本成本。综合资本成本是指企业全部资金来源的总成本，它是个别资本成本加权平均计算的结果。综合资本成本是企业进行资本结构决策的基本依据。企业全部资金通常由多种筹资方式组合而成，这种筹资组合又有多个方案可供选择。综合资本成本的高低是比较各种筹资组合方案、进行资本结构决策的重要依据之一。

（3）边际资本成本。边际资本成本是指每增加一个单位资金所需要增加的成本，它是综合资本成本的一种特殊形式。边际资本成本是进行追加筹资决策的重要依据。通过计算边际资本成本，企业能够比较不同筹资方案（包括单一筹资方式或组合筹资方式）的资本成本差异，从而确定最优的追加筹资决策。

3. 决定资本成本高低的因素

决定资本成本高低的因素主要有：总体经济环境、证券市场条件、企业内部经营和融资状况、项目融资规模等。

（1）总体经济环境。总体经济环境决定了资本的供给和需求及预期通货膨胀的水平。总体经济环境如果发生变化，投资者就会相应改变所要求的收益率，从而影响资本成本。

（2）证券市场条件。证券市场条件包括证券市场流通的难易程度和价格波动程度。如果流动性不好，投资者买进或卖出证券困难，变现风险增大，要求的收益率就会提高；或者虽然存在对证券的需求，但其价格波动较大，投资风险增大，要求的收益率也会提高。

（3）企业内部经营和融资状况。企业内部经营和融资状况是指企业经营风险和财务风险的大小。经营风险是企业投资决策的结果，表现在资产收益率的变动上；财务风险是企业融资决策的结果，表现在普通股收益率的变动上。如果经营风险和财务风险大，投资者就会要求有较高的收益率。

（4）项目融资规模。项目融资规模大，资本成本较高。比如，发行证券的金额很大，资金筹集和占用费用就会上升，而且发行规模增大还会降低其发行价格，由此增加企业的发行成本。

企业筹资决策不但需要选择适当的筹资方式，而且需要计算筹资成本，进行成本、风险及收益的权衡，实现企业价值的最大化。

4. 资本成本的计算

资本成本可以采用绝对数表示，但通常采用相对数表示，以便于对不同筹资方式之间的成本进行比较。资本成本的计算公式为：

资本成本＝资金占用费 ÷（筹集的资金额－资金筹集费）

资本成本的具体计算公式随着筹资方式的不同而不同。

资本成本是一个预测的估计值，而不是精确的计算值。因为据以计算资本成本的各项因素都不是按照过去实现的数字确定的，而是根据现在和未来的情况确定的，今后可能发生变动。

不同的资金来源从性质上看，分为债权资金和自有资金两大类，二者在资本成本计算上也存在区别。个别资本成本的计算由此也分为债务资本成本计算和自有资本成本计算两大类。

（1）债务资本成本计算。债务资本成本主要包括借款成本及债券筹资成本。由于债务利息在所得税前列支，利息具有抵税作用，因此企业为此负担的实际成本是：

债务资本成本＝利息 ÷（1－所得税税率）

①银行借款资本成本。银行借款资本成本主要是利息支出，利息支出可以在税前利润中扣除，借款费用支出通常较低，可以忽略不计。因此，其计算公式为：

借款资本成本＝年利息 ×（1－所得税税率）

有时，银行要求企业将借款的一定数额留存下来，作为企业在银行的存款，企业不能动用，以此分担一部分银行向企业贷款承担的风险。在这种情况下，借款资本成本的计算公式为：

借款资本成本＝[年利息 ×（1－所得税税率）]÷（借款总额－补偿性余额）

②债券资本成本。债券资本成本与借款资本成本的主要区别在于：一是债券筹资费用较高，不能忽略不计。债券筹资费用实际上减少了企业的实得资金数额，所以要将其作为债券发行额的减项予以扣除。二是债券发行价格与债券面值可能存在差异，计算其成本时要按照预计发行价格来确定其筹资总额。由此，债券资本成本的计算公式为：

债券资本成本＝[债券面值 × 债券年利率 ×（1－所得税税率）]÷（筹资总额－筹资费用）

③融资租赁资本成本。融资租赁资本成本主要是企业为其支付的租金，这一租金虽然不能直接计入费用，但融资租赁固定资产与企业自有固定资产一样计提折旧，从而使租金以折旧的方式列入成本，抵减了所得税。因此，如果是按照固定比例支付租金，则其成本计算公式同债券筹资一样。如果租金是分期不等额支付，则需要计算租金的现值，求出贴现率数值。

（2）自有资本成本计算。自有资本成本包括普通股、优先股及留存收益成本等。由于自有资本成本中使用费用均是在税后支付，不存在抵税作用，因此其成本计算方法有别于债务资本成本。

①发行股票筹资成本。股票筹资成本一方面取决于企业是否分配股利；另一方面取决于发行价格和发行费用。企业是否分配股利通常并不确定，因此，成本计算比较困难。如果股利按照固定比例增长，则其成本计算公式为：

$$股票筹资成本 = D \div（筹资总额 - 筹资费用）+G$$

式中：D 为第一年的预期股利；G 为股利的预期增长速度。

由于股利不能在所得税前扣除，企业又必须向股东分配，因此，股票筹资成本通常要高于债券筹资成本。

②优先股资本成本。优先股资本成本也包括股利和筹资费用，优先股股利一般按照固定的比率支付，类似于债券。与债券不同的是，优先股股利是税后支付。因此，优先股资本成本的计算公式为：

$$优先股资本成本 = 年优先股股利 \div（优先股筹资额 - 筹资费用）$$

③留存收益资本成本。企业在将盈利用于股利分配之后总会留存部分收益用于再投资。留存收益虽然不像其他筹资方式需要花费筹资费用，但它仍然存在资本成本。原因在于投资者将这部分收益再投资于企业，是期望从中获取更高的收益。这一期望收益即为留存收益的机会成本，构成企业留存收益的资本成本。一般情况下，留存收益资本成本的计算与普通股资本成本计算相同，区别仅仅在于普通股存在筹资费用，而留存收益没有筹资费用。

在以上各种筹资方式中，股票尤其是普通股资本成本相对较高。因为股利由税后利润支付，不能够减少所得税费用，因而加大了资本成本。另外，股票持有人承担的投资风险要高于债券持有人，其所要求的投资报酬率也就相对较高，从而进一步加大了资本成本。不同的筹资渠道，企业支付的成本和承担的风险不同。企业优化资本结构的目的就是要使企业筹集资本的成本最低、风险最小。自有资本由于没有节税效应，因而成本较高，但无须偿还，给企业带来的风险很小。债务资金由于利息可以计入成本，使得筹资成本较低，但必须偿还，给企业带来偿债和经营的风险较大。因此，成本和风险常常是一对矛盾，企业要通过资本结构的优化来降低筹资的风险和成本。

（三）资本结构决策

1. 进行资本结构决策的重要性

资本结构是企业总资本，即长期资金中长期负债与所有者权益之间的比例关系，一般以长期负债占总资本的比重来表示。资本结构是企业财务结构的核心内容。财务结构即企业资产负债表右方项目的构成，不仅包括长期资金的内部构成情况，还包括长期资金与短期资金（即流动负债）之间的构成情况。研究资本结构一般以短期资金用于满足企业临时性资金需求为假设前提。因此，以长期资金为研究对象的资本结构，由于其对企业财务状况影响更大、更深远，较之于财务结构更值得企业予以特别关注。研究资本结构实质上是研究企业是否要利用长期负债筹资方式问题。那么，长期负债筹资方式较之权益资本筹资方式有什么利弊特点？从资本形成的先后顺序看，企业先有权益资本即股东提供的资本，而后企业因发展壮大有了新的资金需求，在股东提供的资本不能够满足企业资金需求时，企业才考虑利用长期负债筹资方式向债权人筹资。因此，企业利用长期负债筹资方式应以企业有新的资金需求为前提。

长期负债筹资方式较之权益资本筹资方式的最大优点是资本成本较低，具体表现为：一是利息率一般固定不变。当企业的资产息税前利润率高于债务利息率时，可使股东获得超额收益。二是利息费用在所得税前列支，可使企业实际少缴所得税。

长期负债筹资方式较之权益资本筹资方式的最大缺点是财务风险较大，具体表现为：一是债务资本不仅要求按期还本，而且要求按期付息；二是还本付息会导致企业大量的现金流出。当企业的资产息税前利润率低于债务利息率时，会使股东利益遭受损失。

因此，利用长期负债筹资方式有利有弊。利用长期负债筹资方式，如何做到利大于弊，即是否存在着最佳资本结构，对于这一问题，西方财务管理专家已经研究了很多年，并形成了多种资本结构理论。但实质上这一问题也很简单，由于长期负债筹资方式所具有的优点，使企业产生了利用长期负债筹资方式的动机和行动；而由于长期负债筹资方式所存在的缺点，使企业又不能过分依赖长期负债筹资方式。因此，企业应该适度举债，确定自己企业最佳的资本结构，而要确定最佳资本结构，就必须进行资本结构决策。资本结构的决策方法有定量决策方法和定性决策方法两种。

2. 资本结构定量决策

企业进行资本结构决策即寻求最优资本结构或最佳资本结构的过程。最优资本结构是一种能够使财务杠杆利益、财务风险、筹资成本及企业价值实现最优均衡的资本结构。判断和衡量企业的资本结构是否最优的决策，有多种定量方法可供选择。

（1）加权平均资本成本最低法。资本成本是企业因筹集资本而付出的代价，包括筹资费用和用资费用。资本成本是企业投资项目的必要报酬率，是资本所有者要求得到的报酬率。需要注意的是，财务管理是面向未来的，所讲的资本成本不是历史成本，而是预计成本。债务的资本成本比较好预计，而权益的资本成本比较难以预计。企业的总资本成本是各项个别资本成本以各项个别资本占总资本的比重为权数的加权平均资本成本。从理论上讲，最佳资本结构是企业加权平均资本成本最低、企业价值最大时的资本结构。但是在实践中，我们很难将某个企业的最佳资本结构计算出来。因为不同行业的企业其最佳资本结构有所不同，同一行业不同规模的企业其最佳资本结构有所不同，同一规模的企业处于不同的生产周期，其最佳资本结构有所不同，同一家企业处在不同的宏观经济条件下，其最佳资本结构也有所不同。

加权平均资本成本最低法是通过拟定有限几个资本结构备选方案，然后计算和比较各资本结构方案的加权平均资本成本，最后以加权平均资本成本最低的方案作为相对最佳或接近于最佳的资本结构方案。使用加权平均资本成本法应注意以下问题。

①所拟定的资本结构方案是有限的，因此，所确定的最佳资本结构方案是相对的，而真正最佳的资本结构方案可能并没有找出来。

②个别资本成本的计算方法并不一定令人信服。首先，个别资本成本的计算建立在预测的基础上，预测的准确与否将直接影响决策结果；其次，个别资本成本的计算方法分为考虑资金时间价值和不考虑资金时间价值两种，显然考虑资金时间价值的方法更符合现代企业财务管理原则的要求。

③加权平均资本成本中权数的计算应采用市场价值而不是账面价值。但对于非上市公司，其市场价值很难确定，即使对于上市公司，在资本市场发育不完善的情况下，其市场价值也很难令人相信。

④加权平均资本成本的计算没有考虑流动负债。加权平均资本成本是基于假设企业的流动负债主要用于企业临时性的资金需求，不会对企业的财务结构产生太大的影响；然而，流动负债是否主要用于满足企业的临时性资金需求，这个问题不容忽视。总之，对加权平均资本成本法不能太过于相信，而只能作为决策的参考。

（2）财务杠杆与经营杠杆分析法。财务杠杆是指负债比率的较小变动（息税前利润固定不变）可以使股利收益率有一个更大的变动，或者说，是指息税前利润的较小变动（负债比率不变，额度不变，因此利息不变），可以使股利收益率有一个更大的变动。财务杠杆作用的大小，用财务杠杆程度或称财务杠杆系数反映。其计算公式为：

财务杠杆系数 = 股利收益率的变动率 ÷ 息税前利润的变动率

= 息税前利润 ÷（息税前利润 - 利息）

财务杠杆系数表示股利收益率的变动率是息税前利润变动率的倍数。从财务杠杆系数的计算公式可以看出，只要有负债，有利息费用，财务杠杆系数就会大于1，就有财务杠杆作用。当息税前利润与利息相等时，财务杠杆系数趋向无穷大；当息税前利润大于利息并呈增长趋势时，财务杠杆系数由无穷大而逐渐变小，直至趋近于1。如果财务杠杆系数等于1，意味着没有利息费用，没有负债，没有财务杠杆作用。财务杠杆系数趋向无穷大，意味着息税前利润与利息相等，即税前利润为零，企业处于盈亏临界状态、损益平衡状态，这时企业有很大的亏损风险。因此，能否按期还本付息也具有很强的不确定性，即财务风险很大。随着企业息税前利润的逐渐增加，财务杠杆系数不断变小，企业从盈亏临界状态走向盈利状态，而且安全边际越来越大，因此财务风险越来越小。由此可见，企业财务风险的大小与企业利润水平及其确定性程度密切相关。

经营杠杆是指销售量（或销售额）的较小变动（企业固定成本保持不变），可以使企业的息税前利润有一个更大的变动。经营杠杆作用的大小用经营杠杆程度或称经营杠杆系数来反映。其计算公式为：

经营杠杆系数＝息税前利润变动率 ÷ 销售量的变动率＝边际贡献 ÷（边际贡献 - 固定成本）

经营杠杆系数表示息税前利润变动率是销售量变动率的倍数，从经营杠杆系数的计算公式可以看出，只要有固定成本，经营杠杆系数就会大于1。当边际贡献与固定成本相等时，经营杠杆系数趋向无穷大；当边际贡献大于固定成本并呈增长趋势时，经营杠杆系数由无穷大逐渐变小，直至趋近于1而不等于1。经营杠杆系数等于1，意味着没有固定成本，这是不太可能的事情。经营杠杆系数趋向无穷大，意味着边际贡献与固定成本相等，即利润为零，企业处于盈亏临界状态、损益平衡状态。这时，企业的销售量为盈亏临界销售量，销售量的稍微增加就会盈利，销售量的稍微降低就会亏损，因此经营风险很大。随着企业边际贡献及销售量的逐渐增加，经营杠杆系数不断变小，企业从盈亏临界状态走向盈利状态，而且安全边际越来越大，所以经营风险越来越小。

总起来看，财务杠杆程度的确定应以经营杠杆程度为依据。财务风险的大小一方面取决于负债水平；另一方面取决于经营风险的大小。

企业只要不借债就可以规避财务风险，但经营风险不可回避。企业只要借债就有财务风险。企业借多少债，把财务风险控制在什么程度，要看企业利润水平的高低及经营风险的大小。一个企业如果经营杠杆程度高、经营风险大，就不应该确定过高的财务杠杆程度，就不应该过多借债、冒太大的财务风险。

（3）权益资本利润率与债务资金利息率比较分析法。权益资本利润率是净利润与股东权益之比。它代表着股东所得，是股东最关心的指标之一。因此，是否有利于促进权益资本利润率的增长，是用来判断企业财务行为是否正确的标准。债务资金利息率是债务利息与债务本金之比，它代表了企业债权人的所得，是企业向债权人支付的报酬率。债务资金利息率一般固定不变，而权益资本利润率一般浮动变化。显然权益资本利润率应高于债务资金利息率，而且是越高越好。

一般地讲，只要权益资本利润率高于债务资金利息率，资本结构就合理，可以多举债；如果权益资本利润率低于债务资金利息率，资本结构就不合理，就应该少借债或者不借债。权益资本利润率与债务资金利息率之间的关系可以用下面的公式来反映：

权益资本利润率＝资产息税前利润率＋（资产息税前利润率－利息率）× 负债 ÷ 权益资本 ×（1－所得税税率）

式中，资产息税前利润率＝息税前利润 ÷ 总资产 ×100%

＝息税前利润 ÷（权益资本＋债务资金）×100%。

企业息税前利润是企业全部资产包括权益资本和债务资金运用的结果，资产息税前利润率是企业全部资产的回报率。不管资产息税前利润率有多高或多低，债务资金的利息率固定不变。资产息税前利润率高于或低于利息率的部分由股东承担，因此，股东的权益资本利润率是浮动的。如果资产息税前利润率高于利息率，则权益资本利润率就会上升，而高于资产息税前利润率，这时负债率可以调高一些，但不能认为越高越好，因为随着负债率的升高，利息率也会上升；如果资产息税前利润率低于利息率，则权益资本利润率就会下降，而低于资产息税前利润率，这时负债率应该调低一些。

（4）每股利润或权益资本利润率无差别点分析法。每股利润指标适合于股份有限公司，是净利润（扣除优先股股利）与普通股股数之比。权益资本利润率指标适合于任何企业，是净利润与股东权益之比。每股利润或权益资本利润率无差别点分析法与权益资本利润率和债务资金利息率比较分析法有相似之处，它们都以能够提高企业每股利润或权益资本利润率的资本结构即为合理的资本结构作为理论基础。

每股利润或权益资本利润率除了受企业财务结构的影响之外，还受企业息税前利润水平或销售水平的影响。每股利润或权益资本利润率无差别点分析法是研究追加筹资问题的方法，即在现有财务结构情况下，需要追加筹资，是采用权益筹资方式筹资，还是采用负债筹资方式筹资，决策的标准是看在当前息税前利润水平上采用哪种筹资方式，其每股利润或权益资本利润率更高；而决策的依据是每股利润或权益资本利润率无差别点。每股利润或权益资本利润率无差别点是指不论是采用权益方式筹资，还是采用负债方式筹资，每股利润或权益资本利润率相等时的息税前利润水平或销售水平。无差别点以下应采用权益方式筹资，无差别点以上则应采用负债方式筹资。

定量决策方法通过数学建模使分析过程更加深入具体，既能避免定性分析的主观性和笼统性，又能凭借严密的数学逻辑清晰展现问题解决的路径。然而，由于经济系统影响因素的复杂性和多样性，数学模型往往只能考虑有限变量，且依赖诸多假设条件。虽然定量分析提供的计算数据远比缺乏数据支撑的决策更为可靠，但这些数据本质上只是趋势性预测而非确定结果。因此，科学的决策应当采用定量与定性相结合的方法：在建立数学模型的基础上，结合实践经验和现实环境，通过定性分析补充量化模型未能充分考虑的关键因素，从而形成更加全面可靠的决策依据。

3. 资本结构定性决策

企业资本结构安排与规划受许多因素的制约和影响。设计企业的资本结构必须充分考虑以下两方面的因素。

（1）企业内部因素的决策分析。企业内部因素的决策分析要考虑以下几点。

①企业增长率对资本结构的影响。企业成长性越强，意味着在一定时期内需要多投入资金，从而需要多融通资金。成长性强的企业即使获利水平不低，仅仅依赖保留盈余显然不够。此外，成长性强的企业往往有着良好的未来前景，通常不愿意过多地发行新股，以免分散老股东的控制权，稀释每股收益。从20世纪80年代以来，我国经济处于高速增长阶段，需要大量的资金，为满足资金需要，企业不得不对外负债，导致负债增加。

②企业投资项目的性质和生产技术配备的能力与结构。确定和保持合理的筹资来源结构，应当从投资项目建设周期、现金流量和企业自身实际生产经营能力、技术状况出发。投资项目建设周期短、现金净流量多、生产经营状况好、产品适销对路、资金周转快，可以适当提高资产负债比率，提高短期资金比例；对于存货积压严重、资金周转缓慢的企业，确定高的资产负债比率则比较危险。另外，产品结构比较单一的企业，自有资本比例一般应大一些，因为这类企业内部融通资金选择的余地较小；相反，产品结构多样化的企业，因为内部融通资金的余地较大，只需适当提高自有资本的比例。

③企业获利能力对资本结构的影响。根据融资顺序理论，企业融资的顺序依次为：保留盈余、长期借贷、发行债券及发行股票。因此，企业获利能力高，企业就有可能保留较多的盈余，这样可以部分地满足企业对资金的需要，存在减少负债的可能性；相反，如果企业获利能力不足，就不可能保留足够的盈余，只能依赖负债的增加。近年来，我国国有企业大面积陷入经营困境。

④企业股利决策对资本结构的影响。企业股利决策也是一种融资政策。在西方财务理论研究中，往往把资本结构和股利决策结合起来分析，不同的股利决策方案可以设计不同的资本结构。比如，实施高股利决策和剩余股利决策就应该与较高的负债经营相匹配，低股利决策和不规则的股利决策方案应该慎重推行风险较高的资本结构。

⑤资金使用结构。设计企业的资本结构还需要考虑资金的使用结构，重点是企业流动资产与固定资产的数量关系。因为固定资产变现性比流动资产差得多；同时，也不能忽视有形资产与无形资产的结构比率，有时候无形资产并不能够成为负债经营和筹集长期资金的物资担保。

⑥管理者的态度对资本结构的影响。管理者的态度包括对企业控制权及对待风险的态度。增加权益资本有可能稀释原有所有者权益和分散经营权，从而对企业所有权和经营权的控制造成影响；但是过多地使用负债会增加企业风险。我国企业的主体是国有企业，企业所有者是国家，因此，企业不论是负债融资，还是权益融资都不会影响管理者对企业的控制权和经营权，我国管理者的态度一般不会对资本结构产生影响。

（2）企业外部因素的决策分析。企业外部因素的决策分析要考虑以下几个问题。

①不同社会经济环境状况。在社会经济增长或者在政府鼓励投资时期，提高企业负债率，多负

担一些债务，充分利用债权人的资金从事投资和经营活动，可以增强企业的发展能力，获得较高的经济效益，企业有能力承担较大的还款和付息压力；反之，在经济处于衰退时期，应当采取紧缩负债经营的策略，减少遭受损失和破产的风险，谋求较低的盈利。

②行业因素对资本结构的影响。不同行业的资本有机构成存在差异，企业资本有机构成的高低主要取决于企业所处行业生产经营业务的特点。资本有机构成高的企业，经济规模要求的投入资本起点较高；反之则相反。我国虽然存在行业差别，但企业的资金来源历来主要由国家投入或从银行取得，因此，行业因素对我国企业的资本结构没有明显的影响。

③金融市场运行状态。现代企业筹资与金融市场水乳交融，企业资本结构决策重要的外部因素就是金融市场运行的状态。如果货币市场相对于资本市场来说比较发达、完备与健全，企业则可以适当地提高流动负债的比重，因为增加流动负债规模可以适当地降低企业筹资的成本；反之，就需要扩大长期资金的规模以减少筹资风险。金融市场活跃、股价高涨时期，则应当以股本筹资为主。

④信用等级评定机构或贷款人的态度对资本结构的影响。信用等级评定机构或贷款人的态度往往成为企业扩大融资和选择融资种类的决定因素。纵然企业对未来充满信心，认为可以超出企业能力大胆地运用财务杠杆，但此时贷款人的态度未必与企业一致。如果企业负债过高，信用评定机构对企业的信用评价会较低，此时要想获得贷款会比较困难或需要以较高的资本成本才能够获得贷款。我国在银行体制方面，目前各个专业银行并不是真正意义上的商业银行。国有银行与国有企业同属于国家所有，缺乏债务约束力；同时，银行利率单一，利率体系缺乏调节功能，银行贷款利率不随着企业财务状况和企业资本结构的变化而变化，企业并没有真正意识到其应当承担的风险，因此造成了严重的高负债。

⑤所有者、债权人、经营者及社会等方面能够接受和承担的风险范围。企业举债经营比率偏高对整个社会经济发展具有不利的影响，容易导致企业本身经济效益的下降甚至出现亏损和破产，加深整个社会经济发展的动荡，引起通货膨胀，不利于产业结构的转变。因此，企业资本结构应当依据所有者、债权人及社会大众等普遍接受的风险程度加以设定。

六、股利分配决策

利润是企业进行资本运营的结果。利润分配就是在会计年度结束后，企业将本年度实现的净利润在留存积累与对投资者分红之间进行安排。利润分配决策主要涉及利润分配的项目、分配顺序、各个项目分配的比例及股利形式等问题。其中，利润分配的项目、顺序以及法定项目提留的比例需要遵从国家相关的法律法规的规定，企业真正具有自主权的是提取法定公积金、法定公益金后属于普通股东的利润分配，即股利支付率的确定。因此，股份制企业利润分配财务管理决策主要集中于股利分配政策的选择和股利形式的确定。

（一）影响企业股利政策的因素

企业在确定收益分配政策时，应综合考虑各种影响因素，结合自身实际情况，权衡得失，从优选择。企业的股利政策受到许多因素的影响，主要表现在以下几个方面。

1. 法律因素

有关的法律主要有《公司法》《中华人民共和国证券法》（以下简称《证券法》）等，在这些法律中，为了保护企业债权人和股东的利益，做了如下的限制。

（1）资本保全。企业必须保有充分的权益资本以维护债权人利益，法律规定企业不能用募集的经营资本发放股利。我国法律还规定企业的溢缴资本也不能发放股利。

（2）企业积累。规定企业的年度税后利润必须提取 10% 的法定盈余公积金，同时还鼓励企业提取任意盈余公积金，只有当企业提取公积金累积数额达到注册资本 50% 时才可以不再计提。

（3）净利润。规定公司账面累计税后利润必须是正数时才可以发放股利，以往年度的亏损必须足额弥补。

（4）偿债能力。规定公司如果要发放股利，就必须保有充分的偿债能力。企业如果没有充分的现金准备以支付到期债务，即使经营能够获利，要支付股利就得变卖现有资产，这样做除影响公司经营外，公司债权人的利益也会受到严重威胁。

（5）超额累积利润。企业发放给股东的股利，股东要缴纳个人所得税，而股票交易的资本收益可能免税或税率较低，企业可以积累利润使股价上涨从而帮助股东避税。我国法律对企业累积利润未做限制性规定，但许多国家的法律是反对企业超额累积利润的。

2. 企业因素

影响企业股利分配政策的企业因素包括企业资产的流动性、举债能力、投资机会等。

（1）流动性。较多地支付现金股利会减少企业的现金持有量，使企业资产的流动性降低，企业为了保持适当的支付能力，需要设定一定的资产流动性目标，保持现金及其他适当的流动资产。

（2）举债能力。由于企业的盈利能力、资本结构和信誉度不同，不同的企业在资本市场上的举债能力有一定的差别。举债能力较强的企业往往采取较为宽松的股利政策；相反，则采取较为紧缩的股利政策。

（3）投资机会。企业的投资项目要求有坚强的资金后盾来支持，资金的需求量对公司的股利政策又有较大的影响。倘若企业有良好的投资机会，就会把大部分利润用于再投资；反之，企业将倾向于先向股东支付股利。

3. 股东因素

这方面的因素主要有稳定的收入、控制权的稀释、避税等方面。

（1）稳定的收入。某些股东依赖企业发放股利维持生活；或者是他们认为企业利用利润带来新收益或股票交易价格上升产生资本收益有很大的不确定性，这样，他们往往希望企业能够支付稳定的股利，对他们来说，与其为不确定的未来因素所困惑，不如得到实实在在的现有股利。

（2）控制权的稀释。企业如果通过增募新股的方式筹集资金，虽然企业原股东有优先认股权，但他们必须投入相当数量的现金，否则将面临股权被稀释的威胁。因此，当企业原有股东没有足够的现金去认购新股时，他们可能会选择放弃应分配的股利而反对增募新股。

（3）避税。由于税收政策的影响，不同的股东对股利的分配也持有不同的态度。税法规定，企业利润在征收企业所得税的基础上，还要对企业分配的股利向股东征收个人所得税。个人所得税一般采取累进税率制，这样收入水平不同的股东由于其应纳税率的不同，相应的应纳所得税税额也不同，进而对同一个股利政策就持有不同的态度。在我国由于目前对股息收入只采用 20% 的比例税率征收个人所得税，还没有采用累进税率，因而股票价格上涨比股利更有吸引力。

4. 债务契约约束

企业在进行大笔的举债融资时，特别是长期债务，债权方往往对企业资金的运用（主要是对现金股利的分配）制定有一定的限制条件，其目的是保障债权人债权的安全性。这种限制条件主要有：一是限制动用以前的留存收益进行未来股息的支付；二是当企业营运资本低于一定标准时不得向股东支付股利；三是当企业的利息保障倍数低于一定的标准时，不得向股东支付股利。企业一旦同债权方签订有关的限制条件，企业的股利政策就会受到较大的影响。

另外，国家有关的宏观经济环境、金融环境等也会对企业的股利政策产生较大的影响，如通货膨胀、经济增长的速度等。

（二）股利政策的类型

企业经常采用的收益分配政策主要有以下几种。

1. 剩余股利政策

所谓剩余股利政策，是指企业较多地考虑将净利润用于增加所有者权益（即增加资本或公积金），只有当增加的资本额达到预定的目标资本结构（最佳资本结构）时，才将剩余的利润用于向投资者分配。这种政策主要是考虑未来投资机会的影响，即当企业面临良好的投资机会时，在目标资本结构的约束下，最大限度地使用留存收益来满足投资方案所需的自有资金数额。

在这种分配政策下，投资分红额（股利）成为企业新的投资机会的函数，随着投资资金的需求变化而起伏，只要存在有利的投资机会，就应当首先考虑其资金需要，最后考虑企业剩余收益的分配需要。

这种政策的优点是保持理想的资本结构，使综合资本成本最低。缺点是每年发放的股利额可能变化较大，向市场传输企业经营不稳定的信息。

2. 固定股利政策

在这种政策下，公司在较长时期内都将分期支付固定的股利额，股利不随经营状况的变化而变动，除非公司预期未来收益将会有显著的、不可逆转的增长而提高股利发放额。采用这种政策的，大多数属于收益比较稳定或正处于成长期、信誉一般的公司。

这种策略的优点是：固定的股利有利于公司树立良好的形象，有利于公司股票价格的稳定，从而增强投资者对公司的信心；稳定的股利有利于投资者安排收入与支出，特别是对那些对股利有着很强依赖性的股东更是如此。这种策略的主要缺点在于股利支付与公司盈利能力相脱节，当盈利较低时仍要支付较高的股利，容易引起公司资金短缺，导致财务状况恶化。

3. 固定股利支付率政策

采用固定股利比例政策，要求公司确定一个固定的股利支付比率，长期按此比率从净利润中支付股利。由于公司的盈利能力在年度间是经常变动的，因此每年的股利也应随着公司收益的变动而变动。这种政策的优点是保持股利与利润间的不定期比例关系，体现风险投资与风险收益对等。其不足之处在于，股利波动容易使外界产生公司经营不稳定的印象，不利于股票价格的稳定与上涨。

4. 低正常股利加额外股利政策

此政策即企业一般情况下每年只支付固定的、数额较低的股利，当企业盈利有较大幅度增加时，再根据实际需要，向股东临时发放一些额外股利。

这种股利政策的优点是具有较大灵活性，可给企业较大的弹性。由于平常股利发放水平较低，故在企业净利润很少或需要将相当多的净利润留存下来用于再投资时，企业仍旧可以维持既定的股利发放水平，避免股价下跌的风险；而企业一旦拥有充裕的现金，就可以通过发放额外股利的方式，将其转移到股东的手中，也有利于股价的提高。因此，在企业的净利润与现金流量不够稳定时，采用这种股利政策对企业和股东都是有利的。

（三）企业股利形式的确定

大多数情况下，非股份制企业投资一般采用现金分红方式。但是，股份公司股利形式有一定的特殊性，它除了现金股利外，还存在其他股利支付形式。

1. 现金股利形式

它是指以现金支付股利的形式，是企业最常见、也是最易被投资者接受的股利支付方式。这种形式能满足大多数投资者希望得到一定数额的现金这种实在收益的要求。但这种形式增加企业现金流出量，增加企业的支付压力，在特殊情况下，有悖于留存现金用于企业投资与发展的初衷。因此，采用现金股利形式时，企业必须具备两个基本条件：一是企业要有足够的未指明用途的留存收益（未分配利润）；二是企业要有足够的现金。

2. 股票股利形式

它是指企业以股票形式发放股利，其具体做法可以是在公司注册资本尚未足额时，以其认购的股票作为股利支付；也可以是发行新股支付股利。实际操作过程中，有的公司增资发行新股时，预先扣除当年应分配股利，减价配售给老股东；也有的发行新股时进行无偿增资配股，即股东无须缴纳任何现金和实物，即可获得公司发行的股票。

股票股利是一种比较特殊的股利，它不会引起公司资产的流出或负债的增加，而只涉及股东权益内部结构的调整，即在减少未分配利润项目金额的同时，增加公司股本额，同时还可能引起资本公积的增减变化，但它们之间是此消彼长，股东权益总额并不改变。采用这种方式有以下好处：企业发放股票股利可免付现金，保留下来的现金可用于追加投资，扩大企业经营；股票变现能力强，易流通，股东乐于接受，也是股东获得原始股的好机会。发放股票股利会因普通股股数的增加而引起每股收益的下降，每股市价有可能因此而下跌。但发放股票股利后股东所持股份比例并未改变，因此每位股东所持股票的市场价值总额仍能保持不变。

3. 财产股利形式

财产股利是以除现金以外的资产支付的股利，主要是以公司所拥有的其他企业的有价证券，如债券、股票等作为股利支付给股东。

4. 负债股利形式

这种股利形式比较少见，是指公司以负债形式支付的股利，通常以公司的应付票据支付给股东，在不得已的情况下也有发行公司债券来抵付股利。财产股利和负债股利实际上是现金股利的替代形式，这两种形式目前在我国公司实务中很少被使用，但并非被国家法律所禁止。近年来，中国证券监督管理委员会鼓励上市公司采取多样化的利润分配方式，但仍以现金分红为主。

七、投资决策方法

投资是企业将财力投放于一定的对象，以期望在未来获取收益的行为。投资是一个多侧面的概念组。投资作为动态概念，描述投资行为的全貌，包括投资主体、目的及手段。投资作为静态概念，则反映投资主体、投入资金性质及使用方向等。

（一）投资活动的基本特征

从财务角度分析，企业投资一般具有以下特征。

（1）预付性。投资发生于实际经营活动开展之前，具有预付款的性质，这种投资预付款只有在投资形成生产经营能力或投资实际运转之后才能够收回。

（2）选择性。投资并非随时都可以进行，只有客观上存在投资的可能与必要时，投资时机才真正出现。

（3）流动性。投资过程中，投出资金不仅会在空间上流动，如跨国投资等，而且投出资金转化成的实物和证券等会产生形态上的流动。

（4）收益性。投资活动最终和长远的目标都是为了取得投资的收益。

（5）不确定性。投资收益只是在未来才能够获得，最终收益到底如何，事先难以知晓。

作为风险投资，通常具有以下一些特征。

（1）投资方向主要集中于高科技领域。风险投资就是对风险大的项目进行的投资。而风险大的项目往往是具有开拓性和创新性的项目，并且主要存在于高科技领域。风险投资追求的目标就是高科技成果商品化、产业化之后所能够获取的高资本收益。风险投资具有很强的选择性，技术创新成为风险投资的重点。从具体行业来看，风险投资主要集中在信息产业和生命科学领域。

（2）投资对象是处于发展初期、具有高速成长性的中小企业。

（3）投资方式以股权形式为主。风险投资具体包括购买可转换债券、优先股及认股权等形式。其特点有二：一是对风险企业投资通常不以取得对投资对象的控股权为目的；二是在对风险企业注入资金后，为了将风险降至最低，风险投资公司要参与对企业的管理，从管理上提供支持。

（4）属于高投入、高风险及高收益的投资。风险投资在对风险企业投入资金后，其股权未能售出之前，在企业发展的不同阶段都必须不断地注入资金。随着企业的发展和技术创新的进行，投入的费用会不断加大。

风险投资的失败率也比较高。据统计，由风险投资公司所支持的风险企业 20% ～ 30% 完全失败、60% 受挫、5% ～ 20% 获得成功。一旦获得成功，风险投资可以获得高额的投资收益。

（5）以公开上市为主要形式获得收益并退出投资。风险投资是一种中长期投资，对企业的投资年限通常在 4 年以上。风险投资公司在将资金投入风险企业、等待投资企业发挥潜力和股票增值之后，将股权转让以实现投资收益。风险投资的目的不是对被投资企业股份的占有和控制，而是使风险投资取得成功之后尽快地实现回报，再从事新的投资。

（6）在风险投资支持的高技术企业中，技术专家通常以其技术发明或知识产权入股，持股比例一般为 20% ～ 25%。这一比例并非固定，具体取决于技术价值、市场需求、谈判能力等因素。某些国家或地区可能允许技术专家持有更高比例的股份，如 51%，以确保其对企业的控制权，这种情况通常出现在技术对企业成功至关重要的早期阶段。在企业发展到一定阶段后，技术专家可以按照事先约定的协议，回购其他股东的股份。这种安排旨在平衡技术专家的控制权与投资者的利益，确保企业稳定发展。

（二）投资活动的种类

投资活动可以有多种分类方式。

1. 按照投资发生作用的地点分类

投资活动按照发生作用的地点，可以分为对内投资和对外投资。

（1）对内投资。对内投资是为了保证本企业内部生产经营活动的顺利进行和扩大规模而进行资金投入的财务活动。对内投资是正常投资活动的主体。对内投资具体又分为流动资产投资、固定资产投资和无形资产投资三项内容。

第一，流动资产投资。企业流动资产投资包括现金、应收及预付款项、存货及短期投资等。与内部其他投资相比，流动资产投资具有流动性强的特点，即变现需要的时间短、速度快。作为企业投资的重要组成部分，有效的流动资产投资对于企业增加盈利非常重要。流动资产投资具体又包括货币资金投资、应收账款投资、存货投资和短期证券投资等内容。这些内容的共同特点都是在满足生产经营需要、确保企业利润实现并不断增长的前提下，尽可能地降低这部分投资的资金占用量。

第二，固定资产投资。固定资产投资是指建造、购置及改造固定资产而进行的财务活动。从实物形态来看，它是利用新投入的资金建立和完善各种生产经营条件；从价值形态来看，它是为固定资产再生产投入资金。固定资产投资是企业生存和发展的基本保证。

固定资产投资同流动资产投资相比，具有单项投资数额大、投资回收期限长、对企业资金运动和经济效益影响深远的特点。因此，在确定企业固定资产投资政策时要充分进行投资方案的可行性分析，综合考虑技术上的先进性、实用性和经济上的合理性，选择投资少、见效快以及收益大的投资方案，避免决策失误。

第三，无形资产投资。无形资产通常代表企业所拥有的一种法定权或优先权，或者是企业所具有的高于一般水平的获利能力。无形资产投资区别于有形资产投资，其特点表现为以下几点。

①无实体性。无形资产是通过企业卓有成效的经营活动和投资活动而获得的某种权利或一种观念。②独占性。无形资产投资单一，仅与特定的主体有关，与特定主体的持续经营紧密相连。③不确定性。除了法律规定有些无形资产的寿命具有确定的期限外，其余无形资产的有效期限难以准确计量，而且获得的收益与无形资产的投资不成比例关系，很难确定哪些投资已经收回，哪些投资没有收回及回收的具体期限等。④具有长期超额收益的能力。无形资产会在较长的时期内为企业提供经济效益，并且有助于企业获取高于一般水平的收益。

无形资产投资按照构成内容，分为专利权投资、商标权投资、著作权投资、土地使用权投资、非专利技术投资及商誉投资等；按照形成原因和途径，分为通过企业自身开发、积累创立和形成的自制无形资产投资和通过投资从企业外部购买而拥有的外购无形资产投资两大类。

（2）对外投资。对外投资是指以现金、实物及无形资产等方式或者以购买股票、债券等有价证券方式对其他单位进行的投资。随着企业横向经济联合的开展，对外投资越来越重要。

2. 按照投资回收的时间分类

投资活动按照回收的时间，可以分为长期投资和短期投资。

（1）长期投资。长期投资是指1年或者一个营业周期以上才能够收回的投资，主要指对厂房、机器设备等固定资产的投资，也包括对无形资产和长期有价证券的投资。

（2）短期投资。短期投资是指能够并且也准备在1年或者一个营业周期以内收回的投资，主要指对现金、应收账款、存货及短期有价证券等流动资产的投资，长期有价证券如果能够随时变现也可以用于短期投资。

一般而言，长期投资风险大于短期投资。与此相应，长期投资收益通常高于短期投资，这种收益差别的基础是资金的风险价值，或者是风险因素导致长期投资的收益较高。

事实上，短期与长期投资的区分，并不一定取决于期限的长短，也非投资的形式或内容。因为长期投资和短期投资的投资形式或内容可能相同，如债务性证券、权益性证券及两者兼有的混合性证券等。对于企业而言，区分短期和长期投资的关键是从企业本身确定的投资目的加以判断。短期投资通常是为了获取高于日常银行存款利率的利息收入，提高企业短期闲置资金的利用率；在对外投资的同时，为了保证企业资金的流动性和短期偿债能力，因而要求投资回收期短并且变现能力强。长期投资的目的并非只是满足于获取短期的利息收入，还在于实现其长远的战略规划，如扩大综合经营规模、进一步发展企业经营业务、扩大市场占有率等，从而最终为企业取得长期、稳定增长的获利资源。

3. 按照投资的风险程度分类

投资活动按照风险程度，可以分为确定性投资和风险性投资。

（1）确定性投资。确定性投资是指风险较小、未来收益可以预测的投资。进行这种投资基本上不需要考虑风险问题。

（2）风险性投资。风险性投资是指风险较大、未来收益难以准确预测的投资。大多数战略性投资属于风险性投资，进行这种投资前应当考虑风险问题，要求采用科学的分析方法，做出正确的决策。

4. 按照投资在再生产过程中的作用分类

投资活动按照在再生产过程中的作用，可以分为初创投资和后续投资。

（1）初创投资。初创投资是指在建立新企业时进行的投资。其特点是投入资金通过建设形成企业的原始资产，为企业生产经营创造必备的条件。

（2）后续投资。后续投资是指为巩固和发展企业再生产而进行的投资，包括为维持企业再生产进行的更新性投资、为实现扩大再生产进行的追加性投资、为调整生产经营方向进行的转移性投资等。从理论上讲，企业后续投资至少要维持以前投资的盈利水平，否则企业价值或者每股市价必然会下降。事实上，后续投资收益的水平通常要高于以前，这样企业才能够在竞争中不断地成长壮大。

按照风险与收益对等的原理，后续投资的风险相对较高。如果后续投资是原投资方向的继续，那么从产品生命周期的角度看，后续投资处在产品生命周期的后期阶段，有可能面临产品衰落的风险；如果后续投资的投向与原投资的方向不同，而是开辟一个新的投资领域，其收益的不确定性也会给投资带来较大的风险。

5. 按照投资项目的关系分类

投资活动按照投资项目的关系，可以分为独立投资、互斥投资和互补投资。

（1）独立投资。独立投资是指可以不管任何其他投资是否得到采纳和实施都不受到显著影响的投资。这种投资的收入和成本也不会因为其他投资的采纳与否而受到影响。

（2）互斥投资。互斥投资是指采纳或放弃某一投资就会显著地影响其他投资，或者对其他投资的采纳或放弃会使某一投资受到显著的影响。这种投资的收入和成本将会因为采纳或放弃其他投资而受到影响。

（3）互补投资。互补投资是指可以同时进行相互配套的投资，如港口和码头、油田和油管等都属于互相补充的投资。

投资分类与投资决策密切相关，独立投资不需要考虑其他投资的影响；互斥投资必须在多种投资方案中做出选择；互补投资必须考虑各种投资方案的相互配套。就这三种投资类型的风险与收益来说，独立投资的风险与收益也独立；互斥投资的风险与收益不仅独立，而且取决于投资项目的正确选择；互补投资的风险与收益与各个配套项目能够有效地互相补充有关。

在投资分类中，也有按照投资与企业生产经营的关系，将投资分为直接投资和间接投资两类。直接投资指把资金投放于生产经营性资产，以便获取利润的投资；间接投资指把资金投放于证券等金融资产中，以便取得投资利润和资本利息的投资。这种分类与实体投资和金融投资概念一致，只是角度不同。直接投资和间接投资强调了投资是否应当通过金融工具间接投放于生产经营领域，或者直接投放于生产经营领域；而实体投资和金融投资则强调投资的对象性。

（三）投资决策的原则

企业对外投资要想取得良好的投资效益，必须使投资决策科学化，即采用科学的方法，遵循科学的程序，经过有关专家或专门机构的可行性研究和科学论证，选出最优的方案。企业的投资活动应遵循以下原则。

1. 符合企业的发展战略

每个企业都有自己的长远规划和发展战略。投资企业可以根据自己的发展战略，投资组建各种类型的子公司。子公司与投资企业一起形成战略型企业集团，使投资企业成为一个具有生产经营和资本营运、实施集团发展战略、协调成员企业等多种功能的公司制企业。这样做的优势在于：

（1）有利于整体利益最大化。企业集团资本控制不是单纯以母公司或子公司利益最大化为目标，而是以企业集团整体利益最大化为目标。

（2）可持续发展。企业集团的经营目标并非仅关注短期效益，而是立足于长期价值最大化，通过战略规划和可持续发展模式，实现企业价值的持续增长和长远竞争优势的构建。

（3）组合效应。在各公司之间使生产要素互补及扩大专业化分工程序，从而提高资源的利用效率，获得“1+1 ＞ 2”的效果。

（4）规模经济效益。控制更多企业，扩大生产经营规模，通过企业规模扩大而带来的企业投资和经营成本的节约，获得较多利润。

（5）占有市场，减少竞争。靠集团优势提高产品的市场占有率，从而提升对市场的控制能力，提高产品对市场的垄断性，获得更多的超额利润。

（6）优化资本配置结构，获得资源配置效应。通过调整资本存量结构，加速资本资源向高效企业流动，提高资本的流动性和增值性。

2. 制定最低限度的投资回报率

企业选择投资项目时，对投资回报有一个期望值，期望值随投资项目的不同而不同。但是，项目的最低投资回报率必须大于企业投资成本，否则就没有投资价值。银行的贴现率和银行利率可以作为制定最低投资回报率的依据。在评价对外投资项目的经济效益、计算其回报率方面，可以采用净现值法、现值指数法、内含报酬率法等方法。

3. 风险识别原则

投资环境中总要伴随着许多不确定因素，如原材料、能源供应短缺，市场技术形势变化，竞争者的反击等。投资财务后果的不确定性即为投资风险。只有在投资项目中对风险加以充分考虑，才能确定是否投资。对投资项目进行风险识别就是对投资项目进行不确定性分析。其基本方法是通过计算收益、成本、投资等各类资金流变动，体现它们对项目净现值影响的敏感性。对项目未来不确定性的风险分布进行估计时，采用概率统计方法计算项目的期望净现值，实现从确定性分析到不确定性分析的跨越。在项目未来具有不确定风险分布时，用期望净现值代替确定条件下的净现值。投资风险分析的常用方法是风险调整贴现率法和肯定当量法。

（四）投资决策分析的方法

企业投资决策方法的运用，要依赖一系列决策程序来进行。整个决策程序由在各个阶段运用各种不同的决策方法对项目的评价过程组成。因此，企业投资决策方法是投资决策的基本程序和整个决策过程中各种不同的评价方法的综合反映，其核心是项目评价方法。企业运用投资决策方法可以把各种行动方案的可能结果简单明了地表示出来，帮助决策分析者和企业最高决策层认识各种行动方案的本质并权衡利弊得失，最终做出合理的选择。

1. 投资决策的一般标准

当存在多种互相排斥的投资方案时，企业最高决策层必须在众多的投资方案中选出一个最优方案；即使面临的是单一投资方案，也要做出“采用”或“不采用”的选择。显然，企业在选择最优方案时应有一个客观标准。

进行投资决策的选优标准有多种，具体而言，主要包括：一是收益最大；二是成本最小；三是收益与成本之比最大；四是承担可能遭受损失的风险最小；五是资金周转速度最快；六是企业发展速度最快；七是企业的市场占有率最大；八是企业的信誉最好。

事实上，对于任何一个具体的投资方案来讲，不可能同时满足上述所有标准。一般情况下，企业采用的选优标准往往是单一的，以收益最大或收益与成本之比最大最多。而企业面临更新改造决策时，多采用成本最小的标准。

2. 非贴现的分析评价方法

非贴现的分析评价方法是在评价投资方案的经济效益时不考虑资金的时间价值，而把不同时间的货币看成是等量的货币，所以，这类方法在选择方案时仅起辅助作用。非贴现的分析评价方法包括以下两类。

（1）投资回收期法。回收期即投资返本的年限，投资回收期法是根据回收原始投资额需要的时间进行投资决策分析的方法。

①计算方法。投资回收期法的计算分为以下两种情况：

当原始投资为一次性支出，每年现金流入量相等时：

$$投资回收期=原始投资额 \div 每年现金流入量$$

如果每年现金流入量不等，则采用下列公式计算投资回收期：

$$项目投资总额=\sum_{t=1}^{n}现金流入量$$

例如，某项目的初始投资额为200 000元，运营期间产生的年度现金流入量分别为50 000元、100 000元、100 000元和20 000元（各年现金流入均按全年均匀发生计算）。经测算，项目的投资回收期为2.5年。

具体计算过程是：在第二年年底，项目投资收回了150 000（50 000 + 100 000）元，第三年现金流入量是100 000元，相当于前6个月收回50 000元，因此，到2.5年时，现金流入量恰恰与初始投资投入的200 000元相等。

②评价。投资回收期法的优点在于：一是这种方法不仅计算简单，而且易于理解，不需要针对特定项目、使用适当的机会成本做出任何假设；二是充分考虑了风险因素，对于投资者而言，投资回收越快，其安全系数就越高。投资回收期法的缺点在于：一是忽略了货币的时间价值，因此，当两个项目的回收期一致时，即使在一个项目所有投资回收都发生在回收期的最后1年中，而另一个项目所有投资回收均衡地发生在回收期各个年份的情况下，仍被认为相互对等；二是回收期法还忽略了回收期后的现金流动状况，即忽略了项目的“获利能力”。两个投资额相等的项目，如果直到回收期满每年产生的现金流动状况都一致，其回收期也就一致。但如果一项投资在回收期后不再有现金流入，而另一项目仍然有现金流入，很显然后一项目的净现值较高，而其实际获利能力却被低估。

（2）会计报酬率法。会计报酬率法是将项目产生的净收益作为项目的收益进行评价的分析方法。会计报酬率法最为常见的形式是项目的年平均收益与平均投资额的比率。年平均收益等于年平均现金流量减去年平均折旧额。应用会计报酬率法应注意以下几点。

①应选择会计报酬率较高的项目。会计报酬率越高说明获利能力越强。当项目会计报酬率高于或等于行业基准报酬率时，则项目可行。

②会计报酬率法的优点。会计报酬率法的优点在于：一是考虑了投资方案在整个寿命周期内全部的现金流量，这在一定程度上反映了项目的盈利能力；二是使用简便，可以使用财务报表中的数据。

③会计报酬率法的缺点。会计报酬率法的缺点在于：与投资回收期法一样，也没有考虑货币的时间价值。由于会计报酬率的计算涉及期限远远长于投资回收期法，因此在这一点上，会计报酬率法忽视货币时间价值产生的后果远比投资回收期法严重。会计报酬率法一般不能独立使用。

企业进行投资决策时，只有按照投资决策的具体对象、时间和当时的经济及法律环境等因素，选择最适合自身的投资决策方法进行分析评价，才能保证决策的科学性。

3. 贴现的分析评价方法

由于资金的时间价值是客观存在的，因此过多地依靠非贴现的分析方法不可避免地会造成决策的失误。在投资分析中应以贴现的分析方法为主，非贴现的方法为辅。贴现的分析方法主要有净现值法、现值指数法和内含报酬率法。

贴现的分析评价方法考虑了资金的时间价值，更能反映和把握客观实际状况，是在现代投资决策中广泛应用的方法。在很多投资决策项目中，贴现的分析评价方法常与非贴现的分析评价方法结合起来使用，以增强决策的系统性和科学性。

（1）净现值法。净现值法是在考虑货币时间价值的基础上，按照一定的利率分别计算一定期限内的现金流入量现值和现金流出量现值的差额，并对它们再进行比较的方法。这里的利率可以看作被投资者能接受的最低回报率。如果一个投资方案的预期获得水平超过这个回报率，就可以考虑接受；反之则舍弃。

净现值法的优点在于：一是考虑了货币的时间价值；二是考虑了整个项目期间的现金流入与流出情况；三是能够明确项目对企业的贡献，从而可以根据理财目标直接判断项目的质量。净现值法揭示了整个项目对企业贡献的大小，但并未揭示投资水平的高低。

应用净现值法应注意以下两点：①应选择净现值大的方案。如果净现值为正数，表明该投资方案的现金流入量现值大于现金流出量现值，该投资方案的投资报酬率大于预定的贴现率，该方案可行；如果净现值为负数，表明该投资方案的现金流入量现值小于现金流出量现值，该投资方案的投资报酬率小于预定的贴现率，该方案则不可行。如果对几个可行的投资项目进行选择，则应选择净现值较大的投资项目。②折现率确定问题。折现率一般采用贷款利率或资本成本率表示；通常采用资本成本率更为恰当。当净现值为零时，说明按照贷款利率或资本成本率折现的现金净流量数值正好等于原始投资额。折现率越低，净现值越有可能成为正值，净现值越大；反之，折现率越高，净现值越有可能成为负值，净现值越小。也就是说，资本成本率高低对于项目收益有着重要的影响。

（2）现值指数法。现值指数是指投资项目未来一定期限内现金流入量的现值同现金流出量现值之比。现值指数法是根据投资方案现值指数是否大于 1 来确定该方案是否可行的决策分析方法。

①计算方法。现值指数法的计算公式为：

$$现值指数=现金流入净额现值 \div 投资额现值$$

②评价。现值指数法考虑了货币的时间价值和整个项目周期全部现金的流入与流出量。同时，由于现值指数以相对数表示，能够适用于投资项目不同投资额方案之间的比较分析。现值指数法不能揭示项目对企业贡献额的大小，不能依此判断股东财富的增加数。

③注意事项。运用现值指数法应选择现值指数较大的项目。根据计算结果，如果现值指数大于 1，则说明现金流入量现值大于现金流出量现值，收益大于成本，项目可行；反之则不可行。

（3）内含报酬率法。内含报酬率是指使投资项目未来现金流入量的现值等于现金流出量现值的折现率，也就是净现值为零时的折现率。内含报酬率法是根据方案本身内含报酬率来评价方案优劣的一种决策分析方法。

内含报酬率的优点是考虑时间价值，反映真实报酬率，便于项目比较；缺点是计算复杂，互斥项目中结论可能与净现值法冲突。

需要注意的是，内含报酬率在独立项目中，大于企业最低报酬率则可行，互斥项目需结合净现值法等综合判断。

课堂思考

财务决策在企业经营中的作用是什么？举例说明一个财务决策如何影响企业的整体运营。

学习总结

学习项目	学习目标	评分
学习过程评价	评估学生的学习方法和策略，如笔记记录和学习情况	
	评价学生的学习态度，如上课专注度、参与度和课堂表现等	
	评价学生的合作情况，如团队合作和课堂互动等	
学习成长评价	设计自我评价的方式，让学生评估自己的学习进步和成长	
	促进学生的反思能力，引导他们思考学习过程中的挑战和改进方向	
	评估学生目标的达成情况，帮助他们认识到自己的成就和进步	
合计：综合分数______。师评（70%）+ 自评（30%）		总分：10 分

任务三　财务预算

情景导入

为了更好地管理财务资源，张峰决定开辟“财务智慧的预算之路”。他带领团队深入研究了财务预算的概念、目标和管理体制。通过制订全面而灵活的预算计划，公司能够更好地应对市场的变化，实现资源的最优配置。张峰认为，预算的执行、控制与考核是实现财务智慧的重要一环，因此他强调团队的协作和执行力。

深思熟虑

思考题一：在“财务智慧的预算之路”中，张峰强调了预算的执行、控制与考核。请选择一种财务预算模式，思考在实际操作中如何确保预算的有效执行和控制，并提出相应的考核方法。

思考题二：预算的编制模式对企业的财务管理体制有重要影响。请选择一家企业，分析其选择的预算编制模式，并讨论这种选择可能对公司的灵活性和决策效率产生的影响。

知识要点

一、财务预算概述

随着市场经济的发展，企业以实现整体效益最大化为目标，在现代财务管理过程中，越来越多的企业建立了以预算管理为主线的现代企业管理体系，通过权责分散、监督集中的方式，建立了健全的内部约束机制，从而规范财务管理行为，体现企业的整体优势，创造持续的竞争优势。

预算管理是指利用预算确定和实现企业年度经营目标的过程，是围绕企业的战略要求和发展规划，对预算期间内企业资源的配置、资金的取得和投放、收入和支出、经营成果及其分配等资金运作做出的具体安排。它是以年度预算为导向，以月度、季度滚动预算为控制手段，覆盖企业的生产、经营、管理各个环节，全员参与、全程跟踪与控制的管理过程，是落实经济责任制的依据。

（一）财务预算的概念

财务预算是企业全面预算的一部分，专门反映未来一定预算期内预计财务状况、经营成果及现金收支等价值指标。它包括现金预算、预计利润表和预计资产负债表。财务预算与其他预算紧密关联，整个全面预算是一个数字相互衔接的整体。企业进行财务预算的意义如下：

1. 实行财务预算管理是现代企业管理的迫切需要

现代企业是组织社会化大生产的营利性组织，是市场经济的主体。为了求得企业的生存、盈利和发展，必须打破传统职能管理的界限，将企业视为一个整体，在战略目标及战略计划的指导下，注重企业内部综合协调管理，强化企业管理的计划、组织、控制和协调职能，只有这样，才能让所有职能部门和所属单位的目标与企业整体目标趋同，从而使得投资者的战略决策与经营者的管理行为相一致。这种管理格局无疑需要企业管理有一条主线，将企业各职能部门的管理工作和所属单位的生产经营活动贯穿起来，从而提高企业整体的管理效率和经济效益。因此，实行预算管理是企业管理的迫切需要，搞好企业预算管理并在管理中产生效益，是检验现代企业管理科学化的重要标志之一。

2. 实行财务预算管理是产权制度变革的必然选择

在传统的计划经济体制下，国家是国有企业唯一的投资者（或所有者）。投资者（或所有者）关注的中心是经营成果——首先是产品，其次是利润，管理者的管理中心当然与投资者相一致。随着我国经济体制改革的不断深入，企业的产权结构发生了变化，逐渐趋于多元化，出现了分散的多元化投资者群体，企业也出现了所有权与经营权的两权分离。投资者不仅关注企业当前的经营成果，而且关注企业未来的发展前景；不仅关注企业当前实现的利润，而且关注企业未来的盈利能力和发展能力；不仅关注利润的总额，而且关注利润的质量。在这种情况下，为了适应投资者的需要，经营者对企业的控制和规划，当然也要从经营结果（利润预算）扩大到经营过程（业务预算和资金预算），进而延伸到经营质量（资产负债预算和现金流量预算）。因此，推行预算管理是企业投资者和经营者在产权制度变革新形势下的必然选择。

3. 实行财务预算管理是现代企业财务管理适应财务活动性质变化的有效机制

随着市场经济的发展，我国的经济运行机制与企业体制都发生了巨大的变化。企业与国家、企业与企业、企业与金融机构、企业与职工之间的关系也发生了显著的变化，必须逐渐地按照市场经济规律与等价交换的原则运行。企业的财务活动已成为连接市场和企业的桥梁和纽带，不再是简单的资金收付活动，而是包括资金筹措、投资决策与日常管理等多项内容在内的十分复杂的活动。随着企业财务活动性质的转变，时代对企业财务活动的管理提出了更高的要求。

现代企业的财务管理，不仅要对不同的投资方案进行比较和选择，还要为企业的生产经营活动筹措资金以及对资金的日常运用进行管理。企业能否有效地预算所需资金的金额，是否能有效地筹集资金，并将其配置在适当的地方等，这些企业财务活动的有效与否不仅关系到一个企业的生存与发展，而且将影响到整个社会经济的发展。因此，企业迫切需要建立一个与市场经济体制、现代企业财务活动性质相适应的财务管理机制。根据成功企业的经验，实行预算管理是市场经济条件下现代企业实施财务管理的有效机制。

4. 实行财务预算管理是企业资本经营机制运行的必然需要

引入“资本”概念，开展资本经营是我国建立社会主义市场经济体制和现代企业制度过程中最有意义的进步之一。在市场经济条件下，企业存在的目的是追求利润，企业财务管理的目标是使企业和投资者得到最大限度的财富，即满足资本利润最大化的要求。要使资本能够真正实现利润最大化，就必须建立和完善资本经营机制，必须促使企业按照资本经营机制的内在要求进行运作，广泛有效地进行资本经营。

资本经营机制就是对资金进行有效管理、控制和运行的机制。预算管理是在科学经营预测与决策的基础上，围绕企业战略目标，对一定时期内企业资金的筹集、使用、分配等财务活动所进行的计划与规划，使生产经营活动按照预定的计划与规划进行流转和运动，以实现企业财务目标的有效管理机制，与资本经营机制的内在要求是一致的。因此，实行预算管理是企业资本经营机制运行的必然需要。企业要进行资本经营，必然要引入财务预算管理机制。

5. 实行财务预算管理是促进企业提高经济效益的有效途径

（1）以市场为导向、以销售为龙头、以产定销的财务预算管理，是连接市场与企业的纽带和桥梁。企业在实现理财目标的过程中，要解决的关键问题是把市场需求与企业内部资源有机地结合起来。通过预算管理，企业可以合理配置企业内部资源，以保证最大限度地满足市场需求，长期在市场上获得最大收益。

（2）在市场销售量一定、销售价格一定的情况下，降低成本费用是提高经济效益的关键。在预算管理过程中，在对外扩大销售的基础上，企业始终坚持以成本费用控制为重点，从而为直接提高企业经济效益奠定了坚实的基础。

（3）预算管理实行程序化管理，通过自上而下、自下而上的“讨价还价”过程，企业将预算指标层层分解，落实到各责任单位，将经济效益目标落到实处，为提高企业经济效益提供了可靠的保证。

（4）企业预算管理的重心从经营结果（目标利润）延伸到经营过程（业务预算和资金预算），进而扩展到经营质量（资产负债预算和现金流量预算），为提高经济效益提供了广阔的空间和时间。

企业编制财务预算应当按照内部经济活动的责任权限进行，并遵循以下基本原则和要求：

①坚持效益优先原则，实行总量平衡，进行全面预算管理；

②坚持积极稳健原则，确保以收定支，加强财务风险控制；

③坚持权责对等原则，确保切实可行，围绕经营战略实施。

（二）财务预算的编制步骤

1. 分析企业经营环境以及竞争优势，确定并下达企业财务预算目标

企业董事会或经理办公会根据企业发展战略和预算期经济形势的初步预测，在决策的基础上，一般于每年9月底前提出下一年度企业财务预算目标，包括销售或营业目标、成本费用目标、利润目标和现金流量目标，并确定财务预算编制的政策，由财务预算委员会下达各预算执行单位。

2. 编制上报

各预算执行单位按照企业财务预算委员会下达的财务预算目标和政策，结合自身特点以及预测的执行条件，提出详细的单位财务预算方案，于10月底前上报企业财务管理部门。

3. 审查平衡

企业财务管理部门对各预算执行单位上报的财务预算方案进行审查、汇总，提出综合平衡的建议。在审查、平衡过程中，财务预算委员会应当进行充分协调，对发现的问题提出初步调整的意见，并反馈给有关预算执行单位予以修正。

4. 审议批准

企业财务管理部门在有关预算执行单位修正调整的基础上，编制出企业财务预算方案，报财务预算委员会讨论。对于不符合企业发展战略或者财务预算目标的事项，企业财务预算委员会应当责成有关预算执行单位进一步修订、调整。在讨论、调整的基础上，企业财务管理部门正式编制企业年度财务预算草案，提交董事会或经理办公会审议批准。

二、财务预算目标

（一）确定财务预算目标应遵循的原则

1. 财务预算目标的作用

在编制财务预算之前，必须确定好财务预算目标。财务预算目标应与企业发展目标一致，而财务预算目标的实现应有助于企业长远战略目标的实现。编制预算就是制定近期的目标和方向，并通过执行使得预算管理目标落到实处，促使企业充分挖掘与合理利用一切人力、物力和财力，从而取得最大的经济效益。预算目标的确立，一方面可以起到引导企业各项活动按照预定规划进行、防止出现或及时纠正偏差的作用；另一方面可以最大限度地激发企业员工的积极性，提高企业经济效益。具体而言，科学合理的财务预算管理目标具有以下作用。

（1）明确企业工作努力的方向。由于财务预算目标充分体现了企业整体规划与各级责任单位和个人具体计划相结合的思路，并详细列举了达到各目标拟采取的方法和步骤，因此它有助于各级责任单位和个人做到心中有数，了解自己的工作和岗位在企业整体生产经营活动中的位置，明白自身具体预算目标与企业整体预算目标之间的关系，认清为实现企业整体预算目标的努力方向。

（2）沟通、协调各级责任单位和个人的工作。财务预算目标的制订本身就是一个自下而上、自上而下的上下沟通、协调的过程。在这一过程中，企业内部各级责任单位和个人的利益都被考虑进去，并与企业整体利益相一致。而好的预算目标更是能够起到沟通各方信息、协调各级责任单位和个人配合工作的作用，共同为创造企业经济效益最大化而奋斗。

（3）控制企业的日常生产经营活动。在日常生产经营活动中，企业预算管理者和执行者对企业财务预算目标加以对比、分析后，可以发现工作中的不足，使他们能够及时调整、监督预算的执行与落实，促使生产经营活动有序、稳定及高效地运行。

（4）提供考评与激励各级责任单位和个人的科学依据。科学合理的财务预算目标便于对各级责任单位和个人实施量化的业绩考核和奖惩制度，使企业在激励相关部门和人员时有了合理、可靠的依据，能够对员工实施公正的奖惩，以便奖勤罚懒，调动员工的积极性，激励员工共同努力，确保企业战略目标的最终实现。

2. 确定财务预算目标应遵循的原则

企业财务预算目标作为企业战略目标在特定预算期的具体体现，应适应企业长远战略目标实现的要求，而财务预算目标要通过预算的编制来体现，通过预算的执行、监督来落实。企业财务预算目标必须从企业自身情况和市场经济环境以及对未来发展趋势的预测出发来综合考虑制定，一旦确定，就应当在一定时期内保持其稳定性。在实际工作中，企业财务预算目标的确定应遵循以下原则。

（1）先进性与可行性兼顾原则。财务预算目标作为企业对未来生产经营活动的整体规划，必须注重先进性原则，即目标应高于企业当前水平，以激励企业上下共同努力，推动效益提升。然而，如果过度强调目标的先进性，而忽视企业的技术、管理水平、历史情况等现实因素，导致目标缺乏可行性，反而可能挫伤员工积极性，使其产生畏难情绪，不利于生产和管理方式的改进，最终无助于企业效益的提升。因此，在确定财务预算目标时，必须兼顾先进性与现实可行性，确保目标既具有挑战性，又切实可行。

（2）整体规划与具体计划相结合原则。财务预算管理与企业战略管理有着紧密联系，其目标的选择自然要充分考虑企业战略管理的要求，以便实现企业战略目标。因此，确定企业财务预算目标时，首先应有一个整体意识，凡事都要从全局出发，从企业整体的长远发展来考虑。然而，财务预算管理毕竟不同于企业战略管理，财务预算管理所跨时间一般是1年或更短，而企业战略的时间跨度往往是3～5年或更长；财务预算强调近期特定目标、任务的完成，企业战略则是对企业长远发展的一种战略定位和谋划；财务预算目标与企业战略目标相比应当更加具有操作性，其分阶段的实施将最终实现企业战略目标。因此，为便于实施、控制、考评和监督，还应注意财务预算目标的可分解性，它应当是一个由企业整体规划目标和分解后具有极强操作性的具体计划共同构成的有机体系。

（3）外部市场与企业内部条件相结合原则。财务预算目标不是主观臆想的，它必须以市场预测为基础，脱离市场这一现实基础的财务预算目标很难起到其应有的指导作用。在确定企业财务预算目标时，要充分考虑市场竞争与风险，包括产品市场、原材料市场、劳务市场和资本市场等各种与企业利益相关的市场价格、未来走向等因素；同时，应全面考虑企业内部条件，将外部市场与企业内部条件紧密联系起来，围绕市场做文章。因此，财务预算目标的确定应当综合考虑外部市场与企业内部条件，将两者很好地联系起来，做出最优决策。

（二）财务预算目标的要求

确定财务预算目标能将企业的努力方向具体化、数量化，变成各部门、各层次职工的行动准则。这样不仅明确了企业的工作重点，而且提供了评价工作绩效的标准。预算目标的恰当与否关系到全面预算管理体系是否有效，其重要性不言而喻。

由于预算是决策结果的具体化，因此预算目标应该是决策目标的具体化，必须服从决策目标的要求。正确的财务预算目标要体现以下一些要求。

1. 导向性

财务预算目标要以资本增值为导向，充分反映企业的战略，有利于企业可持续发展和增强企业核心竞争力。

2. 可操作性

在确定财务预算目标时应注意与战略目标区分开来。战略目标是企业面对激烈变化、严峻挑战的经营环境，为求得长期生存和不断发展而确定的总体性谋划目标。财务预算目标一般是年度目标，是对企业的短期规划。显然，财务预算目标不能等同于战略目标，它只是战略的体现，因此，必须选择既反映企业战略又在实际中可操作的预算指标，以此来反映企业财务预算目标。

3. 可行性

财务预算目标应该反映企业未来可能实现的最佳水平，既先进又合理。在确定预算目标时，应避免两种倾向：一是定位过高，这容易导致预算难以实现，缺乏可操作性；二是定位过低，太容易实现，丧失了预算的作用。

4. 有效性

财务预算目标应起到明确责任、有效激励的作用。企业通过责任中心的建立，将企业总预算目标层层分解为责任单位的责任预算目标，最终将责任落实到每个人的身上，使每个人都明确自身的责任，把握努力的方向。财务预算目标既是预算执行的控制标准，又是业绩考核的标准，根据实际数与预算目标的对比进行差异分析，确定预算执行单位的业绩好坏并实施相应的奖惩措施，从而实现有效的激励。

5. 严肃性

财务预算目标必须以客观存在的市场环境、技术发展状况等为背景，以现实参数为依据；同时，财务预算目标需要经过反复测算和调整后方能最终确定，确定后的财务预算目标应保持相对稳定，不随意更改。

6. 层次性

现代企业管理层次可以分为企业高级管理层、业务部门和战略经营单位三个层次。这三个层次在管理控制系统承担的职责和工作不同，财务预算目标也应该与管理层次相适应，以利于企业各管理层次发挥作用。

（三）财务预算目标的内容

财务预算目标是可以从财务角度进行货币计量，如销售增长率、成本降低率、利润、贡献毛益、投资利润率、剩余收益等。企业一般根据责任单位的类型确定相应的财务预算目标，这些财务预算目标反映了责任单位各自应承担的责任和相应具有的权利。

1. 收入责任中心的财务预算目标

收入责任中心是指只对销售收入负责的责任单位，其目的是强化销售功能，加强收入管理，及时收回钱款，控制坏账的发生。对应于收入中心推销产品的主要职能，可以将销售收入作为其预算目标。在考核时，采用销售增长率作为考核指标，其计算公式为：

$$销售增长率=（实际销售收入-预算销售收入）\div 预算销售收入\times 100\%$$

2. 成本费用责任中心的财务预算目标

成本费用责任中心是对成本或费用负责的责任单位。企业内部凡是有成本发生，需要对成本负责并实施成本控制的单位都可以成为成本中心。成本中心只对可控成本承担责任，一个成本中心的各项可控成本之和即构成了该成本中心的责任成本。与此相对应，可以将责任成本作为成本中心的预算目标。在考核时，以成本降低率作为考核指标，其计算公式为：

$$成本降低率=（实际责任成本-预算责任成本）\div 预算责任成本\times 100\%$$

以上公式如果在预算产量和实际产量不一致的情况下，应按弹性预算的方法用实际产量调整预算责任成本项目，使实际责任成本和预算责任成本两者可比。

3. 利润责任中心的财务预算目标

利润责任中心是指对利润负责的责任单位，对此，应将利润作为其预算目标。在各个利润中心的共同成本难以合理分摊或无须进行分摊的情况下，确定利润目标时可以只计算可控成本而不分摊不可控成本。在一般情况下，利润中心的可控成本是变动成本。因此，这时确定的利润目标并不是通常意义上的利润，而是贡献毛益。企业各利润中心的贡献毛益之和减去未分配的共同成本，经过调整后才是通常意义上的利润总额。

在各个利润中心的共同成本易于合理分摊或不存在共同成本分摊的情况下，确定利润目标时应将可控成本和不可控成本均计算在内，即计算完整意义上的利润。

为了便于对利润中心负责人的经营业绩进行考核，有必要将各利润中心的固定成本区分为可控成本和不可控成本，在此基础上进一步确定利润中心负责人可控利润的目标。考虑到有些成本，如广告费、保险费等可以分摊到利润中心，却不能为利润中心负责人所控制，因此，在确定利润中心负责人可控利润的目标时应剔除不可控固定成本。其计算公式为：

$$可控利润=该利润中心贡献毛益总和-该利润中心负责人可控固定成本$$

4. 投资责任中心的财务预算目标

投资责任中心是既对收入、成本和利润负责，又对投资效果负责的责任单位，它具有投资决策权，承担的责任最大。投资中心同时也是利润中心，但投资中心除了寻求利润方面的目标以外，更需要寻求投资效果方面的目标。因此，投资中心的预算目标应该能够体现利润与投资额之间的关系。投资利润率、剩余收益和经济增加值能够满足这一要求，可以用来确定投资中心的预算目标。

（1）投资利润率。投资利润率是指投资中心所获得的利润与投资额之间的比率，它反映投入资产的使用效率。其计算公式为：

投资利润率=利润 ÷ 投资额=销售利润率 × 资产周转率 ×100%

投资利润率能够反映投资中心的综合盈利能力。从投资利润率的分解公式可以看出，投资利润率与收入、成本、投资额和周转能力有关，提高投资利润率应通过增收节支、加速周转、减少投入来实现。投资利润率可以作为选择投资机会的依据，有利于调整资产的存量，优化资源配置。以投资利润率作为投资中心的预算目标，将各投资中心的投入与产出进行比较，剔除了因投资额不同而导致利润差异的不可比因素，有利于进行各投资中心经营业绩的横向比较，并且可以正确引导投资中心的经营管理行为。

使用投资利润率作为预算目标时，往往会使投资中心只顾本身利益而忽视整体利益。比如，当总公司的平均投资利润率为15%，作为投资中心的某子公司的平均投资利润率为20%的情况下，如果有一个投资方案，投资利润率为18%，则从总公司的角度看，该方案可行，而从子公司角度看，为保持其较高的投资利润率可能放弃该方案。

（2）剩余收益。剩余收益是指投资中心获得的利润减去其预期的最低投资收益后的余额。其计算公式为：

剩余收益=利润－投资额 × 预期最低投资利润率

使用剩余收益来确定投资中心的预算目标时要注意该公式中项目的口径应保持一致。利润可以用息税前利润，也可以用税后净利。与息税前利润相对应的投资额是总资产，投资利润率是指总资产利润率。与税后净利相对应的投资额是指净资产，投资利润率是指净资产利润率。总资产利润率是为了强化总资产的运用管理，净资产利润率是为了强化净资产的运用管理，两者目标不尽一致。具体采用哪种形式应该结合投资中心自身的特点加以选择。

上式中的预期最低投资利润率通常是指企业为保证其生产经营正常、持续进行所必须达到的最低报酬水平，一般可以用公司的平均利润率来代替。

以剩余收益作为投资中心预算目标，要求各投资中心的投资利润率大于最低预期投资利润率，这避免了投资中心狭隘的本位倾向，即单纯追求投资利润而放弃一些有利可图的投资项目。这样，可以保证各投资中心获利目标与公司总获利目标取得一致。

（3）经济增加值。经济增加值是指企业利润减去资本成本总额之后的余额。如果不考虑所得税，其计算公式为：

经济增加值=息税前利润－投资额 × 加权平均资本成本

如果考虑所得税，其计算公式为：

经济增加值=税后利润－权益资本 × 加权平均权益资本成本

财务报告中的会计利润只扣除债务资本成本，而没有将权益资本成本作为费用扣除。在经济增加值计算过程中，不仅要扣除债务资本成本，而且要扣除权益资本成本。

由于在经济附加值计算中权益资本成本被准确地计算并从收益中扣除，而在会计处理中则不把权益资本成本作为利润减除项目，因此，采用经济附加值计算的利润要少于向股东报告的基于会计准则计算的会计利润。

经济增加值评价指标有较大的灵活性。对于风险不同的投资项目，管理者可以选用不同的风险调整资本成本。企业内不同业务单位的资本成本可能不同，同一部门内不同风险水平的资产，其资本成本也可能有所不同，如现金或应收款与长期固定资产的风险就不同，经济增加值的计算考虑了实际存在的这些差异。

经济附加值基于经济学的新近发展，特别是“资本资产定价模型”，推导出体现该行业或部门风险特征的加权平均资本成本，它实质上是对剩余收益评价方法的深化。

经济附加值要求企业管理者制定公司全面的资本成本，或者制定某个部门或业务单元的资本成本，这有一定的难度。

知识链接

20世纪60年代中期以前，西方公司的高级管理人员一直不愿意详细测定公司或部门的资本成本，尤其是当他们必须为部门或各类资产的风险程度进行计算时。直到20世纪60年代中期，由学术界推导的“资本资产定价模型”被广泛了解并接受后，公司管理人员才渐渐开始使用该模型评价资本的风险调整成本，并据此计算经济增加值。

（四）财务预算目标的制定

1. 财务预算目标的制定方法

不同层次的责任单位由于权责范围不同，确定的财务预算目标也不同。但是，这些不同层次的预算目标却紧密相连，上层的预算目标可以分解成下层的预算目标。在这些不同层次的目标中，利润目标是关键。由于利润是收入减去成本的结果，因此销售收入目标和成本目标可以根据利润目标来分解落实。在投资额既定的前提下，利润目标的实现意味着投资利润率目标的实现。可见，利润目标是关键的预算目标。与财务预算目标相比较，非财务预算目标的独立性较强，不同部门根据其职能所确定的非财务预算目标并非是一种分解或汇总的关系，但是这些非财务预算目标制定的出发点与要达到的目的是一致的，那就是抓住成功的关键因素，实现财务预算目标。在此，我们仅探讨利润目标的确定方法，以及在此基础上对利润目标的分解落实。

有的企业根据事先预计的销售量、成本、价格水平，按照本量利关系测算可望实现的利润，并以此作为利润目标。如果企业按照完全成本法来测算利润，其计算公式为：

预计利润＝（预计单价－预计单位产品成本－预计单位产品销售税金及附加）× 预计销售数量＋预计其他业务利润＋预计投资净收益＋预计营业外收支净额

运用上式时，应注意预计单位产品成本不能简单地用基期的单位产品成本来替代。在完全成本法下，单位产品成本随着产量的变化而做反向变化，但并非反比例变化。

如果企业按照变动成本法来测算利润，其计算公式为：

预计利润＝（预计单价－预计单位变动成本）× 预计销售量－预计固定成本总额

运用上式时，需要对变动成本和固定成本做出界定。

利润目标作为关键的财务预算目标应具有指导性，它不是业务量、成本、价格的消极后果。相反，它对上述因素的未来发展起着某种规定或约束作用。上述按照完全成本法或变动成本法测算利润并据此确定利润目标的做法具有共同的特性，即销售量、成本、价格等因素为自变量，以它们的事先存在为前提，利润只能是因变量，缺乏指导性。合适的做法是：首先确定利润目标，其次及时地落实为实现利润目标而需要在产量、成本、价格等方面所要达到的目标及有关措施。确定利润目标的步骤大致如下。

（1）确定利润率标准。在调查研究的基础上，了解和掌握企业历史最高利润率以及当前同行业或社会平均的利润率水平，从中选择某项先进合理的利润率作为预测基础。可供选择的利润率主要有销售利润率、产值利润率和资金利润率。利润率标准不应定得过高或过低，否则会影响有关部门或人员的积极性和主动性。

（2）计算利润目标基数。将选定的利润率标准乘以企业预期应达到的有关业务量及资金指标，便可以测算出目标利润基数。其相关计算公式为：

$$利润目标基数=预计销售额 \times 销售利润率标准$$

$$利润目标基数=预计工业总产值 \times 产值利润率$$

$$利润目标基数=预计资金平均占用额 \times 资金利润率$$

（3）确定利润目标修正值。利润目标修正值是指对利润目标基数的调整额。一般可以先将利润目标基数与按照本量利关系测算的利润进行比较分析，然后按照本量利分析的原理分项测算为实现目标利润基数而应采取的各项措施，即分别计算各因素的期望值，并分析其可能性。如若期望值与可能性相差较大，则适当修改目标利润，确定利润目标修正值。这个过程可以反复测算，直至各项因素期望值均具有现实可能性为止。

（4）确定利润目标。最终下达的利润目标应该为利润目标基数与修正值的代数和。它应反映或能够适应预算期企业可望达到的生产经营能力、技术质量保证、资金物资供应、人员配备以及市场环境约束等条件。利润目标确定后应层层分解落实，作为采取相应措施的依据。

2. 制定财务预算目标需要考虑的关键因素

任何目标的确立，从根本上讲都是委托者和代理者利益的协调过程。科学的财务预算目标有利于企业的长期发展，有利于日常管理工作的有序进行，有利于战略的最终实现；反之，不好的财务预算目标会使管理效率与效益大打折扣，使企业的管理工作处于无序的境地。

财务预算目标要根据企业战略目标来制定。企业战略与企业的发展方向、未来目标、实现目标的途径和政策的选择或决策有关，是对企业内部条件与外部环境根本性变化的积极反应。企业战略决策涉及企业经营方向和范围的改变，回答了企业在面对环境和条件变化的情况下何去何从的问题，规定了企业的宗旨和目标，以及实现目标的途径。财务预算目标是根据企业战略目标在近期内的具体化，根据外部环境与企业内部资源结合后在近期内的实施计划。因此，要根据企业不同的发展时期和不同的战略来制定不同的经营目标。

（1）市场启动期。这一阶段，企业要对技术开发和随后的市场营销进行大量投资。如果在这个阶段工作成功，则需要在固定资金、营运资本、市场营销上进行更大的投资；但如果在这一阶段工作失败，企业在该项目上的现金流可能是负值。另外，实物投资弹性小、调整难度高，因此其投资风险大；同时，市场启动期需要研究与开发费用、市场调研费用，这些收益性支出都是企业在初始阶段必不可少的，因此融资风险较大，必须加强对资本的预算。

（2）市场成长期。此时企业所面临的风险主要来自两方面：一方面是产品能否为市场所完全接受，能在多高价格上被接受，即表现为经营风险；另一方面是现金流为负值，即由于大量市场费用投入及各种有利于客户的信息条件和信用政策的制定，从而补充了大量的流动资产。因此，现金流量仍然出现入不抵出的状态，此时，全面预算管理的重点是提高市场占有率，以营销目标管理为中心。

（3）市场成熟期。在这一阶段，一方面市场增长减慢，但企业占有相对较高、较稳定的市场份额，市场价格也趋于稳定；另一方面由于大量销售和较大资本支出使现金流量为正数，企业经营风险相对较低，潜在压力却相当大。此时，企业可以采取以市场为导向、以成本预算为核心的预算管理模式。

（4）市场衰退期。此时，一方面原有市场产品已经被市场所抛弃或者被其他产品所替代，因此市场趋于萎缩；另一方面财务特征主要是大量应收账款，而未来的潜在投资项目均未停滞，此时现金流量是预算中的一个核心问题。因此，以现金流量为核心，必然是该时期的主要目的。

3. 财务预算目标的分解

财务预算目标确定之后，为便于执行、控制、考评和监督，企业还需要采用科学的方法，分解落实到企业各级责任单位和个人，这样企业各级责任单位和个人都可以在日常的生产经营中随时将实际情况与预算对比，寻找差异，解决问题。分解后的目标应当是企业整体预算管理目标的具体体现，这将最终使得企业整体预算管理目标实现。企业全面预算管理目标不是一个或几个财务指标，而是由企业内部各级责任单位和个人的具体财务预算目标与企业整体财务预算目标一起构成的一个目标体系。财务预算目标分解的方式通常有以下几种。

（1）倒挤方式。这种方式较为传统，它首先把不确定因素较小的责任单位和个人的具体预算目标确定下来，然后在企业整体预算管理目标中逐一扣除，逐步倒挤出企业内部各级责任单位和个人的具体预算目标。

（2）固定比例分配方式。企业采用固定比例分配方式分解整体预算管理目标时，应当充分考虑企业内部各级责任单位和个人以往在实现企业整体预算管理目标中贡献能力的大小，合理确定一套固定的分配比例，据此将已经确定的企业整体预算管理目标按比例分解、落实。比例应由企业预算管理委员会协同各责任单位和个人商定，一经确定，在无重大变故发生的情况下要保持其相对的稳定性。

（3）基数法。与固定比例分配方式不同，基数法是以各级责任单位和个人上年完成预算目标或前几年完成预算目标的平均数为基础，预测预算期发展速度，在此基础上分解、确定预算目标的方法。这种方法简便易行，应用面广。但基数法本身存在较多不规范、不合理的问题。

（4）因素分析法。因素分析法程序比较烦琐，它需要将有可能影响各级责任单位和个人预算期间预算目标完成情况的各种有关因素综合起来，采用一定的分析方法进行分析，最终合理分解，落实企业整体预算管理目标，确定各级责任单位和个人的具体预算目标。这种方法需要分析影响企业的各种因素，看似准确，其实可靠性不强。其原因在于：一方面它的分析计算工作量大，程序烦琐、效率较低；另一方面由于面面俱到，往往顾此失彼或者抓不住主要矛盾，从而影响目标分解的准确性与合理性。

（5）自主申报方式。自主申报方式是指由企业预算管理委员会召集各级责任单位和个人（或代表），在说明预算期间企业整体预算管理目标和相关企业内外部环境的背景下，动员各级责任单位和个人根据自身实际能力与实际状况，自主申报其各自在企业整体预算管理目标中愿意承担的份额，经过预算管理委员会的修正，据以进行分解的方法。

上述几种方式可以结合运用，实践中还有其他方法的具体应用需要我们不断地总结和创新。

三、财务预算管理体制与编制模式

（一）财务预算管理体制

预算组织是预算机制运行的基础环境，预算目标的实现必须建立在完善的预算组织基础之上。预算组织应当由财务预算组织和预算执行组织两个层面组成。财务预算组织与预算执行组织并非是相互脱离的两个层面，它们之间存在着相互协调和配合的关系，财务预算组织机构和人员也必须承担相应的责任，因此它们又是预算执行组织中的一员。对于企业多数机构而言，它们都具有财务预算组织和预算执行组织的双重身份。

1. 财务预算组织的构建

财务预算组织是指负责财务预算的编制、审定、协调、调整和反馈的组织机构和人员。财务预算组织机构是各项财务预算职能的执行主体，其设立与财务预算的循环密切相关。

（1）财务预算机构。设置财务预算机构是预算机制运行的首要环节，财务预算的组织与协调工作将由该机构全面负责。设立的财务预算组织机构具有以下几种形式。

①专门的预算部门。专门的预算部门负责经营活动和财务状况的调查、预测、规划及预算的制定。有些企业还设立主管研究开发部门，以完成相关的工作。

②总参谋部。总参谋部是负责综合性规划的部门，或者是为全面经营管理服务的部门。总参谋部无论如何设置，都要具备充分担负与协助最高层或全面经营管理层的功能。

③委员会组织。在制定和推行经营预算方面，企业有时还采用委员会制度。比如，设立直属公司总经理或常务董事会的下级机构长期预算委员会，以便征求有关部门的意见，促进各个部门之间的意见交流，在预算实施阶段保证更好地完成预算。此外，由于委员会由各个有关部门推选出来的委员构成，委员都代表各个部门的利益，委员会容易流于形式。因此，大型公司还需要在委员会内部再设置专门或专题委员会开展具体的活动。

④机动组织。为弥补部门组织或委员会的缺陷，有的企业设立了机动组织，如专项小组或特别工作组。这是针对有关项目由专家临时组成的组织，项目完成之后工作组随即解散。

通常，预算目标的确定、预算审批和下达、预算调整、内部仲裁等需要“集权”的预算决策和调控职能，均由财务预算机构承担。具体而言，其主要职责与权限有：一是审议并确定预算目标、政策和程序；二是审定、下达正式预算；三是根据需要调整甚至修订预算；四是收集、研究及分析有关预算与执行业绩报告，制定相关控制政策和奖罚制度；五是仲裁有关预算的冲突。

财务预算委员会是企业内部财务预算的最高权力机构。当然，其审定后的预算最后还要呈请董事会批准。

（2）预算编制机构。预算编制机构包括与预算编制基础资料的供给和预算编制相关的机构。

①编制预算基础资料供给机构及其相互关系。预算涉及供、产、销各个方面，编制预算所需要

的各项基础资料也需要由各个有关部门分别提供。由于这些基础资料属于各个部门的分内之事，不需要专门设置机构或人员，而是要求各个部门按时按照要求提供即可。然而，企业各项业务预算之间具有密切的联系，其中，至少有一项业务预算制约着其他业务预算。在市场经济环境中，绝大多数企业的制约因素都是销售数量。因此，销售预算制约着其他预算，其准确与否决定整个预算内容体系的质量好坏，也关系到财务预算的成败。因而，各个预算资料供给机构也应当相互联系、相互配合，并具有不同的层次。

首先，应当由营销部门提供编制销售预算的各项资料，并提供销售预算的初稿。某些大型企业设有专门的市场调研部，或者至少在营销部门下设市场调研组，专门负责市场调研及销售预测，并由该机构提供销售预算的有关资料。财务预算委员会将其与销售目标比较，并将经过讨论后初步认定的销售预算分发给各个部门，使之成为其他部门提供预算初稿的参考依据。随后，生产部门结合销售需要及各项资源许可，提供生产预算及相关成本预算初稿及其编制依据。供应部门根据生产需要，提供原材料采购及相关现金流出的预算初稿及其编制依据。其他部门根据与供、产、销之间的关系，提供本部门相关费用预算及其编制依据。如果是受原材料供给制约的企业，其预算资料的供给程序首先由供应部门提供原材料供给预算，生产部门据此提供生产预算，销售部门根据生产预算编制销售预算。

②编制预算机构。预算资料由各个相关部门分别提供，但正式预算的编制还需要由专门的机构承担。因为预算编制并非是对各个部门预算的简单汇总，而是将各项预算与企业目标进行磨合，最终编制全面预算，并且将其分解落实为责任预算。其中，还涉及各项预算之间的汇总、协调及综合平衡等问题，工作量大而且需要专业技能的人员，最好由专门预算编制机构负责。通常，预算编制机构可以由财务和计划部门兼任，以财务部门为主，但应当由专人负责，以保证预算编制的速度和质量。

（3）预算监控机构。预算监控机构是实施预算监控职能的机构。由于预算监控的对象是预算的执行，而预算执行单位是整个企业各个环节、各个部门，因此预算监控应该全面、系统。有效的监控应该借助各个部门、各个成员的共同努力，它是预算执行者之间自我监控和相互监控的结合。所以，预算监控机构应当是各项职能及各个专业所对应的纵横交错的监控网。

（4）预算协调机构。预算协调既体现在预算编制过程中，而且应该在预算执行过程中发挥日常管理作用。预算协调也涉及各个方面：既有各项资源内部的协调，又有各项资源之间的协调；既有各个部门内部的行为协调，又有各个部门之间的行为协调等。因此，预算协调职能并非由专门设置的独立机构承担，各组织机构均应当在全局整体利益的驱动下，自觉承担预算协调机构的职责。比如，劳动人事部门应当配合财务预算进行人力资源的协调工作，力求各级、各类人员在各个部门内部和各个部门之间有效搭配。

（5）预算反馈组织。预算规划和控制职能离不开反馈。财务预算委员会、预算编制机构、预算监控机构、预算协调机构发挥作用的前提是要有完善的反馈组织作为后盾。预算反馈组织即预算信息流组织，预算反馈信息流是预算下达过程的逆向信息流动，是预算执行情况自下而上层层汇集和向上报告的过程。

预算执行依赖于一个由若干不同层次的预算责任单位组成的预算责任网。由于各个预算责任单位具有各自不同的预算目标，在执行预算的过程中又必须将实际执行情况随时进行反馈，因此，预算信息流组织需要通过分级核算、逐级汇报的方式实施不同的预算计划。各级责任单位为了把握预算执行情况，都应该进行自我核算并及时进行信息反馈。由于预算信息的传递依赖于所有预算执行单位的共同作用，因此，信息反馈组织与预算执行组织有着十分密切的关系。

2. 预算执行组织的构建

预算执行组织是指各个层次责任预算的执行主体。高效运行的预算执行组织是实现高效率和高效益的保障，为此，预算执行组织的设置应该根据企业生产经营特点和企业组织形式，通过全面的分析，建立结构合理的预算责任网络。

预算责任网络中的组成部分即为责任中心，责任中心是组织内部具有一定权限，并能够承担相应经济责任的内部单位。一般而言，责任中心必须具备的条件为：具有承担经济责任的主体，即责任人；具有确定经济责任的客体，即资金运动；具有承担经济责任的基本条件，即职权；具有考核经济责任的基本标准，即经济绩效。凡是具备以上条件的单位或个人均可以构成责任中心。预算责任网络与企业组织结构密切相关，在层阶制组织管理中，预算责任网络必然也是层阶制。当然，预算责任网络不应该仅仅根据传统职能式的组织结构设置，而应当围绕预算目标的实现，根据必要和高效的要求进行作业分析，然后建立同质作业型的责任中心。

根据各个责任中心的权责范围，预算责任网络可以归结为三个层次：投资中心、利润中心和成本费用中心。预算责任网络应该是一个包容、明确每一个部门、每一个人员职责的全方位网络。

（二）财务预算编制的模式

财务预算是一个循环过程，包括制定目标、计量实际业绩、比较实际与目标及采取纠正措施等一系列步骤。其中，制定目标是财务预算的起点。从制定财务预算的过程分析，财务预算目标的制定可分为两种模式。

1. 自上而下模式

自上而下模式以两个最基本的假定为前提：一是假定企业与企业集团的主要目标是使利润最大化；二是企业各级管理层和员工都具有惰性。因此，其工作过程需要进行严格的控制。在这种假定下，企业集团总部将下属各个子公司或各级职能部门视为财务预算的被动主体，预算目标完全来自上层管理者，下层只是被动的执行单位，没有独立决策权。这种模式适用于集权制企业集团。

2. 自下而上模式

自下而上模式深受现代管理理论的影响，该模式强调以下几点：

第一，管理者及职工的激励机制更多地在于参与与认同，并不完全是财务性目的。

第二，企业及集团的目标不是利润最大化，而是利润最优化。

第三，集团公司的目标与子公司或职能部门的目标并不总是一致的，因此管理总部应当尽可能地使子公司或职能部门和个人目标与集团目标一致。在此情形下，管理的协调职能显得更加重要。而所有部门和人员共同参与制定财务预算，并对预算本身有着良好的认同，这一认同为管理上的协调提供了坚实的基础。

自下而上模式强调预算来自下属预算主体的预测，来自子公司自身；总部只设定目标，只监督目标执行的结果，而不过多地介入过程的控制。可见，该模式更多地适用于分权制集团公司。

自下而上模式最大的优点在于：能够发挥二级单位的积极性，强化其参与意识，并具有管理的认同感。其最大的缺点在于：难以避免二级预算单位在预算编制上的“宽打窄用”。解决问题的方法只能在预算制定过程中经过几下几上、讨价还价的过程，才使预算为各方所接受。事实上，任何可行的预算方案都离不开这一过程。

分权化趋势表现在企业财务预算上越来越重视子公司或职能部门自身的规划，总部只是在一些重要的控制环节上对预算起调控作用。

四、财务预算执行、控制与考核

财务预算管理是由财务预算的编制、执行、控制及预算考核组成的一个完整的控制系统。在实际工作中，完成财务预算的编制、调整、分析等技术性的工作并不困难，难的是涉及人们利益的决策和行为的控制。

（一）财务预算的执行

1. 财务预算执行前的准备工作

财务预算执行之前需要经过几个准备步骤来保证预算的有序执行，保证预算体系运转良好。

（1）预算的审查通过。预算编制完成之后，需要经过专门的预算管理委员会或由董事会授权的机构审查通过才能够正式执行。预算管理委员会一般由企业董事长或总经理担任主任委员，企业内部各相关部门的主管作为成员，还设有预算管理委员会秘书长一职。委员会作为企业预算体系的最高管理机构，承担审阅财务预算和主要经营预算合理性和整体利益协调性的责任。在考虑企业的战略规划和远景目标的基础上，预算管理委员会对预算年度的主要预算进行认真讨论、分析，肯定企业主要预算中数据的合理性并批准执行。如果有不合理或与企业整体利益相悖的地方，预算管理委员会就会要求相关的业务或职能部门进行修改，否则不能批准其执行。

（2）分解下达预算。

①预算的分解。年度预算经过预算管理委员会批准后，为了在实际生产经营中得到顺利执行，需要把年度预算分解成更为具体的时间段，如分为季度、月份乃至旬，有条件的企业还可以分解到天。这样，企业才可以在日常的生产经营中随时将实际情况与预算进行对比，寻找差异，解决问题。

②预算的下达。预算经过分解之后，要针对不同部门传达各自需要的预算。通常来讲，关于企业整体完整的总预算仅限于分发给企业高层管理人员，以及经高层管理人员授权的其他人员。分送给部门主管及中层管理人员的预算则不需要完整，但要保证跟他们的权利和职责有关的总预算的部分和该部分的分解预算都能够传达到位。

需要特别注意的是，预算的分发下达要注意保密。一般来说，企业可以将各项预算连续编号并保留分送对象的编号记录，年度终了时收回，并集中销毁。

（3）讲解预算。企业员工只有充分了解预算编制的依据、原理，明确自己在预算执行中的任务，才能够保证预算执行的成功。企业编制预算的时候虽然遵循全员参与的原则，但实际上主要的关键性步骤还是由管理人员和专业人员完成，企业一般员工对预算的理解并不一定完全正确，甚至还可能出现抵触情绪。因此，对预算的说明和讲解非常必要。预算分发下达以后，应该以部门、各小团队为单位，举行一连串的预算说明会议，专门讲解企业总体计划以及本部门、本团队的任务，使每个员工都能找到自己的位置。

2. 财务预算执行结果的分析

财务预算执行结果分析的内容有：

（1）在占有信息的基础上，各责任单位要对预算完成情况进行动态跟踪控制，不断纠正偏差，确保预算目标的实现。

（2）按月对预算执行结果进行差异分析，分析差异产生的原因，制定纠偏措施。

（3）纠偏要遵循重要性原则。

（二）财务预算的控制

1. 财务预算控制的内容

财务预算控制主要针对现金预算进行控制。良好的现金控制制度非常重要，因为现金多余和不足，特别是不足，给企业带来的潜在影响很难估计。

实际现金收支与预算收支的差异一定会存在，发生差异的原因可能有现金影响因素的变化、突发事件对生产经营的影响、现金控制不得力等。管理层为了缩小差异，避免出现现金不足，可以采取的方法有：加大应收款的催收力度；减少付现费用；延迟资本支出；推迟待付的款项；在不影响生产经营的基础上减少存货数量。一般而言，对现金预算进行控制可以采用以下两种方法。

（1）对现金及未来可能的现金状况做出适当和连续的评价。这一程序涉及定期评估和截至报告期为止所发生的实际现金流动情况及对下一期间可能发生的现金流量的再预测。

（2）保存逐日（或更长间隔期间）的现金状况资料。为减少利息费用，确保现金充足，有条件的企业可以对现有现金状况每天进行评估。这一方法特别适用于现金需要量波动幅度较大、分支机构分散且有庞大现金流量的企业。在实际经济活动中，有很多企业都采用编制现金收支日报表的方式来控制现金流量。

2. 财务预算控制的实现条件

财务预算控制的实现条件是环境，环境是影响财务预算控制的最主要因素。环境是指预算控制系统赖以运行的条件，它分为内部环境和外部环境。一般而言，企业的外部环境是指社会环境、政治环境、经济与法律环境、市场环境等，这些外部环境都具有相当大的不确定性。这些不确定性对企业而言是不可控因素，由于这些不确定性，使企业无论在会计计量上还是在分析上都存在相当大的难度。考虑到这一客观现实，我们暂不考虑企业的外部环境，但这不是说否定它对企业预算控制所起的客观影响。企业的内部环境包括组织结构、责任分配与授权、组织信奉的诚信原则和道德观念、管理哲学和经营风格、人力资源政策与实务，以及企业的技术水平等。一个有效的预算控制系统总是由一个良好的环境来支撑。接下来，我们从内部环境中的三个层面来分析预算控制的实现条件。

（1）组织层面。组织层面是指企业的组织结构、预算控制的组织体系及企业权力和责任的分布。组织层面是预算控制系统运行的基础。

①企业组织结构。企业的组织结构在企业管理中起支撑作用，是实现企业经营战略目标的基础和保证，也是预算控制实施的载体。管理过程犹如人体运动过程及各种状态，管理者通过种种运作方式，运用组织结构中不同部门的不同活动的组合，使企业中的人流、物流和信息流正常流动，并

最终实现企业经营目标。要想使预算控制系统发挥最大的作用，组织结构的整合必不可少。组织结构的整合应以业务流程重组为基础，对业务流程的变化予以支持和配合。组织流程化整合应以顾客为中心，以企业战略为导向，以企业流程的系统优化为依据，进行作业分析并建立作业中心，进行流程分析并建立流程中心，最终形成战略层—经营层—作业层三层组织结构。

②预算控制的组织体系。以企业自身组织结构为基础的预算控制组织体系是预算机制运行的基础环境。预算控制组织体系包括预算管理组织和预算执行组织两个层面。预算管理组织负责预算的编制、审定、协调、调整和反馈；预算执行组织是预算执行过程中的责任单位构架，即各层责任预算的执行主体（各责任中心）。预算管理组织层和预算执行组织层并不是相互脱离的两个层面，而是一种相互协调和配合的关系。预算编制需要各责任中心的参与，预算反馈组织就是预算的执行组织。对于企业的绝大多数机构而言，它们都具有预算管理和执行的双重身份，如此纵横交织的预算组织网才能有效地保证预算机制的良性运行。同时，预算执行组织（预算控制责任中心）的结构与其组织结构相对应，组织结构的类型决定了预算责任网络的布局，经过战略整合之后的企业组织分为战略层、经营层和作业层，根据各层级的不同权责可以将战略层界定为一个投资中心，将经营层界定为利润中心，将作业层界定为成本费用中心。

③企业权力和责任的分布。在企业组织结构整合的过程中，伴随着企业权力和责任的分布。企业权力与责任的分布要遵循两条原则：一是各组织权责利对等原则；二是不同组织在权限上立足于决策权、执行权、监督权三权分立的原则，以保证权力的相互制衡及预算系统的有序运转。在实际工作中，预算编制在经过自上而下和自下而上相互协调沟通之后，其决策权最终应落实在企业战略层，由这一权威组织进行决策、指挥与协调；预算的执行层则由各责任中心负责组织实施，辅以对等的权责利关系，监督权由更为独立的监督机构来行使，从而形成独立的权力间的制衡系统。这种制衡本质上就是运行机制。因此，预算控制不应简单地看成企业内部管理的一种方法，而是一种新的管理机制。

（2）行为层面。行为层面是指预算控制系统中的各当事人都是受个人利益的驱使而行为。个人利益是预算控制体系运行的原动力，这里的个人利益不单指经济利益即公司奖赏，还包括对出色完成工作的满足感、表扬、责任、自尊心及工作本身的性质等。一个有效的预算控制系统不可忽视这些调动个人积极性的复杂因素。行为层面是预算控制系统有效运行的关键，它具体包括预算过程的参与及货币性与非货币性奖励。

①预算过程的参与。单纯的自上而下或自下而上的预算过程都是无效的。“自上而下”即高层管理人员为低层管理人员制定预算，这种方式几乎不起作用，它导致预算者缺乏约束，而且使计划的成功遭受危险。“自下而上”的预算最可能达到预算目标的约束作用。然而，如果不仔细控制，它可能导致目标太容易实现或者与公司总体目标不相符。有效的预算过程应当是两种方法的结合。预算者为他们的责任区编制预算的第一稿，这是自下而上；但他们必须遵守公司高层制定的指导原则，高层管理人员复查和评论这些预算提案，这是自上而下。然而，预算过程应当是公平的，如果上级修改预算数据，它必须使预算编制者相信这一修改是合理的。

研究表明，预算参与对管理者的激励有正面影响，理由在于：一是参与式预算更容易被接受。如果预算目标被看作是在自己控制下制定的，而不是外部强加的，那么预算更容易被接受，这会使对个人实现目标的约束更强。二是参与式预算使信息交换频率更高。经批准的预算数据得益于最接近生产和销售环境的预算者的专长和个人知识。再者，通过在复查和批准阶段与上级相互交流，预算者对他们的工作有更清楚的认识。参与式预算对在不确定环境中经营的责任中心特别有利，因为这些责任中心的管理者会拥有关于影响他们的收入和支出变量的最佳信息。

然而，参与式预算也存在三个潜在的问题：一是将预算标准定得过高或过低。如果目标太容易实现，经理人员就可能失去兴趣，可能导致业绩下滑。挑战性对于奋发向上和富有创造性的经理人员来说相当重要。同样，预算制定得过高，将无法实现这些标准并使经理人员遭受挫折，而这种挫折也会导致更差的业绩。因此，理想的预算是既具有挑战性又具有达到目的的可能性。二是预算过于松弛。预算松弛会使经理人员更有可能达到预算目标并随之减少他所面临的风险；同时，虚报预算也不利于企业资源的有效配置。三是伪参与。这是指高层管理人员仅仅追求低层经理人员的表面性参与，而自身却承担了对整个预算编制过程的控制。高层管理人员只是得到低层经理人员对预算的正式认可，而不寻求其真正参与。因此，参与式预算行为方面的利益也就无法实现。

②货币性奖励与非货币性奖励。人的积极性受多种因素的影响，仅靠货币性的奖励不足以使经理人员的积极性达到预期水平。非货币性的奖励包括充实工作、增加责任与自主权，以及实施非货币性的表彰等，这些都可以用来加强预算控制制度。在调动当事人积极性的同时也要建立起与预算相配套的职业道德、内控制度和惩罚措施。

在一个公司中推行预算控制意味着该公司的成员由一种行为方式转变为另一种行为方式。这其中不可避免地要触动文化传统和积以成习的惯例，不可避免地要与利益和权力重新分配相交织，因而这个转变并非易事，我国还有很多公司没有实行预算控制，关键在于行为层面。

（3）技术层面。技术层面是指为保证预算控制系统有效运行的技术支持。预算控制是由预算编制、执行、调控及考核所组成的一个完整的控制系统，其运行与协调需要有一定的技术支持。只有企业管理实现电算化，所有相关部门均处于同一信息系统中，才能实现信息资源共享，预算控制所需的资料才能及时、全面地取得。首先，在预算编制过程中，弹性预算、滚动预算及零基预算等预算编制方法的运用都需要有相关的技术支持。其次，在预算执行调控过程中，通过计算机网络技术可以使得企业随时跟踪预算的执行情况，各责任中心可以及时进行信息反馈，发现并纠正偏差，从而实现过程控制。最后，在预算考核过程中，通过计算机及网络技术，一方面可以随时进行动态考核；另一方面在最终进行静态考核时，将实际业绩与预算标准进行对比，计算差异并进行差异追踪，可发现差异产生的原因，从而有利于业绩评价及下一年预算的制定与执行。此外，技术层面还表明：预算控制具有科学性，代表一种简捷、高效率的企业管理机制。

（三）财务预算的考核

财务预算的编制仅仅是预算管理的开始。为发挥预算的作用、体现预算管理的权威性，必须对预算执行结果进行跟踪、分析和考核。没有考核，预算工作无法执行，预算管理变得毫无意义。

1. 财务预算考核的作用

财务预算考核是管理者对执行者实行的一种有效的激励和约束形式。预算考核是预算控制过程的一部分。财务预算考核在整个利润预算管理循环过程中是一个承上启下的环节，具有以下一些作用。

（1）确保目标利润的实现。目标利润确定并细化分解以后，预算目标就成为企业一切工作的核心，具有较强的约束作用。在预算执行中，管理者对预算执行情况与预算的差异适时进行确认，及时纠正资源管理上的浪费与执行中的偏差，可以为预算目标的顺利实现提供可靠的保障。

（2）可以衡量有关预算目标的实现程度。预算考核可以帮助管理者了解企业所处的环境及发展趋势，进而衡量有关预算目标的实现程度，评估预算完成后的效益。

（3）可以作为管理者完善并优化整个利润预算管理系统的资料依据。对利润预算执行结果的考核，可以反映整个企业的经营业绩，它是编制下期预算的有价值的资料，是管理者完善并优化整个利润预算管理系统的资料依据。

（4）可以作为对执行者业绩评价的重要依据。利润目标的层层分解和延伸细化，使企业全员都有相应的预算目标。这种预算目标与执行中的经济活动在时间上相一致，其经营环境和条件也基本相同。以预算目标与执行者的实际业绩相比较，评价执行者的业绩，确定责任归属，比较公正、合理、客观，尤其是对企业人才的业绩评价具有较强的说服力。

（5）增强了管理者的成就感与组织归属感。预算考核具有较强的激励作用，通过预算考核肯定了作为预算责任主体的管理者的工作业绩，这是企业对管理者工作业绩的认可。将工作业绩与奖惩制度挂钩，势必增强管理者的成就感与组织归属感，从而进一步激发管理者的工作能动性。

2. 财务预算考核的内容

预算考核应以企业各级预算执行主体为考核对象，以预算目标为考核标准，以预算完成状况为考核核心。通过预算实际执行情况与预算目标的比较，确定差异并查明产生差异的原因，进而据以评价各级责任单位和个人的工作业绩，并与其相应的激励制度挂钩，使其利益与相应的工作业绩紧密相关，以充分调动各级责任单位和个人的工作积极性，促进企业整体效益的提高。

预算考核包括期中及期末预算考核两种形式。期中预算考核是指在预算执行过程中进行的、依照企业全面预算内容对预算实际执行情况和预算指标进行考核、比较，发现其间的差异及造成差异的原因，为企业生产经营过程中的纠偏和事中控制提供及时可靠的依据。期末考核是指在预算期末对各预算执行主体的预算完成情况进行的分析评价。目前，企业的预算考核多以期末预算考核为主（期中预算考核更多地体现在预算控制过程中），期末预算考核又多以成本费用、利润及投资报酬率等财务指标的考核为主。

3. 财务预算考核的程序

财务预算考核工作通常按照以下程序进行。

（1）广泛收集相关的信息资料。在进行预算考核之前，首先要收集到考核所需要的全部相关资料，包括各种财务数据和非财务数据指标。准确、齐备的关于预算执行情况的相关资料是科学进行预算考核工作的基础和先决条件。

（2）比较预算与实际执行情况，合理确定预算差异，根据实际情况与预算差异的性质不同，可以将其区分为不利差异和有利差异。有利差异是指实际情况优于预算目标的差异额，如实际收入大于预算收入，或者实际成本费用低于预算成本费用等；不利差异是指实际情况不如预算目标的差异额，如实际收入低于预算收入，或者实际成本费用高于预算成本费用等。预算考核的目的之一，正是消除不利差异，确保预算目标的实现（或扩大有利差异）。

比较、确定成本差异是预算考核工作中的一项重要工作，它可以具体掌握差异形成的原因和责任，以便采取相应的措施，消除不利差异，发展有利差异，实现对成本的有效控制，不断降低成本，提高企业经济效益。

（3）分析差异形成的原因，明确相关经济责任。对预算执行结果实际差异的分析，应侧重于对重点差异的分析，遵循重要性原则。分别针对不利差异和有利差异分析其产生原因，采取应对措施。在分析过程中，一定要特别注意那些名为有利差异、实为隐性不利差异的现象，以防止盲目乐观、忽视潜在的隐患，如销售部门为降低本部门的销售费用而削减了必要的广告费支出，使得企业市场份额减少。从长远来看，这样做将会影响企业的销售收入和利润。对这种差异的分析一定要细致，尽量做到防患于未然，及早指出其危害，使之对企业全面预算与整体目标实现所产生的危害降到最低。

课堂思考

如何利用财务预算管理体制，使企业更好地适应市场变化？请提供一个具体的案例进行分析。

___

___

学习总结

学习项目	学习目标	评分
学习过程评价	评估学生的学习方法和策略，如笔记记录和学习情况	
	评价学生的学习态度，如上课专注度、参与度和课堂表现等	
	评价学生的合作情况，如团队合作和课堂互动等	
学习成长评价	设计自我评价的方式，让学生评估自己的学习进步和成长	
	促进学生的反思能力，引导他们思考学习过程中的挑战和改进方向	
	评估学生目标的达成情况，帮助他们认识到自己的成就和进步	
合计：综合分数______________。师评（70%）+ 自评（30%）		总分：10 分

任务四 财务分析

情景导入

随着公司的不断发展，张峰认识到财务分析是保持竞争优势的关键。他亲自带领团队深入研究财务分析的概述、内容和主要方法。通过分析公司的财务报表，团队发现了一些隐藏在数据背后的价值信息。张峰意识到，财务分析不仅是发现问题的工具，更是制定战略和决策的智慧之源。

在“数据智谷”这座科技城堡里，张峰和他的团队通过财务预测、财务决策、财务预算和财务分析的智慧之桥，成功引领公司走上了一条繁荣之路。这条路上，不仅有对大数据时代下财务管理知识的深刻理解和实践运用，还有丰富多彩的团队协作和创新精神，为企业创造了一个更加稳健的未来。

深思熟虑

思考题一：在上述情景导入的故事中，通过财务分析发现了隐藏在数据背后的价值信息。请选择一种财务分析方法，思考它如何帮助企业更好地了解财务状况，并提出在大数据时代如何进行更全面深入的财务分析。

思考题二：财务分析对企业决策的影响是怎样的？请选择一个企业，分析其在财务分析过程中可能面临的挑战，并提出如何克服这些挑战以提高财务决策的准确性。

知识要点

一、财务分析概述

（一）财务分析的概念

1. 财务分析的本质

财务分析是以企业单位财务报告所提供的财务指标及有关其他经济信息为主要依据，对企业的财务状况、经营成果及现金流量等进行剖析、解释和评价的一种经济管理方法。分析是人们观察、了解、把握客观事物的最根本方法之一，财务分析则是企业认识、了解、观察、把握财务活动的最根本方法之一。任何经济管理都是基于人们对管理对象的认识、了解，并以其掌握客观经济活动规律而展开的。因此，财务分析是企业经济管理的重要内容和环节。企业财务分析作为分析过去、预示未来的一种基本方法，它既是企业财务管理的重要组成部分，又是企业会计核算的延续和扩展，更是会计监督的必要内容。因此，财务分析或会计报表分析是会计监管的重要内容和方法之一。

长期以来，人们从不同的侧面对财务分析的本质进行考察，从而将其表述为不同的认识和观点。常见的表述主要有四种。

第一，财务分析是企业财务管理的重要环节。这种观点认为财务分析既是对已完成的财务活动的总结，又是财务预测的前提，在财务管理循环中起着承上启下的重要作用。

第二，财务分析是财务报表分析的简称。财务分析是对财务报表数据进一步加工而进行比较、评价和解释的一种方法。记账、编表属于会计的核算功能，财务报表分析属于解释和评价的功能。财务报表分析是会计工作不可缺少的一个组成部分，企业会计人员的任务，不仅是记账、编表，而且在记账、编表的任务以外，还应当在用账、用表上发挥作用。

第三，财务分析是指通过对会计报表间相关项目、同一会计报表各项目间的依存关系及各项目在总体中的比重进行对比分析，以深入了解企业财务状况和经营状况，发现其存在的问题，预测其发展趋势的一种经济活动分析。财务分析是企业经济活动分析的一项重要内容。

第四，财务分析是一门经济管理科学。这种观点认为财务分析是解释、评价和指导财务活动的知识体系，是一门学科。

财务报表分析是对财务报表数据的利用和再加工，是信息分析在会计领域的应用。会计报表分析实际上就是财务利益关系者利用企业会计报表评估企业的现在和未来的一个重要工具。据上述各种观点，财务分析的本质应从以下几方面加以认识。

（1）财务分析是会计和经济考核的一种基本方式，它是一种经济管理理论，表述了财务分析的本质。

（2）财务分析是财务管理的重要环节。财务分析可以为企业内部管理者以及其他经济利害关系人评估企业财务状况、经营业绩和现金流量等，制定投资决策或授信决策，或为政府管理部门制定宏观经济政策、财政政策、税收政策等提供重要参考依据。

（3）财务分析又是企业会计监管的重要内容与方法之一。它是会计核算的深入和延续，是会计人员用账、用表，发挥其经济管理职能的重要方面；财务分析是会计考核的重要工作之一；还是会计监督职能的重要组成部分。分析就是察看、督促，财务分析就是财务与会计检查、财务与会计督促。

（4）财务分析的主要依据是企业的财务报表或财务信息披露资料，但是不仅仅局限于财务报表或财务信息披露的信息资料。财务分析的基本内容是企业的财务状况和经营状况及现金流量；财务分析的基本方法是比较、鉴别和解释。

综上所述，财务分析是对企业的财务状况、经营成果及现金流量等进行剖析、解释和评价的一种经济管理方法。财务管理需要进行财务分析，强化会计监管职能也需要进行财务分析，只是在某些情况或不同时期二者的分析目的、分析角度、分析范围及分析方法上可能有所不同而已。因此，财务分析既是财务管理的研究内容，又是会计学的研究内容。财务分析既是财务管理学科体系的内容，又是会计学科体系的内容。

2. 财务分析与证券市场分析及经营分析

证券市场分析或证券投资分析的主要方法有基本分析法、技术分析法等。基本分析又称基本面分析，是指证券投资分析人员根据经济学、金融学、财务管理学及投资学等基本原理，对决定证券价值及价格的基本要素，如宏观经济指标、经济政策走势、行业发展状况、产品市场状况、企业销售和财务状况等进行分析，评估证券的投资价值，判断证券的合理价位，提出相应的投资建议的一种分析方法。它主要适用于周期相对较长的证券价格预测、相对成熟的证券市场及预测精确度要求不高的证券分析领域。技术分析是仅从证券的市场行为来分析证券价格未来变化趋势的一种方法。所谓证券市场行为主要指证券市场价格、成交量、价和量的变化，以及完成这些变化所经历的时间等。技术分析通常将其分析结果以概率的形式表示，它既可以用于短期证券市场行情预测，也可用于长期证券市场行情预测。短期证券市场分析更适用于目前我国的证券市场。

由此可以看出：财务分析的内容较全面、适用范围也较广泛；证券投资的基本分析与技术分析适用面仅限于证券市场价格分析，并且基本分析与技术分析常常还应用到财务分析。证券市场分析有时也需要进行财务分析。财务分析既可以进行单个企业的财务分析，又可以进行行业分析或整体分析，但一般多用于单个企业的分析。技术分析主要用于证券市场价格分析。

经营分析是主要针对企业的经营内容的分析，包括用数字表示的部分（如销售额、毛利、经营费用等）和难以用数字表示的部分（如经营者能力、技术、工作人员素质等），其中财务报表分析属于能够用数字表示的部分中的主要部分。由此可见，财务分析是经营分析的一个重要组成部分。同时，进行财务分析时也不可能完全脱离经营分析，二者相辅相成且紧密结合，才能够全面分析企业的财务状况及经营状况。

（二）财务分析的目的

企业财务分析按分析主体，可分为内部分析和外部分析。内部分析是由企业内部有关经营管理人员所进行的财务分析。外部分析是由企业投资者、债权人或其他与企业有利害关系的人，以及代表公众利益的社会咨询等中介服务机构等所进行的财务分析。

由于上述各财务分析主体的性质和地位不同，与企业所处的经济利益关系不同，在进行财务分析时，他们所要达到的目的也就不尽相同。

1. 企业内部管理者的分析目的

企业内部管理者包括企业管理人员（如董事长、厂长、经理、财会人员等）和企业内部职工及其代表。企业管理人员通过财务分析，可以全面、系统、详细地了解企业的生产经营活动，检查、分析、考核企业计划或预算的执行情况及管理效率的高低，为企业进行预测、决策、计划、控制、评价生产经营情况提供依据。企业内部职工、职工代表大会及工会组织，他们时刻关心企业生产经营活动的稳定性及财务成果的好坏，要求财务公开，因而也需要通过分析企业管理当局所提供的财务数据资料了解情况，以使他们更好地参与企业的生产经营管理活动。企业内部管理者从这些分析目的出发，他们最终要全面了解和掌握企业所掌握的经济资源有多少，这些资源运用的合理性、有效性如何；企业拥有多少现金及现金流量状况；企业负债是多少，这些负债及其结构的合理性、有效性如何；企业资金周转或营运能力的合理性和有效性如何；企业盈利的合理性和趋势如何。在此基础上全面把握企业的综合科技开发能力、偿债能力、资本完整与保全能力、市场竞争能力，以及在市场竞争中的稳健能力和盈利能力等情况。此外，企业内部管理者的财务分析目的还在于对成本、费用以及劳动力资源的详细分析，寻找节约或降低成本费用的途径与方法。可见，企业内部的财务分析是一种全面的分析。企业管理者通过分析，可以掌握企业经营管理，特别是在理财中的缺陷，预测未来变动趋势，并据以审慎地配置企业的资源，形成合理的资源及权益结构，使资源得到最有效的利用。当然，企业内部财务分析还是企业会计监管的基本方法之一。通过企业财务分析可以发现会计核算政策选择、会计核算模式选择、会计监管效率等会计自身可能存在的问题及适用性等多方面情况，为改进企业会计监管提供依据。

2. 企业资本投资者的分析目的

企业资本投资者包括：①国有资产管理部门，它们是国有企业的主要投资者（代表），其基本职责是代表国家管理国有资产；②金融机构，各级金融机构特别是各种基金公司、投资公司等除向企业贷款外，有时还可以以投资者的身份参与对企业的直接投资；③参股、控股企业法人，即以参股、控股等方式形成的企业法人投资者；④持有股份或其他产权的个人、职工；⑤外商投资者等。

投资者对企业投资的目的在于获取投资收益，也就是要在资本保值的基础上进一步实现资本的不断增值。因此，投资者利益与企业的财务状况、财务成果及现金流量等有着密切的联系，与企业的盛衰休戚与共。投资者通过财务分析，全面准确地评价、考核企业资本的盈利能力、企业偿债能力，分析并预测企业各种投资的发展前景、投资的风险程度等，作为进行股票定价、投资决策的依据。此外，投资者对企业投资后，享有与投资额相适应的权益，可以通过一定的组织形式参与企业的决策，这也需要通过对企业财务活动的分析来评价企业经营管理人员的业绩，考核其是否称职。总之，投资者进行财务分析的主要目的在于，详细了解企业资金的运用情况，评价经营者受托责任的履行情况，并做出相应的投资与管理决策，同时也是对选择与聘任管理者合约的检查与评价。财务分析还可以弥补或丰富投资者进行证券市场价格分析的内容与不足。

3. 企业债权人的分析目的

企业债权人是指向企业提供商品或劳务的供应单位、拥有债权的客户和职工、企业债券持有人及金融机构。作为债权人，其要求权是对企业资产及其变现能力、偿债能力的要求，他们最关心的是企业能否按期支付债务本金及债务利息。因此，他们进行财务分析的目的是全面、准确地掌握企业的支付能力和偿债能力，特别是短期偿债能力，从而对提供信贷资金的风险进行评价，以便作出正确的授信决策。当然，企业偿债能力强弱受企业获利能力及成长能力的影响较大，因此债权人通过财务分析，详细了解企业的盈利能力也是分析的目的之一。财务分析也是债权人进行证券市场债权投资价格分析的补充和基础，为债权投资决策提供依据。

4. 业务关联企业进行财务分析的目的

业务关联企业是指与企业存在业务往来的企业，或称为客户。他们也极为关心该企业的财务状况和经营状况，其主要目的是通过财务分析揭示业务往来企业的信用状况。信用包括商业上的信用和财务上的信用。前者是指企业按时、按质诚实地完成各种交易行为，而后者则是及时清算各种往来款项。通过财务状况及现金流量状况可以分析、判断企业的支付能力和清偿债务能力，以评价企业财务上的信用状况；通过损益状况及主营业务明细状况等分析，可以评价、判断企业各类交易的完成情况并分析企业商业上的信用情况。

5. 国家有关宏观管理部门的分析目的

国家有关宏观管理部门包括立法与司法部门、财政部门、税务部门、银行及市场监管机构等。立法、司法部门主要检查经济管理、会计、审计等方面的法制建设情况与执行情况；财政、税务和银行等部门和单位，需要从制定国家财政方针、实施税收征管及信贷监督等方面对企业财务状况及经营成果进行分析，对国家整个经济形势或发展趋势做出评价与预测，以便取得宏观调控所需要的信息资料；市场监管机构（如证监会等）的主要任务是维持市场秩序、防止欺诈及各种不正当竞争行为，通过财务分析可以揭示会计报表中的漏洞、伪造财务信息等现象，从而为投资者和有关单位提供真实可靠的财务会计信息资料。

6. 市场中介组织进行财务分析的目的

注册会计师和会计师事务所进行财务分析的目的：财务会计报表分析及其相关技术是审计程序的重要组成部分，审计过程中可以通过财务分析来发现被审计对象在经济活动及财务工作中的错误或不规范的会计处理，揭示其错误或不规范会计处理的潜在内涵，从而提高审计服务质量，维护资本市场秩序。

证券分析师、兼并与收购分析师进行财务分析的目的：财务分析对确定企业经济价值、评估企业市值、评估兼并与收购预案及其利弊等，通常有重要作用，进而可以提高证券分析师、兼并与收购分析师的市场服务水准。

（三）财务分析的种类

由于进行财务分析的目的、范围及所采用分析方法的不同，财务分析有多种，其中常见的财务分析有以下几种。

1. 内部分析与外部分析

内部分析是指企业内部有关部门或人员对本企业财务状况及经营成果所进行的分析。分析目的主要是为企业进行经营管理决策提供依据。外部分析是指企业以外的有关部门（如社会咨询机构、会计师事务所等）或人员（如股东、债权人、政府、潜在投资者等）对企业所做的财务分析。分析目的主要是提供中介服务和进行投资、信贷决策等。

2. 投资分析、授信分析和经营分析

投资分析是指投资者在进行投资决策时所进行的财务分析，或者是有关财务咨询等中介机构受投资者委托等所进行的财务分析，主要是为了测定和评估投资价值及其可行性所做的财务分析。

授信分析或信用分析是指债权人或受其委托的受托人对债务人的财务状况及经营状况所进行的财务分析，主要是为了测定和评估债务人企业的偿债能力而进行的财务分析。

经营分析是企业经营者等为利害关系者为测定企业经营效率和财务管理质量等所做的财务分析。经营分析又称为管理分析或事业分析。

3. 垂直分析和水平分析

垂直分析又称结构分析，是指通过各项财务指标间的依存关系及各项目在总体中的比重进行对比分析，从而达到分析目的的一种方法。水平分析又称横向分析，是指对同一项目的多期资料进行的分析。通过垂直分析，企业可以观察、判断各项财务指标在总体中的比重及其结构是否合理；而通过水平分析，企业则可以观察、判断企业的财务趋势。

4. 事前分析、事中分析和事后分析

事前分析是指在财务活动发生以前的预测分析。事中分析是指在财务活动过程中所进行的控制分析、跟踪分析。事后分析是指在财务活动结束后所进行的总结性分析。

5. 单项分析与综合分析

单项分析是指对某项财务指标进行的分析。综合分析是从财务状况及经营状况总体出发，对一定时期的财务活动过程及其结果等所进行的分析。

此外还有诸如流动性分析、稳健性分析、风险分析、公允性分析等多种分析，这里不再一一说明。

二、财务分析的内容

（一）财务分析的内容概述

财务分析的内容也就是财务分析的对象。财务分析的内容概括来讲就是企业的财务活动及其结果，也就是企业一定时期的资金运动及其结果。由于企业的资金运动通常表现为企业的某一时点的财务状况和某一时期的财务成果及现金流量，因此财务分析的基本内容是企业的财务状况、财务成果和现金流量。所谓财务状况是指一个企业的资产、负债、所有者权益结构及其相互关系；财务成果是指一个企业在一定时期的营业收入和营业费用及经过配比计算出来的净收益；现金流量是指企业在一定会计期间的现金流入量、流出量及净流量。从财务会计报表分析的角度来看，由于企业财务状况的资料主要存在于企业的资产负债表中，故又称资产负债表分析；同样，财务成果或经营情况分析又可称为利润表分析，现金流量分析又可称为现金流量表分析。财务分析是一项十分复杂而细致的工作。在进行财务分析过程中，除了依据上述财务报告外，有时还会用到日常会计核算资料（如会计凭证、会计账簿、财产清查、成本计算等）、计划或预算资料、生产技术方面的资料、产品（或商品）销售的情况、同行业其他企业发布的财务报告、调查研究所收集到的资料等。

由于企业财务分析以企业财务会计报告资料为主要内容，因此影响企业财务会计报告的诸多因素也是企业财务分析不可缺少的内容，具体包括会计准则、会计制度、会计技术方法、管理当局的会计政策选择、会计信息质量监管、相应审计报告、企业在分析期内发生的交易或事项的实质、企业购并、重组、关联方交易、合并会计报表等。

（二）财务分析的具体内容

企业财务状况、财务成果和现金流量的具体内容决定了企业财务分析的具体内容。

1. 资源状况及其构成分析

经济资源是企业进行生产经营活动所必不可少的基础条件。企业经济资源在企业报告中主要表现为资产负债表上的资产，资产总额说明企业拥有的经济资源的总量，是企业利害关系人交付于企业管理当局的经管责任。企业拥有的经济资源的数量通常用来说明一个企业的经济实力。企业经济资源的构成说明企业资源的分布及其结构状况，资源结构通常能够说明或代表企业资源的质量。资产质量不仅能够说明企业资产的变现能力、偿债能力、盈利能力，而且还能够揭示企业资产的风险及企业成长能力等多种情况。因此，通过对企业经济资源状况及其构成的分析，可以了解一个企业经济实力的强弱，还可以了解一个企业运用资源的能力和潜力，同时还能分析管理者及其企业内部各管理层经管责任的落实情况，分析管理当局是否已认真履行其应尽的经管责任，最终达到评价企业资产的营运能力、获利能力：分析企业资产的分布情况和周转使用情况，测算企业未来的资金需要量。

2. 权益状况及其构成分析

权益状况说明企业权益总额及企业负债总额和所有者权益总额各为多少，说明企业资源配置的资金来源结构。权益构成一般说明以下情况：①企业权益总额中负债和所有者权益的相对比例。②各种负债在负债总额中的相对比例，如流动负债与长期负债的比例，以及各种所有者权益在所有者权益总额中的相对比例，如注册或实收资本与留存收益的比例等。③企业权益所有者享有权益及所承担风险的不同，在权益总额中所有者权益占的比例较高，表明企业经营的风险主要由企业所有者承担，长期债务的清偿能力较强；反之，权益总额中负债比例较多，表明企业经营风险主要由债权人承担，长期债务的清偿能力较弱，等等。

3. 资源结构与经济利益分割情况分析

资源结构既指资产结构，又指权益结构，更强调资产结构与权益结构的内在关系。具体而言，某一项资产的风险及收益能力，不仅取决于其自身的特性，还取决于用于该项资产的资金来源。例如，通过长期负债方式取得的资金，其成本及风险应主要由占用该项资金的资产承担。期末与期初资源结构的变化，不仅反映了资源的变化方向与趋势，也体现了管理当局对经济利益分配的态度及策略，进而说明企业经营成果最终增加或减少了哪些利益相关者（如股东、债权人等）的净福利。

4. 偿债能力分析

偿债能力实质是指资产与权益的相互关系。偿债能力要求企业资产与权益成比例分布。因此，偿债能力分析包括资产与权益的对比关系、资产质量及其结构、权益质量及其结构等。一般可分为短期偿债能力分析和长期偿债能力分析两种，如流动资产与流动负债的比率表明企业的短期偿债能力，全部资产与全部负债的比率表明企业长期偿债能力等。企业偿债能力分析还需要分析企业一定时期的现金流量状况和现金的质量等内容。

5. 盈利能力分析

盈利能力实质是企业利用其资源获取利润的能力，主要通过利润指标和资源利用效率来体现。具体包括以下方面：利润指标分析，通过损益表中利润指标（如净利润、毛利率等）及利润额与业务量、与资产等关系，分析企业的盈利能力及利润目标的完成情况；资源利用效率，通过企业运用资源的能力，反映企业在创利过程中如何提高资源利用效率、节约费用开支，从而提高企业盈利能力。

6. 财务趋向分析和盈利趋势分析

分析过去是为了预测未来。财务趋向分析和盈利趋势分析也是企业财务分析的重要内容。将不同时期的财务状况指标、盈利指标及现金流量指标进行对比分析，可以把握企业未来财务状况的趋向和盈利趋势，挖掘企业财务及盈利潜力，进而分析企业的成长能力和发展潜力。

三、财务分析的主要方法

财务分析的主要目的是了解企业的偿债能力、营运能力和盈利能力。通过运用有效的分析方法（如比较分析法、比率分析法）；对财务数据进行深入解读，可以揭示企业的财务状况、经营成果及其背后的驱动因素。财务分析的主要方法有以下几种。

（一）比较分析法

比较分析法是通过经济指标的对比分析确定指标之间的差异或趋势的方法。比较分析法是财务分析中最基本、最主要的方法。

1. 比较分析法的种类

比较分析法有多种分类方式。

（1）按照财务分析的要求与目的分类。按照要求与目的又分为以下几种。

①实际指标与本企业以前多期历史指标的比较。这种分析可以把握企业前后不同历史时期有关指标的变动情况，了解企业财务活动的发展趋势和管理水平的提高情况。在实际工作中，最典型的形式是本期实际与上期实际或历史最好水平的比较。

②实际指标与计划或预算指标的比较。这种分析主要揭示实际与计划或预算之间的差异，掌握该项指标的完成情况。

③本企业指标与国内外行业先进企业指标或同行业平均水平的比较。这种分析能够找出本企业与国内外先进企业、行业平均水平的差距，明确本企业财务管理水平或财务效益在行业中的地位，推动本企业财务管理水平的提高。

（2）按照指标数据形式的不同分类。按照指标数据形式的不同又可以分为以下种类。

①绝对数指标比较。绝对数指标比较是指利用两个或两个以上的总量指标进行对比，以揭示这些绝对指标之间的数量差异。比如，去年企业实现净利润 100 万元，今年企业实现净利润 110 万元，则今年与去年的利润差异是 10 万元。

②相对数指标比较。相对数指标比较是指利用两个或两个以上的相对数指标进行对比，以揭示这些相对数指标之间的数量差异。比如，去年企业实现销售利润率 15%，今年的销售利润率 14%，则今年与去年的利润率差异是 -1%。

③平均数指标比较。平均数指标比较是指利用两个或两个以上的平均数指标进行对比，以揭示这些平均数指标之间的数量差异。

在财务分析中最为常用的比较分析法是借助于比较财务报表进行的一种分析方法。比较财务报表是将最近两三期或数期的报表并列在一起编制而成的报表，易于掌握变化的动向；比较财务报表除了列示各期报表的金额外，通常还列示增减金额及增减的百分比栏目。

2. 运用比较分析法应当注意的问题

在运用比较分析法进行分析对比时，必须注意对比指标之间的可比性。如果对本来就不可比的指标进行分析比较，肯定会得出错误的结论。指标的可比性是指所对比的同类指标之间在指标内容、计算方法、计价标准及时间长度等方面完全一致。如果在不同企业之间进行对比，还必须注意企业的行业归类、财务规模的一致性。在实际财务分析中应当特别注意以下几点。

（1）价格水平的不同会导致数据的差异。财务数据多采用货币计量，这就必然受到价格水平的影响。由于不同地区的价格水平存在差异，各个企业业务关系在区域上又不尽相同，必然导致不同企业价格水平的差异，从而使价格缺乏可比性，而价格水平的波动尤其会削弱不同时期数据之间的可比性。

（2）不同会计处理与计价方法会导致数据的不可比。比如，固定资产折旧方法的不同导致企业资产价值、成本费用大小和利润高低的不同，使相关指标不可比。存货计价有加权平均法、先进先出法、后进先出法等多种方法可供选择。两个企业或同一企业在不同时期即使实际情况完全相同，若采用不同的计价方法，也会对期末存货等产生重大的影响。

（3）其他因素导致财务数据的不可比。比如，企业经济类型不同、财务规模的变动、财务品种的增减变动，甚至企业财务方针及方式的调整，都会影响财务信息数据的可比性。

（二）比率分析法

比率分析法是通过计算、对比同一时期内有关经济指标的比率，反映财务报表所列各有关项目的相互关系，借以判断企业财务和经营状况的好坏。

比率是通过两个相关的财务数据计算得出的，用于衡量企业的财务状况和经营绩效。由于财务报表中包含大量财务数据，因此可以计算出一系列比率（如偿债能力比率、盈利能力比率等）。统一标准的比率目标或标准的计算方法并不存在。不同的报表使用者和信息提供者在进行财务报表分析时，可能运用不同的比率指标。这里介绍的只是那些最为常用和为大多数财务报告分析者所用的比率。进行比率分析时，应注意两个财务数据的相关性和可比性。当一个财务比率涉及的两个数字都来自资产负债表时，这两个数字要么都使用期末数，要么都使用期初数。

1. 比率分析法种类

比率分析法大体可以分为五大类指标。

（1）短期偿债能力分析指标。短期偿债能力分析指标是评价企业短期偿债能力的财务比率，主要包括流动比率和速动比率。流动比率反映企业流动资产偿付流动负债的能力；而速动比率则一进一步剔除了存货等变现能力较弱的资产，更能体现企业短期内偿还债务的能力。一般来说，流动比率和速动比率越高，表明企业的短期偿债能力越强。然而，比率过高也可能意味着企业资产利用效率低下。通常认为，流动比率为 200% 以上，速动比率达到或超过 100% 时，企业的短期偿债能力较为可靠，但具体标准需结合行业特点和企业实际情况进行分析。

（2）营运能力分析指标。营运能力是企业运用资产进行生产经营活动的能力，它与企业对流动资产的营运与管理密切相关。企业只有合理采购存货，积极推销产品，及时收付款项，加强资产管理，才能加快流动资产周转变现的速度。流动资产中对资金周转、利用程度影响较大的是应收账款和存货，所以营运能力分析主要有应收账款周转率和存货周转率两个指标。

（3）资本结构和长期偿债能力分析指标。资本结构和长期偿债能力是从企业资本结构角度分析企业的财务状况和长期偿债能力，预测企业未来的财务和经营趋势。反映资本结构和长期偿债能力的分析指标主要有资产负债比率、流动资产比率、固定资产比率、权益比率和长期负债比率。

（4）获利能力分析指标。获利能力又称盈利能力，是企业进行生产经营活动获取利润的能力大小。反映获利能力的指标主要有资产总额收益率、净资产利润率、成本费用利润率、销售利润率、资本金净利润率、普通股每股收益和市盈率等。获利能力指标是评价企业经营管理水平和财务状况最重要的指标。

（5）社会贡献率指标。社会贡献率是企业资产总额同企业社会贡献总额之间的比率，它衡量了企业运用全部资产为国家或社会创造或支付价值的能力。其中，企业社会贡献总额包括工资性收入、劳保退休统筹及其他社会福利支出、利息支出净额、应交增值税、应交产品销售税金及附加、应交所得税及其他税收、净利润等。

2. 比率分析法的局限性

比率分析法虽然在反映企业财务状况和经营成果、为报表使用者提供财务信息等方面有一定的作用，但它本身也存在一定的局限性，并且在实践中有关财务比率的分析和解释的方法也不尽如人意，不能够对企业财务状况和盈利能力做出合理的判断分析。比率分析法的局限性主要表现在以下方面。

（1）财务比率资料不能及时满足决策的需要。外部使用者取得各种财务报表时，有些数据已经过时，以此资料计算分析企业的财务比率，结果就不够准确，从而影响外部报表使用者判断的正确性；而事实上，比率资料也难以及时满足决策的需要。

（2）分析结果只具有参考价值。财务比率分析使用的数据均是历史数据，对于预测企业未来只有参考价值，不一定合理可靠。

（3）财务比率缺乏可比性。在各个企业的会计资料不能够加以标准化时，财务比率则缺乏可比性。因为不同的企业有可能采用不同的会计处理方法进行会计核算，有些会计资料本身就没有可比性，因而通过比率分析法进行企业之间的比较就没有多大的意义。

（4）不适应通货膨胀情况。财务比率采用的各种数据一般都没有做出物价变动的记录，在物价变动特别是通货膨胀较为严重时，比率分析的结果就会失去应有的意义。

（5）忽视了资源流向的动态方面。资源流向的动态是评价管理效能非常重要的资料，不仅如此，在实际中还存在对比率分析解释深度不够、以理论和行业值解释比率过于宽泛等现象。

为了弥补比率分析的局限性，具体分析时，人们还应与现金流量分析、比较分析等结合起来，才能保证分析的准确性。

（三）因素分析法

因素分析法是利用各种因素之间的数量依存关系，通过因素替换，从数额上测定各个因素变动对某项综合性经济指标影响程度的一种分析方法。企业经济活动过程中的财务指标具有高度的综合性，一种财务指标的变动往往是多种因素共同影响的结果。在财务分析过程中，企业需要经常了解某项财务指标受到哪些因素的共同影响，并且需要了解各有关因素的影响程度大小，这些都可以通过因素分析法获得解决。因素分析法可以分为以下形式。

1. 连环替代法

连环替代法是在几个相互联系的经济因素中，按顺序把其中一个因素当作可变因素，而暂时把其他因素当作不变因素进行替换，分析各个因素对被分析指标影响程度的一种分析方法。

（1）连环替代法计算程序。下面以分析实际指标与计划指标之间的变动为例，说明采用连环替代法测算各个因素对分析对象影响程度的一般程序。

首先，按照计划书列出所要分析的经济指标与影响这一指标变动的各个有关因素之间相互关系的公式，并以此作为替换计算的基础。其次，以每项因素的实际数依次替换原来的计划数，每替换一个因素就要计算出这一变动所得到的结果，有几个因素就替换几次。然后，将逐次替换后得到的结果与上一次替换的结果相比较，两者的差额就是由于两个算式中某个因素的计划数变为实际数所造成的影响。最后，将各个因素变动影响程度的数值相加，验证它们的合计数是否等于所要分析的经济指标的实际数与计划数之间的差额。

（2）连环替代法优缺点。连环替代法的优点为：通过这一方法计算所得到的各因素变动影响程度的合计数与财务指标变动的总差额一致。这样，用这些数据来论证分析的结论就较有说服力。连环替代法的缺点是，各因素在关系公式中的排列顺序和替换因素时的替换顺序具有可变性，只要改变各因素的排序和替换顺序，尽管得出的各因素影响程序的合计数与财务指标变动的总差异相符合，但各个因素的影响程度可完全不同。

（3）运用连环替代法应当注意的问题。

①确定构成经济指标的因素必须是客观上存在因果联系，不可以任意凑合。

②在确定替代顺序时，在数量因素与质量因素同时存在的情况下，应当是数量因素在先、质量因素在后；在只有数量因素或只有质量因素的情况下，应当是正面（有利）因素在先、反面（不利）因素在后；在因素较多并且数量指标和质量指标同时存在的情况下，应当是主导因素在先、派生因素在后。

③替换因素时必须按照各个因素的依存关系，排列一定的顺序并依次替代。

连环替代法只是测算各个因素对某项经济指标影响程度的一种数量分析方法，计算的结果只能从数量上说明影响程度，至于影响该项指标变动的具体原因还需要结合实际情况进一步加以查明。

2. 差额分析法

差额分析法是连环替代法的一种简化形式，它是先计算出各因素的实际数和标准数的差额，然后仍然按照一定的替换程序直接计算出各因素脱离标准对分析对象的影响。差额分析法计算的结果与上述连环替代法计算的结果完全相同，但差额分析法在计算上较为简便。由于差额分析法是连环替代法的一种简化形式，因此，采用差额分析法时也必须按照各因素的依存关系确定测算各个因素影响的先后顺序。

（四）趋势分析法

企业财务分析如果只分析一年的财务报表，往往不够全面。由于可能存在非经常性或偶然性事项，单一年度的数据既不能充分反映企业的历史表现，也无法准确预测其未来趋势。通过对企业若干年的财务报表进行时间序列分析，可以揭示其财务数据的发展趋势，从而为未来规划提供依据。此外，时间序列分析还有助于判断本年度财务数据是否具有代表性。

趋势分析又称为水平分析，即统计学中的时间数列分析。趋势分析法是将连续数年财务报表中的某些重要项目进行比较，计算该项目前后期的增减方向和幅度，以此说明企业财务状况或财务成果变动趋势的方法。趋势分析法主要分为以下三种。

1. 多期比较分析法

多期比较分析法是对连续几个会计年度的财务报表进行研究，对报表中的各个项目逐一比较。比较的目的是查明变化的项目、项目变化的原因及这些变化对企业未来产生的影响。

进行多期比较时，可以使用前后各年每个项目金额的差额进行比较，也可以使用百分率的变化进行比较，还可以计算出各期财务比率进行多期比较。比较的年度数一般为5年，有时甚至要列出10年的数据。

2. 结构百分比分析法

结构百分比分析法是将财务报表换算成结构百分比报表，通过比较不同年度的结构百分比报表，分析某一特定项目在不同年度间的百分比变化，从而揭示企业财务结构。同一报表中不同项目结构分析的计算公式如下：

$$结构百分比或比重=部分 \div 总体$$

通常，利润表中的“总体”指“销售收入”、资产负债表中的“总体”指“总资产”。

3. 定基百分比趋势分析法

定基百分比趋势分析法首先要选取一个基期，并将基期报表上各项数额的指数设定为100，其他年度财务报表上的数字则转换为相对于基期的指数形式，从而生成定基百分比报表。通过分析定基百分比报表，查明各个项目的变化趋势。不同时期同类报表项目的对比，其计算公式如下：

$$考查期指数=考查期数值 \div 基期数值$$

采用多期比较趋势分析法时，需注意两个问题：一是当绝对数值较小时，较小的绝对数变化会导致百分比值大幅波动。例如，某小商店去年利润为200元，今年利润为600元，绝对数增加了400元，但百分比增长率为200%。这种大幅度的百分比增长虽然准确，但可能误导分析结论。因此，当绝对数值较小时，应同时列示绝对值和百分比。二是进行定基百分比趋势分析时，基期的选择必须具有代表性，否则会影响分析结果的准确性。

（五）综合分析法

综合分析法是指为了全面了解企业的财务状况，把企业各项财务指标之间的相互关系进行综合分析的一种财务报表分析方法。综合分析法主要有杜邦分析法和沃尔比重评分法。

1. 杜邦分析法

杜邦分析法是利用各项主要财务比率之间的关系综合分析企业财务状况的分析方法。该方法由美国杜邦公司的经理创造出来，因此又称为杜邦系统。杜邦系统的核心是权益利润率，它是最具代表性的财务比率，其计算公式如下：

$$\begin{aligned}权益利润率&=净利润 \div 所有者权益 \times 100\%\\&=（净利润 \div 资产总额）\times（资产总额 \div 所有者权益）\times 100\%\\&=总资产利润率 \times 权益乘数 \times 100\%\end{aligned}$$

由以上公式可以看出，财务管理的一个重要目标是使企业价值最大化，权益利润率正是反映了所有者投入企业资金的获利能力。这一比率不仅反映了投资者投资总体效益的高低，也反映了投资者财富增长的速度。

杜邦分析法通过分析影响企业投资者收益的各种因素，全面评估企业的盈利能力。首先，它反映了企业生产经营业务获利能力及资产运用获利能力情况。销售利润率是企业利润总额与销售收入之间的比率。企业要想提高销售利润率，不仅需要提高销售收入，还需要有效控制成本费用。资产周转率是企业一定时期所使用的资产与所取得的产品销售收入之间的比率。它综合反映了企业利用资金进行营运活动的能力。资产周转率除了取决于资产的各个组成部分占用量是否合理外，还取决于各项资产的使用效率，即流动资产周转率、存货周转率和应收账款周转率的高低。其次，它反映了企业各项成本费用的支出情况。从以上公式可以看出，降低各项成本、节约各项费用支出是提高利润的关键。因此，分析成本费用的结构是否合理，有利于企业进行成本费用分析，加强成本费用管理与控制。再次，它反映了企业流动资产与非流动资产的结构。各项流动资产增减变化都会引起流动资产的结构变动。如果企业货币资金比重下降较多，而应收账款和积压待售的产成品比重明显增加，则说明企业产销不对路；如果应收账款又未能及时收回，这种结构变化趋势显然对企业有效利用流动资产、提高短期偿债能力不利，为此应进一步找出原因，寻找合理使用流动资产与保持合理结构的途径。

2. 沃尔比重评分法

沃尔比重评分法是在对比率分析法的基础上发展而来，由亚历山大·沃尔最早提出。该方法选取了七种财务比率，并为每种比率设定了其在总评价中的权重，权重总和为 100 分。然后，通过将实际比率与标准比率进行比较，评出每项指标的得分，最后汇总得出总评分。

在对企业进行财务分析时，人们分别计算上述基本比率的实际值，并与标准比率做比较，计算其相对比率，按其在总体中的应占比重折算成实际权数，作为该部分的评分。然后，将各比率实际权数汇总与总和 100 分相比较，从而确定其偏高或偏低的情况。

课堂思考

在大数据时代，如何利用大数据技术进行更全面、深入的财务分析？请提供一些建议。

____

____

学习总结

学习项目	学习目标	评分
学习过程评价	评估学生的学习方法和策略，如笔记记录和学习情况	
	评价学生的学习态度，如上课专注度、参与度和课堂表现等	
	评价学生的合作情况，如团队合作和课堂互动等	
学习成长评价	设计自我评价的方式，让学生评估自己的学习进步和成长	
	促进学生的反思能力，引导他们思考学习过程中的挑战和改进方向	
	评估学生目标的达成情况，帮助他们认识到自己的成就和进步	
合计：综合分数＿＿＿＿＿＿。师评（70%）+ 自评（30%）		总分：10 分

实践活动

【活动主题】

案例分析——财务分析。

【活动目标】

通过实际案例的分析，让学员运用财务分析方法，深入了解企业的财务状况，提升财务分析能力。

【活动流程】

流程一：案例介绍

请选择一个实际企业的财务报表，包括资产负债表、利润表和现金流量表。确保报表具有一定的历史数据（3～5 年），以便进行横向和纵向比较。

流程二：分组讨论

将学员分成小组，每个小组负责分析不同方面的财务报表。鼓励学员深入挖掘财务数据，注意发现财务状况中的潜在问题和亮点。

流程三：财务分析方法应用

引导学员选择合适的财务分析方法，比如财务比率分析、趋势分析等，对所选企业的财务状况进行详细分析。学员需要解释他们所选方法的适用性，并提出有关企业状况的初步看法。

流程四：小组汇报

每个小组向全班汇报他们的分析结果，包括对企业财务健康度的评价、潜在风险和建议等。其他小组成员可以提问、讨论或补充。

流程五：全班讨论

在小组汇报之后，进行全班讨论，探讨不同小组之间的观点差异、共识和可能的解决方案。引导学员思考财务分析如何影响企业决策和战略。

流程六：反思与总结

结束时，引导学员总结本次案例分析的收获，思考财务分析对企业管理的重要性，并讨论大数据时代对财务分析的影响。

【活动评价】

通过这场实践课堂活动，学员将能够运用财务分析工具，深入理解财务报表中的信息，培养分析判断能力。同时，通过小组合作和全班讨论，学员将能够更好地理解财务分析的复杂性和实际应用，提高团队协作和沟通能力。

项目六 大数据时代下的销售与采购管理

学习目标

知识目标

▸ 了解大数据时代下销售模式面临的挑战，包括市场变化、客户需求变化等。

▸ 掌握在大数据时代下创新销售模式的方法，包括新技术的应用、个性化销售策略等。

▸ 理解大数据在销售收入分析中的作用。

▸ 学习客户价值分析的方法，通过大数据分析提高客户满意度和业务长期价值。

▸ 了解大数据时代下企业采购模式的变化，包括可预测战略寻源、自动化采购执行、前瞻性供应商管理等。

▸ 掌握数字化采购管理的基本构成要素，包括数据、技术工具箱、用户体验、技能与人才、新政策与流程等。

▸ 了解构建供应商画像的基础知识，包括大数据分析的重要性。

▸ 学习构建供应商画像的方法和步骤，以及在实际情境中的实战演练。

能力目标

▸ 能够分析大数据时代下销售模式所面临的各种挑战。

▸ 具备创新思维，能够提出适应大数据时代的销售模式创新策略。

▸ 具备使用大数据工具进行销售收入分析的能力。

▸ 能够通过大数据分析客户行为，提高客户价值和满意度。

- 能够理解大数据时代下企业采购模式的变化，并提出相应的应对策略。
- 具备运用大数据进行前瞻性供应商管理的能力。
- 具备构建数字化采购管理系统所需的技术能力，包括数据管理、自动化工具的使用等。
- 能够设计用户友好的界面，提高数字化采购管理系统的易用性。
- 具备收集、分析大数据构建供应商画像的技能。
- 能够在实际情境中运用大数据分析方法构建供应商画像。

素质目标

- 培养在面对销售模式挑战时能够提出创新解决方案的能力。
- 提高数据分析能力，使决策更加基于数据和事实。
- 培养与团队协作的能力，特别是在数字化采购管理中需要多方面的合作。
- 发展对新政策、新流程和新运作模式的适应能力，以适应数字化时代的快速变化。
- 锻炼在实际运用大数据分析构建供应商画像时解决问题的能力。

项目导读

随着大数据时代的到来，企业在销售与采购管理领域面临着前所未有的机遇与挑战。本项目旨在深入探讨大数据如何影响和改变销售与采购的方方面面，以及企业应如何应对这些变革。

通过本项目的学习，学生将深刻理解大数据对销售与采购管理的影响，掌握应对挑战的创新策略，以及运用大数据分析提升企业销售收入和客户价值的方法。此外，学生将了解企业采购模式的变革，以及数字化采购管理的关键构成要素，为实际操作提供有力支持。

任务一 销售模式的挑战与创新

情景导入

在一个偏远的小城镇，有一家传统的家居用品零售店，老板李先生一直为市场竞争的激烈而感到头疼。他深知由于缺乏及时的市场信息，他们很难跟上消费者的需求变化。库存积压和产品滞销成为日益突出的问题。

李先生决定引入大数据分析系统，希望通过实时监测销售数据和市场趋势来优化库存管理。在一个周末的特卖活动中，系统提示他们家居装饰品在社交媒体上受欢迎。李先生迅速调整了产品陈列，将这些受欢迎的装饰品放在显眼位置。结果，销售量迅速增加，库存问题得到缓解，销售模式得到了创新。

深思熟虑

思考题一：大数据分析在销售模式中的作用是什么？它是如何帮助企业更好地应对市场挑战的？

思考题二：你能思考其他行业如何利用类似的大数据分析方法来创新销售模式吗？

知识要点

一、销售模式的挑战

（一）过度的信息广告令消费者产生厌烦情绪

在传统的市场营销过程中，由于缺乏对消费者喜好的深入了解，企业往往难以精准分析消费者的需求，导致营销策略的针对性不足。进入大数据时代后，实时数据分析为企业提供了前所未有的便利，帮助企业更快速地捕捉市场动态和消费者行为。然而，大数据信息的泛滥也带来了新的挑战：数据量过大、数据质量参差不齐、数据孤岛等问题，使得企业在筛选和利用客户信息时难度增加，难以精准定位消费者的真实需求和消费偏好。

随着大数据技术的广泛应用，企业的市场营销和客户管理方式发生了显著转变。为了提升盈利，企业之间的竞争尤其是对客户资源的争夺愈发激烈。然而，部分企业为了在短期内快速吸引客户，采取了“广撒网式”的广告营销策略，频繁向消费者推送产品宣传信息。这种策略不仅存在重复推送的问题，而且在广告内容上缺乏针对性，甚至出现质量低下的情况。

从消费者的角度来看，每天接收到大量与企业推广相关的信息，但其中真正符合自身需求的内容却寥寥无几。长期下来，这种过度营销不仅无法达到预期效果，反而会引发消费者的反感情绪，甚至将企业的推广信息视为“垃圾信息”。这种负面体验不仅损害了品牌形象，还可能导致企业失去大量潜在客户，对市场营销工作产生严重的负面影响。

（二）数据传输安全性未得到保障

随着互联网的迅速发展，网络信息的数量急剧增加，获取信息的渠道和方式也变得更加便捷。虽然这为市场营销带来了便利，但由于相关法律法规尚未完善，企业在进行产品宣传时，常常面临不法分子利用技术手段窃取客户资料的问题。这导致消费者频繁收到诈骗电话、推销短信等，个人利益受到侵害。消费者往往会怀疑是购物时留下的信息被泄露，因此在企业再次进行营销时，他们可能会拒绝提供相关信息。这种现象不仅增加了企业市场营销的难度，还影响了消费者对企业的信任。此外，数据传输的安全性不仅威胁客户的信息和资金安全，还可能导致登记信息的真实性下降，进而干扰企业利用大数据技术进行信息获取与分析。这不仅增加了企业获取数据的难度，还提高了信息成本。

（三）无法保证信息数据质量

在大数据时代背景下，企业面临的市场环境日益复杂，能够获取的信息种类繁多，但这些信息的真实性和对企业的价值难以保证。因此，企业必须高度重视数据信息的真实性和准确性。

在信息混杂的市场环境中，企业很难完全区分客户信息与垃圾信息。同时，客户在面对海量商品信息时也容易感到困惑，难以根据信息描述选择适合自己的产品。这种情况导致客户对网络销售模式产生了一定的抵触情绪，进而对企业市场营销工作的开展造成了不利影响。

（四）市场营销人员的营销能力不足

传统的市场营销模式主要依赖营销人员与客户面对面交流或通过电话等通信工具进行商品销售。然而，随着科技的进步和市场环境的变化，这种模式的劣势逐渐显现。它不仅耗时，还需要企业投入大量资源对营销人员进行培训，增加了企业在人力、物力上的成本，导致整体营销成本上升。

相比之下，大数据时代的营销模式更加多样化，面对面营销逐渐减少，这在一定程度上降低了企业对营销人员的培训成本。然而，这也对营销人员提出了更高的要求。除了传统的市场知识、观察能力和沟通技巧外，营销人员还需要具备计算机操作、信息检索、数据分析等技能，以及对新技术的快速学习和应用能力。然而，从实际情况来看，许多企业的营销人员在综合能力上仍有不足，这在很大程度上影响了企业对大数据技术的应用效果。

二、销售模式的创新

（一）精准销售模式

通过合理运用大数据技术，企业可以更精准地定位消费者的需求，从而制定符合消费者实际需求的产品策略。这种营销方式被称为精准销售模式，主要包括客户定位、市场定位和精准营销三项内容。

（1）客户定位是大数据精准销售模式的首要步骤。通过对消费者的消费偏好、购买能力以及群体特征进行分析，企业可以将目标客户进行精准划分，从而更好地满足不同客户群体的需求。

（2）市场定位则是指通过大数据分析，使产品在消费者心中占据独特的位置，形成区别于竞争对手的差异化优势。在竞争激烈的市场环境中，企业需要不断优化产品设计，挖掘产品的深层价值，并通过重新定位和包装来提升竞争力，从而在市场中占据一席之地。

（3）精准营销是实现有效推广的关键。尽管在微博、抖音、哔哩哔哩等平台上发布广告是一种常见的营销方式，但如果缺乏精准定位，广告的实际效果往往不尽如人意。为了提高广告的精准度和效果，企业可以借助大数据技术，将广告精准推送到目标客户群体中。这样不仅能节省营销成本，还能在大数据的支持下制定更高效、更有针对性的销售方案。

（二）交叉销售模式

交叉销售模式主要包含两个方面：一方面，通过分析消费者的整体消费行为和偏好，挖掘其潜在需求，向其推荐更多相关产品或服务；另一方面，通过分析消费者的具体消费行为，发现其可能感兴趣的其他商品类别，从而进行跨品类营销。

在大数据时代，消费者的网络消费行为构建了一个无形但强大的网络，将具有相似偏好的消费者以及单个消费者的多样化需求紧密相连。因此，企业需要全面获取并深度分析消费者的行为数据及其偏好信息。通过大数据分析，企业可以建立高效的交叉销售模式，深入挖掘消费者的潜在需求及其购买能力，并据此实时调整销售策略，更好地满足市场需求，提升销售业绩。

交叉销售模式的核心在于通过客户关系管理，识别顾客的多样化需求，并通过提供相关的产品或服务来满足这些需求。这种模式不仅能够提升客户的忠诚度和满意度，还能持续挖掘客户的潜在消费能力，从而提升企业的盈利水平。通常情况下，消费者在购买某类产品时，可能会对同类产品产生持续的购买需求，但对其他类别产品的兴趣则不一定强烈。此时，企业可以通过大数据技术分析消费者的需求特点，并与不同领域的品牌或产品进行合作，创造新的消费需求。

大数据技术的发展为企业的交叉销售提供了有力支持。通过对消费者和产品数据的深度分析，企业能够设计出更有针对性的销售组合，从而在市场竞争中占据优势。

（三）跟进式营销

在大数据时代，市场营销从传统的单向模式转变为企业和客户之间的双向互动式营销。这一转变得益于大数据分析技术的应用，推动了市场营销的良性发展。

单向营销，顾名思义，就是企业单向进行市场营销。传统单向营销模式下，企业在产品设计前进行市场调研，并在充分准备后将产品投入市场。然而，这一过程往往处于封闭状态，企业无法实时获取市场动态信息。从产品设计到上市期间，市场环境可能发生显著变化，但企业只能在产品上市后通过再次调研来调整策略，导致反复修改产品设计，消耗大量人力、物力和财力，最终影响企业的盈利预期。

在大数据时代，双向跟进式营销模式成为主流。企业能够实时获取并分析市场和消费者的反馈数据，及时调整产品设计和营销策略，以适应市场需求。即使出现产品定位偏差，企业也能迅速作出反应，减少不必要的资源浪费。此外，这种模式突破了时间和空间的限制，使企业能够更加灵活地开展业务，提升市场竞争力。

课堂思考

在信息过载的时代，企业应如何在销售中保持客户的关注？你认为个性化销售策略如何应对市场变化和客户需求的快速变化？

____

____

学习总结

学习项目	学习目标	评分
学习过程评价	评估学生的学习方法和策略，如笔记记录和学习情况	
	评价学生的学习态度，如上课专注度、参与度和课堂表现等	
	评价学生的合作情况，如团队合作和课堂互动等	
学习成长评价	设计自我评价的方式，让学生评估自己的学习进步和成长	
	促进学生的反思能力，引导他们思考学习过程中的挑战和改进方向	
	评估学生目标的达成情况，帮助他们认识到自己的成就和进步	
合计：综合分数________。师评（70%）+ 自评（30%）		总分：10 分

任务二 销售收入与客户价值分析

情景导入

李先生发现，尽管某些用户的购买额较小，但他们在店内的活跃度和社交互动频率非常高。通过大数据分析，他们深入了解了这部分用户的偏好和行为习惯。为了提高销售收入，他们决定针对这些用户推出定制化的特别活动和社交互动功能，如专属功能、个性化推荐和社区互动活动。虽然单个用户贡献的直接销售额不大，但这些举措显著提升了用户的参与度和忠诚度，进而带动了整体销售收入的增长。最终，这部分用户不仅成为品牌的忠实粉丝，还通过口碑传播吸引了更多的新客户，实现了销售与品牌影响力的双赢。

深思熟虑

思考题一：为什么有些用户购买力较小，但对平台的活跃度和社交互动频率却很高？这种用户对平台的价值体现在哪些方面？

思考题二：在其他行业中，你认为还有哪些用户行为数据可以用于提高销售收入？

知识要点

一、大数据背景下的销售收入分析

大数据时代下，内部经营管理者分析销售收入，一方面要看收入的整体增长率与增长额，另一方面要深入分析销售增长或下降的具体原因，要对客户、产品、价格进行多维度分析。

客户分析的目标是找出那些公司的重要客户，从而制定针对不同客户的产品策略。产品分析引入了波士顿矩阵模型，利用该模型找出金牛产品、明星产品、问题产品和瘦狗产品，从而为下一步公司的资金投向和产品发展战略提供数据支持。价格方面通过价格弹性的分析，确定产品是否有价格弹性，从而确定相应的价格策略。

对于数据分析的数据源，可以从企业财务报表中获取，也可以从企业内部管理报告中获取，同时，还可以从外部网站搜索分析所需的信息。

（一）销售收入整体分析

销售收入也称营业收入，营业收入按比重和业务的主次情况，一般可分为主营业务收入和其他业务收入。主营业务收入包括产成品、代制品、代修品、自制半成品和工业性劳务销售收入等。其他业务收入包括除产品销售收入以外的其他销售收入，如材料销售收入、包装物出租收入以及运输等非工业性劳务收入。

分析一个公司的销售收入，首先要了解销售收入的整体情况，如本期销售收入总额是多少，本季度销售收入总额是多少，累计销售收入总额是多少，同比去年同期或环比上月的销售收入是增加了还是减少了，这些数据相比同行业其他企业的销售收入数据是好是坏？这都是所需要分析的。

另外，还需要了解其他相关性指标，例如销售收入增长率与其他财务指标增长率的关系，如净利润增长率、应收账款增长率、预收账款增长率等。全面地了解销售收入指标，才能做出有效的经营决策，从而提高销售收入以及市场占有率。

1. 总量分析

营业收入是衡量企业经营状况和市场占有能力、预测企业经营业务拓展趋势的重要标志。不断增加的营业收入是企业生存的基础和发展的条件。销售总额与增长速度是表明企业整体实力的重要标志，增长速度越快，企业抵御风险的能力越大。销售总额不仅仅是企业本期收入总额，还需要对各产品以及各区域的销售总额进行分析。

2. 增长性分析

要了解本期指标的好坏，需要对本期指标做同比与环比分析，同比是指本期数据与历史同期数据进行比较，环比是指本期数据与相邻两月进行比较。同比和环比的侧重点不同，同比更加侧重反映长期的大趋势，也就规避了季节的因素，而环比会突出显示数据的短期趋势，会受到季节等因素的影响。

3. 纵向对比分析

纵向对比分析反映收入的增减变化趋势，通过纵向分析可以分析出销售收入的季节因素；依据行业销售淡旺季规律，与销售数据中的销售行程进行对比，分析淡旺季发展规律。这些分析可以为客户提供渠道压货规则及生产运作规划。纵向对比可以结合行业未来发展及其他影响企业发展的潜在因素对企业下一期收入进行前瞻性预测。一般的纵向对比可以按月比较、按季度比较或按年比较。

4. 横向对比分析

了解了本企业的基本情况，还需要对本企业与行业内标杆企业或行业标准做一个比较分析。通过横向比较，了解企业在行业中的地位及与标杆企业的差距。标杆企业指的是行业内代表性企业，一般为知名度高、信誉好、有发展潜力、综合实力强的企业。行业标准是以一定时期一定范围内的同类企业为样本，采用一定的方法对相关数据进行测算而得出的平均值。

5. 相关性分析

（1）收入增长率与净利润增长率。与收入关联最紧密的是利润，本期收入与本期利润的关联性可以反映公司的经营状况，若利润增长率高于销售收入增长率，通常表明公司的盈利能力增强；反之，若销售收入增长率明显高于利润增长率，则可能反映毛利率下降或公司成本与费用上升的趋势。可见，分析销售收入与净利润增长率差异的原因至关重要。利润增长率高于收入增长率的因素，可能是产品销售结构的变化，如高毛利率产品的销售占比提升等，也可能是公司对成本及费用的控制得当；或公司的核心竞争力持续增强，或行业景气度维持高位。

（2）收入增长率与应收账款增长率。一般来说，应收账款与营业收入存在一定的正相关关系。在较好的经营状况下，应收账款的增长率往往小于营业收入的增长率，当应收账款增长率大于营业收入增长率时，说明营业收入中的大部分属于赊销，资金回笼较慢，企业的资金利用效率有所降低，影响了企业的资产质量，从而加大了经营风险，应收账款的变现速度仍有待加强。

在日常经营中，往往会出现应收账款增长率与营业收入增长率不配比的现象，原因往往有以下几点：企业放宽赊销政策，导致销售额有所增长，但增长幅度小于应收账款的增长幅度；关联方销售占总销售的比例较高，且收款缺乏规律性；企业管理不善，原有应收账款无法收回，同时盲目发展新客户，加剧了应收账款问题；市场供不应求，客户需预付货款，导致预收账款增加，应收账款减少；企业无法适应市场变化，销售下滑，但应收账款未能及时收回。

（3）收入增长率与预收账款增长率。预收账款是企业下游议价能力的体现，也是收入的先行指标。预收账款大幅增加的企业，收入接下来大概率也会增加，但考虑预收账款时必须区分行业，常见的采用预收账款模式的行业有：地产、白酒、软件科技类企业等。

（二）客户维度分析

企业经营的目的是盈利，因此，资源分配需要根据客户价值进行优化。企业通常会将客户按价值分为不同等级和层次，以便将有限的时间、精力和财力集中在高价值客户身上。根据二八法则，20% 的高价值客户往往贡献了企业 80% 的利润。因此，识别并服务好这些高价值客户，提升他们的满意度和忠诚度，是企业持续盈利的关键。同时，企业也应合理评估低价值或负价值客户，采取相应策略，如优化服务成本或调整客户结构，以实现资源的最优配置和长期发展。

1. B2B 与 B2C 客户

企业不仅仅要将客户按客户价值划分，还需要按照客户属性划分为商业客户或零售客户，也就是常说的 B2B 或 B2C。B2B 是 business-to-business 的缩写，指的是一个机构将产品或服务销售给另一个机构，供其自行使用或销售给其他企业使用。B2C 是 business-to-customer 的缩写，指的是直接面向消费者销售产品和服务，也就是通常说的商业零售。在进行数据分析时要注意客户属性不同，数据呈现的特点也不同。

2. 新客户与老客户

从客户新旧角度来看，企业的收入来源可以分为三类：老客户老业务、老客户新业务、新客户新业务，也可以简化为老客户业务收入和新客户业务收入。对于潜在客户，企业应通过传统的市场营销组合（4P 策略），利用广告宣传和促销活动吸引他们购买产品，将其转化为新客户。而对于老客户，他们已经体验过企业的产品或服务，并感到满意，企业应重点维护，鼓励他们持续购买现有产品或尝试新产品。

无论是新客户还是老客户，企业都需要与他们保持黏性。留住老客户是企业保持长期竞争优势的关键。随着服务从标准化、细致入微的阶段发展到个性化、顾客参与的阶段，成功的企业和营销人员将老客户的留存视为重中之重。相比单纯追求市场占有率和规模经济，留住老客户对企业效益的贡献更为显著。

3. 客户 ABC 分类法

ABC 分类法又称巴雷托分析法，它是根据事物在技术或经济方面的主要特征，进行分类排队，分清重点和一般，从而有区别地确定管理方式的一种分析方法。由于它把分析的对象分成 A、B、C 三类，所以又称为 ABC 分析法。其中 A 类客户约占 10% ～ 15%，B 类客户约占 15% ～ 25%，余下为 C 类客户，其中 A 类客户为最重要的成熟客户。

客户分类的依据可以采用客户采购额或者毛利贡献额等指标。根据分类，对不同客户做不同层级的关系维护，定制专属的销售策略方案，从而达到销售目标。

（三）产品维度分析

有人认为产品是企业赖以生存的根本，而产品创新是企业的生命线，还有人认为产品质量是企业的生命线。可见，产品对于一个企业来说，是至关重要的。销售收入除了可以按照客户维度进行分析以外，还可以按照产品维度进行分析。

1. 波士顿矩阵

波士顿矩阵又称市场增长率—相对市场份额矩阵，由美国著名的管理学家、波士顿咨询公司创始人布鲁斯·亨德森于 1970 年提出。销售增长率与市场占有率既相互影响，又互为条件，通过两个因素相互作用，会出现四种不同性质的产品类型，形成不同的产品发展前景，这四类产品分别是金牛产品、明星产品、瘦狗产品和问题产品四个类型，如图 6-1 所示。

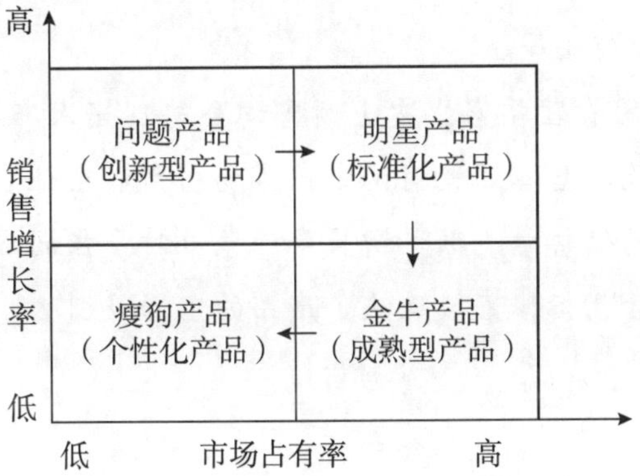

图 6-1　波士顿矩阵

波士顿矩阵

（1）金牛产品。金牛产品是指处于低销售增长率、高市场占有率象限内的产品群，通常已进入成熟期。这类产品能为企业带来大量现金流，但由于市场趋于饱和，未来增长空间有限。由于市场成熟，企业无需大量投资扩展市场规模，同时作为市场领导者，金牛产品享有规模经济和高边际利润的优势，从而为企业提供稳定的现金流。企业通常利用金牛产品的收益来支付账款，并支持其他需要大量资金投入的产品线。金牛产品适合采用稳定战略，旨在维持战略事业单位（SBUs）的市场份额。典型的金牛产品包括百度的搜索业务、腾讯的游戏业务和用友公司的 U8 产品线。

（2）明星产品。明星产品具有快速增长的销售增长率和占支配地位的市场份额，但也许不会产生正现金流量，这取决于新工厂、设备和产品开发对投资的需要量。明星产品是由问题产品继续投资发展起来的，可以视为高速成长市场中的领导者，它将成为公司未来的金牛产品。但这并不意味着明星产品一定可以给企业带来源源不断的现金流，因为市场还在高速成长，企业必须继续投资，以保持与市场同步增长，并击退竞争对手。常见的明星产品如用友公司的云系列、阿里的盒马生鲜业务线等。

（3）瘦狗产品。瘦狗产品是指那些销售增长率低、市场份额低的产品。这类产品通常无法产生大量现金流，且缺乏改善绩效的潜力。一般情况下，瘦狗产品往往只能带来微薄利润，甚至可能处于亏损状态。它们之所以存在，更多是由于情感因素，尽管长期微利经营，但企业可能像对待多年陪伴的狗一样，难以割舍。然而，瘦狗产品通常会占用大量资源，如资金和管理层的时间，多数情况下得不偿失。因此，瘦狗产品适合采用收缩战略，即通过出售或清算业务，将资源重新分配到更具潜力的领域。

（4）问题产品。问题产品是指那些具有高销售增长率但市场份额较低的产品。这类产品通常处于市场初期，带有较大的风险和不确定性。尽管它们可能利润率较高，但由于市场份额较小，往往需要大量资金投入来扩大生产、提升设备、增加人员，以跟上市场发展并超越竞争对手。因此，公司必须谨慎评估是否继续投资这些产品。只有那些符合企业长期战略目标、具备资源优势、并能增强核心竞争力的产品，才能获得进一步的投资和发展机会。

知识链接

波士顿矩阵（BCG Matrix），又称市场增长率—相对市场份额矩阵、波士顿咨询集团法、四象限分析法、产品系列结构管理法等。

波士顿矩阵由美国著名的管理学家、波士顿咨询公司创始人布鲁斯·亨德森于1970年。波士顿矩阵指出，决定产品结构的基本因素有两个：市场引力和企业实力。其中，市场引力作为外部关键因素，主要通过市场的销售量（额）增长率、竞争对手强弱和盈利水平等指标来衡量，而销售增长率作为最核心的综合指标，直接反映了产品的市场吸引力水平，从根本上决定了企业产品组合的战略合理性。

2. 产品维度分析指标

常见的产品维度分析指标有产品销售收入排名、产品毛利率排名、产品收入增长率、产品成本增长率、产品市场占有率。通过这些指标的分析，找到上述四类产品，并分解价格因素与销售因素对产品收入增长的影响，从而进行价格维度的分析。

（四）价格维度分析

增加销售收入的途径之一是提高产品价格，但如何提高、提高多少是顾客可接受的，是必须思考的问题，价格过高，会导致客户的流失；价格过低，会导致销售收入的减少，从而降低一些财务指标，影响公司的整体运营。可见，价格的变化会导致产品需求量的变化。

分析产品价格的财务指标有主营产品的销售价格历史趋势、主营产品的市场价格历史趋势、主营产品的采购价格历史趋势、主营产品的进销差价对比、主营产品的厂商数量、主营产品的国内外政策影响。比较产品价格与市价的关系，从而判断该产品在其市场的地位；比较产品进销差价，判断其盈利区间；比较厂商数量，判断竞争程度；分析政策，可判断政策对价格的影响。而这些指标的分析数据来自企业内部数据以及外部数据。

（五）实战演练：销售收入分析

1. 案例引入

2024 年 10 月 8 日，AJHXJL 集团召开业务经营分析会，会上要求财务总监对公司的销售情况进行专项分析，全面深入地分析公司的销售收入状况，为经营决策提供数据支撑。

2. 任务目标

财务总监从整体收入、客户维度、产品维度、价格维度四个方面展开分析，洞察数据背后的含义，溯源分析指标增减变动的合理性与异常项，给管理层后续决策提供支持。

3. 任务实现

登录新道大数据教学平台，选择“销售分析与预测实战演练”，根据平台中的任务指南完成操作。以“销售收入整体分析”为例，操作步骤如下：

（1）根据分析目标，确定分析的指标与内容为：本期集团营业收入、各机构本期营业收入、母公司营业收入结构、母公司各项产品的收入构成、母公司历年营业收入横向对比、母公司营业收入趋势图（按季）。

（2）以“本期集团营业收入”为例，可视化设计过程如下：

①新建故事板，将其命名为“销售收入整体分析”，保存在“我的故事板”文件夹里。

②新建可视化，将其命名为“本期集团营业收入”，数据表选择“销售收入汇总—销售收入总体统计”，该表存放在“数据集销售分析”中。

③设置维度与指标。维度为空值，指标选择金额（汇总方式为求和）。

④设置图形，可以选择指标卡。

⑤设置过滤条件，由于是对 2024 年收入进行分析，所以需要添加一级子项，包含主营业务收入和其他业务收入；“年”为“2024”。

⑥指标计算完毕，单击【保存】→【退出】。

二、客户价值分析

（一）客户价值分析的含义

客户价值分析是一种面向消费者的方法，被认为是客户忠诚度管理过程中的关键要素之一，其目的是通过分析客户行为和需求，制定激励消费的策略，如定价优化、产品改进等，以提升客户对价值的感知，进而增强客户忠诚度。但是每个客户的价值是不同的，给公司带来的价值也是不同的，而企业的资源有限，不能把企业资源平均分配到每个客户身上，这既不经济也不切实际，可能造成企业资源浪费，所以需要对客户价值进行分析。

（二）航空公司客户价值分析案例背景介绍

面对激烈的市场竞争，各家航空公司相继推出了更优惠的营销方式来吸引更多的客户，国内某航空公司面临着常旅客流失、竞争力下降和航空资源未充分利用等经营危机。通过建立合理的客户价值评估模型，对客户进行分类，分析比较不同客户群体的价值，并制定相应的营销策略，对不同的客户群体提供个性化的客户服务是必须的和有效的。那么，面对海量的客户数据，如何对其进行分类呢？我们可以利用大数据算法中的聚类对客户进行智能分组。

（三）聚类

1. 聚类的概念

聚类是把数据对象集合按照相似性划分成多个子集的过程。每个子集是一个簇，使得簇中的对象彼此相似，但与其他簇中的对象不相似，如图 6–2 所示。

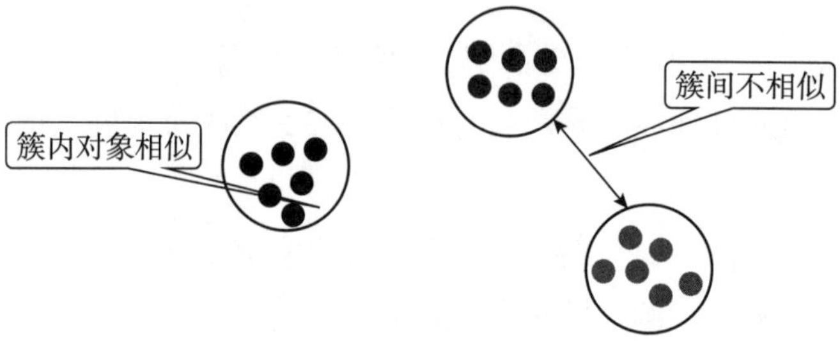

图 6–2　聚类分布图

聚类是无监督学习的典型例子，因为输入数据没有类标号信息。聚类的目标是通过算法自动发现数据中的结构，将相似的数据点归为一类，形成簇（组）。最终，我们需要根据业务需求或数据特征来解释这些簇，并为它们赋予实际意义。生活中常说的“物以类聚，人以群分”，正是描述了不同事物或人因特征的相似性而自然形成的分组。

聚类与分类的最大区别在于，分类的目标是预先定义的，例如猫、狗识别任务中，分类的目标是明确分为猫和狗两类；而在聚类中，目标类别是未知的。以动物数据集为例，你并不清楚数据集中包含多少种类的动物，只能通过聚类算法根据特征相似性将其自动划分为若干簇。之后，你可以通过观察每个簇的特征，为它们赋予实际意义。例如，将动物集分为三簇后，根据特征将其命名为大象、狗、猫等。这就是聚类的基本思想。聚类最常用的算法是 k–means 算法。

2. k–means 算法

k–means 算法是将数据分成 k 个组（簇），并使得在每个组（簇）中所有点与该组（簇）中心（质心）距离的总和最小。这样每个组（簇）内的数据相似性高，组（簇）之间数据的相似性低，如图 6–3 所示。

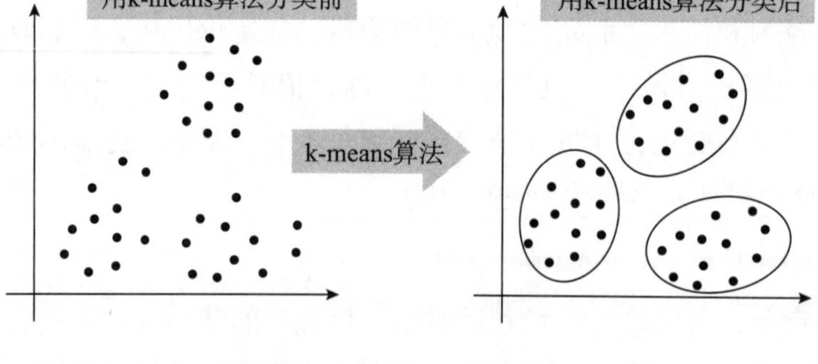

图 6–3　k–means 算法分组

k-means 算法的计算过程如图 6-4 所示。

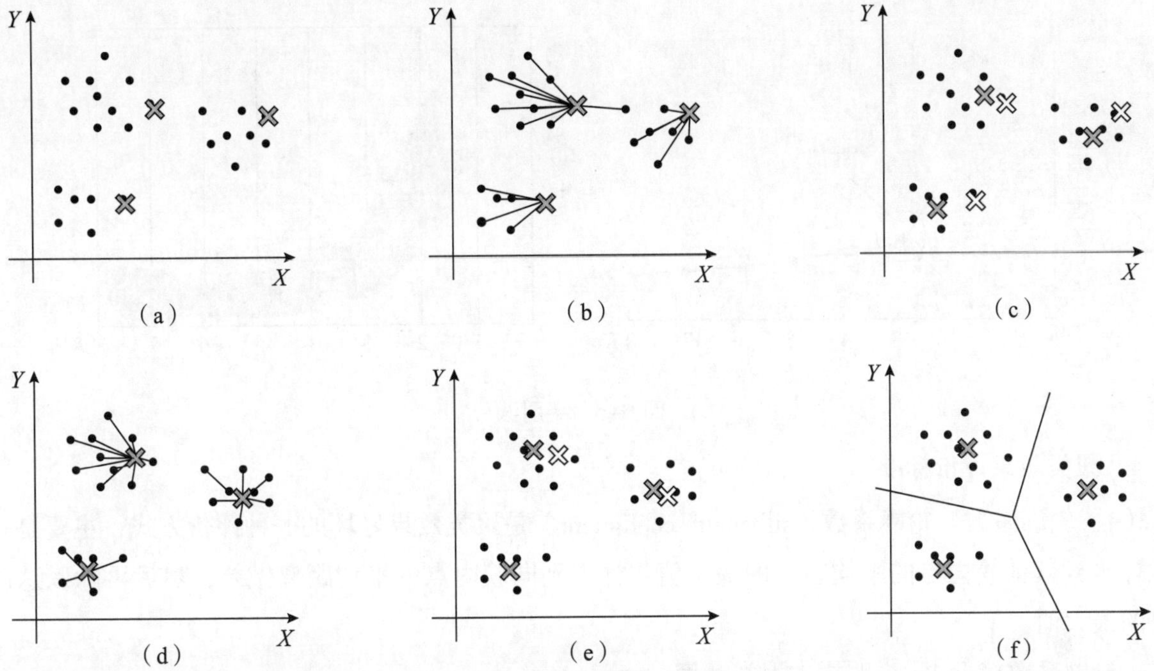

图 6-4 k-means 算法的计算过程

假设将图 6-4 中的数据聚成 3 个簇，过程如下：

①随机选择 3 个对象作为初始的质心；

②对每个样本找到距离自己最近的质心，完成一次聚类。如果此次聚类前后样本点的聚类情况不同，继续下一步；

③根据该次聚类的结果，更新中心点；

④对每个样本找到距离自己最近的质心，完成一次聚类；如果与此次聚类前样本点的聚类情况不同，继续下一步；

⑤根据该次聚类的结果，更新中心点；

⑥对每个样本找到距离自己最近的中心点，完成一次聚类。如果与此次聚类前样本点的聚类情况相同，算法终止。

3. k-means 聚类个数的确定

由于 k（簇的个数）是事先给定的，k 值的选取对于聚类效果的好坏有很大的影响。如何确定合适的 k 值呢？确定 k 值的方法有三种：误差平方和法、手肘法、轮廓系统法，最常用的是手肘法。

手肘法是指当选择的 k 值小于真正的 k 时，k 每增加 1，聚类误差就会大幅度减小；当选择的 k 值大于真正的 k 时，k 每增加 1，聚类误差的变化就不会那么明显。真正的 k 值就会在这个转折点，类似肘部的地方。

运用手肘法的具体步骤是：让 k 从 1 开始取值，直到取到认为合适的上限为止（一般来说这个上限不会太大，这里我们选取上限为 8），对每一个 k 值进行聚类并且记下对应的误差平方和，在这个误差平方和的变化过程中，会出现一个拐点，即“肘点”，下降率突然变缓时即认为是最佳的 k 值。然后画出 k 和误差平方和的关系图（毫无疑问是手肘形），最后选取肘部对应的 k 作为最佳聚类数，如图 6–5 所示。

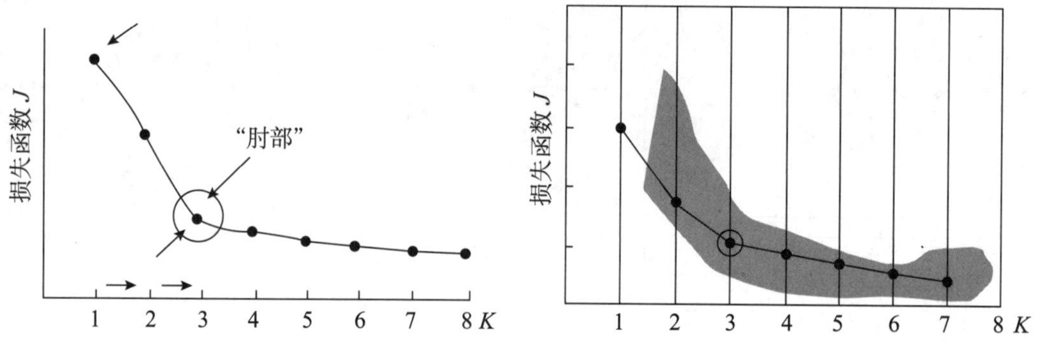

图 6–5 手肘法

4. 聚类效果评价标准

（1）轮廓系数。轮廓系数（silhouette coefficient）是聚类效果好坏的一种评价方式，主要是指对任意样本到其他簇内点的平均距离的最小值与样本到同簇内点的平均距离做差，然后再除以这两个距离的最大值。

①轮廓系数接近 1，说明样本聚类合理；

②轮廓系数接近 -1，说明样本更应该分类到另外的簇；

③轮廓系数近似为 0，则说明样本在两个簇的边界上。

（2）戴维森堡丁（DBI）指数。戴维森堡丁（DBI）指数，又称为分类适确性指标，是由大卫·戴维斯和唐纳德提出的一种评估聚类算法优劣的指标。它是指任意两类别（簇）的类内样本到类中心平均距离之和除以两类（簇）中心点之间的距离，取这些距离的最大值，然后求所有的最大值的平均值。DBI 越小意味着类（簇）内距离越小，同时类（簇）间距离越大，即聚类效果较好。

（四）实战演练

1. 数据获取

数据来源于 GitHub（一个开源代码库）。

2. 航空公司客户数据与待选变量指标

抽取航空公司部分乘客记录的数据，基于 k–means 对航空公司客户聚类。根据 LRFMC 模型确定聚类数据指标。美国数据库营销研究所在客户数据分析中发现了三个重要的指标：最近一次消费（recency 近度）、消费频率（frequency 频度）、消费金额（monetary 额度），它们是衡量客户价值的重要标准。RFM 分析是一种探索性分析方法。

消费金额表示在一段时间内客户购买该企业产品的金额的总和。由于航空票价受到运输距离、舱位等级等多种因素的影响，同样消费不同金额的旅客对航空公司的价值是不同的，例如，一位购买长航线、低等级舱位票的旅客与一位购买短航线、高等级舱位票的旅客相比，后者对于航空公司而言更有价值。因此这个特征并不适用于航空公司的客户价值分析。

所以本案例选择客户在一定时间内累积的飞行里程和客户在一定时间内乘坐舱位所对应的折扣系数两个特征代替消费金额。同时在本案例中，航空公司会员入会时间的长短在一定程度上能够影响客户价值，所以在模型中增加客户关系长度，作为区分客户的另一特征。

最终本案例将上一次消费间隔 R、乘机次数 F、飞行总里程 M、折扣系数的平均值 C 和会员入会时长 L 这五个特征作为航空公司识别客户价值的特征，如图 6-6 所示，记为 LRFMC 模型。其特征含义如下：

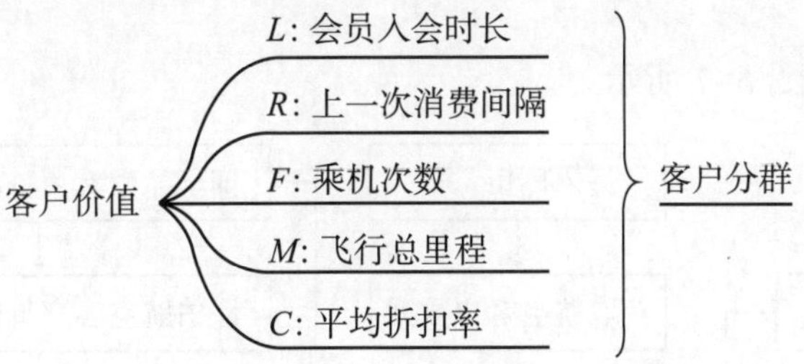

图 6-6　航空客户价值 LRFMC 模型

（1）L：会员入会时长，反映活跃的时长。

（2）R：上一次消费间隔，即客户最近一次乘坐公司飞机距观测窗口结束的月数，反映当前的活跃状态。

（3）F：消费频率，即乘机次数，反映客户的忠诚度。

（4）M：客户在观测窗口内累计的飞行里程，反映客户对乘机的依赖性。

（5）C：平均折扣率，客户在观测窗口内乘坐舱位所对应的折扣系数的平均值，反映客户价值的高低。

3. 数据挖掘工具实现过程

步骤一：选择数据源。在操作平台里，已经内置好了“聚类数据”，可以直接使用。如果想自行上传数据，可以单击【选择数据源】，上传所需数据，单击【保存】。

步骤二：配置模型。单击【配置模型】，平台左侧区域会出现多种可供选择的模型，选择聚类分析中的【k-Means】，设置聚类变量、聚类个数范围和最佳聚类个数。其中聚类变量可选择会员入会时长、上一次消费间隔、乘机次数、飞行总里程和平均折扣率。聚类个数范围，即将数据分成组数的范围需要人为给出，这里填写 1 和 20，然后单击【计算】按钮，生成一张聚类误差与聚类个数的关系图，利用手肘法找到最佳聚类个数，即最佳聚类个数为 2；最后单击【保存】。

步骤三：开始建模。单击【开始建模】，建模完毕之后单击【查看训练结果】，然后将结果导出保存在本地电脑上。

步骤四：总结分析。根据“上一次消费间隔”“乘机次数”“飞行总里程”“平均折扣率”“会员入会时长”五个维度将客户分成两组，一组是重要客户，另一组是一般和低价值客户，也可以总结为两个簇。

簇 1：重要客户。“会员入会时长”长，“上一次消费间隔”（最近乘坐航班）时间短，“乘机次数”“飞行总里程”“平均折扣率”较高，公司应将资源优先投放到这类客户身上，进行差异化管理，提高客户的忠诚度和满意度。

簇 2：一般和低价值客户。“会员入会时长”长，“上一次消费间隔”时间长，其他属性都较低，这类客户可能在打折促销时才会选择消费。

在查看训练结果时，只显示前两个维度的数据，即“会员入会时长”和“上一次消费间隔”。DBI 指数越小表示聚类效果越好，轮廓系数越大表示聚类效果越好。

需要注意的是，由于每次聚类随机选取初始聚类中心点，所以每次结果可能会不同，但是结果差别不大。

4. Python 代码实现

Python 代码实现过程如图 6-7 所示。

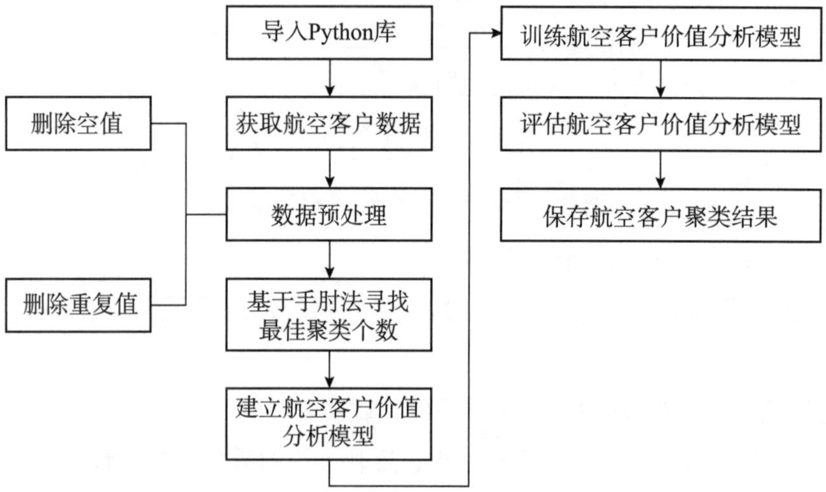

图 6-7 Python 代码实现过程

操作步骤如下：

（1）导入 Python 库文件。

（2）获取数据：利用 pandas 的 read_csv 方法获取数据。

（3）数据预处理。

①删除含有空值数据的记录；

②删除重复的记录，保留第一条记录。

（4）利用手肘法找到最佳聚类个数。

①初始化变量：用于存储每次聚类的误差平方和；

②计算聚类个数从 1 到 9 的聚类误差平方和；

③判断可视化聚类误差与聚类个数之间的关系；

④根据手肘法找到聚类最佳个数。

（5）建立航空客户价值分析模型：调用 sklearn 的 k-means 算法建立模型，并传入根据手肘法找到的最佳聚类个数。

（6）训练航空客户价值分析模型：利用航空客户数据训练模型。

（7）评估航空客户价值分析模型。

①调用 sklearn 的 silhouette_score 方法，计算平均轮廓系数，平均轮廓系数越大越好。

②调用 sklearn 的 davies_bouldin_score 方法，计算 DBI 指数，DBI 指数越小越好。

（8）保存客户聚类结果：获得模型聚类结果标签，调用 pandas 的 to_csv 方法，保存聚类结果。

课堂思考

企业在大数据时代如何利用数据分析提高销售收入，同时确保客户隐私和数据安全？

____

____

学习总结

学习项目	学习目标	评分
学习过程评价	评估学生的学习方法和策略，如笔记记录和学习情况	
	评价学生的学习态度，如上课专注度、参与度和课堂表现等	
	评价学生的合作情况，如团队合作和课堂互动等	
学习成长评价	设计自我评价的方式，让学生评估自己的学习进步和成长	
	促进学生的反思能力，引导他们思考学习过程中的挑战和改进方向	
	评估学生目标的达成情况，帮助他们认识到自己的成就和进步	
合计：综合分数________。师评（70%）+自评（30%）		总分：10分

任务三　企业采购模式的变化

情景导入

一家汽车制造公司在全球供应链不确定性中面临挑战，尤其是原材料价格波动大、采购策略不够灵活，导致生产计划频繁受影响。为解决这一问题，该公司引入了大数据分析系统，实时监测全球经济状况、原材料市场走势、地缘政治风险等因素。通过分析历史数据和市场趋势，系统能够更准确地预测原材料价格变化。当预测到价格下跌时，公司提前大量采购；当价格上涨时，则调整生产计划或寻找替代材料。此外，系统还帮助优化库存管理，避免过度囤积或短缺。这种基于数据的战略寻源使公司能够更好地应对市场波动，保持生产稳定，并降低了成本。

深思熟虑

思考题一：可预测的战略寻源如何帮助企业降低采购风险？它对生产计划有何影响？

思考题二：在当前不确定的国际贸易环境下，你认为其他制造业可以通过什么方法适应并优化采购模式？

知识要点

近年来大数据技术飞速发展，正在颠覆传统采购业务模式。数字化采购通过应用人工智能、物联网、机器人流程自动化和协作网络等技术，打造可预测战略寻源、自动化采购执行与前瞻性供应商管理，从而降低合规风险，实现降本增效，将采购部门打造成企业新的价值创造中心。

一、可预测战略寻源

在战略寻源（即从寻源到合同）环节，数字化采购将完善历史支出知识库，实现供应商信息、价格和成本的完全可预测性，优化寻源战略并为决策制定提供预测和洞察，从而支持寻源部门达成透明协议，持续节约采购成本。

首先，数字化采购将建立实时支出管理体系和支出知识库，应用预测分析技术，帮助企业预测采购需求和支出结构，进而定位关键支出，实现可持续降本战略。

其次，数字化采购将提供强大的协作网络，帮助企业发掘更多合格的供应商资源，同时智能分析和预测供应商的可靠性和创新能力，并依据企业发展蓝图预测未来供应商群，逐步实现战略寻源转型。

再次，数字化采购将应用智能分析技术，预测供应商对企业成本与风险的影响，为寻源提供可视化预测及业务洞察，从而提升供应链的整体透明度，帮助企业更加智能和迅速地制定寻源决策。

最后，数字化采购将智能预测供应商谈判的场景和结果，分析并推荐最优供应商和签约价格，同时自动执行供应商寻源任务，最终建立可预测的供应商协作模式。

二、自动化采购执行

在采购执行（即从采购到付款）环节，数字化采购将提供自助式采购服务，自动感知物料需求并触发补货请购，基于规则自动分配审批任务和执行发票及付款流程，从而加速实现采购交易自动化，有效管控风险和确保合规性，大幅提升采购执行效率。

首先，数字化采购将通过目录化采购，构建基于品类的自动化采购流程，从而帮助企业加强全流程控制，实现差异化品类分析，并在复杂的支出类别中发现可持续的成本节省。

其次，数字化采购通过批量执行重复性任务、自动触发请购及审批流程，实现核心的采购到发票管理活动的自动化和标准化，帮助企业全面提高采购效率，持续降低管理成本。

再次，数字化采购能够应用智能合约技术自动触发付款流程，根据企业需求提供快捷的供应链金融功能，推动付款管理更加安全与高效，打造前所未有的付款管理方案。

最后，数字化采购通过构建风险与合规管理生态系统和应用机器人流程自动化技术，将风险与采购管理无缝嵌入采购流程，从而自动监控各环节采购行为和生成审计跟踪，帮助企业快速洞察风险与机遇，有效控制采购风险。

三、前瞻性供应商管理

数字化采购将应用众包、网络追踪和 VR 等技术，全面收集和捕捉供应商数据，构建全方位供应商生命周期管理体系，实现前瞻性风险规避与控制，从而提升供应商绩效与能力，支持采购运营持续优化。

其一，数字化采购能够建立实时监测和定期评估机制，将数据转化为切实可行的洞察和预测，从而打造前瞻性绩效管理，逐步优化供应商资源。

其二，数字化采购将应用数据捕捉和采集技术，基于大数据进行前瞻性预测分析，实时洞察潜在的供应商风险，帮助企业建立先发制人的风险管理模式。

课堂思考

在自动化采购执行中，如何确保系统的灵活性，以适应不断变化的市场和供应链条件？

____

____

学习总结

学习项目	学习目标	评分
学习过程评价	评估学生的学习方法和策略，如笔记记录和学习情况	
	评价学生的学习态度，如上课专注度、参与度和课堂表现等	
	评价学生的合作情况，如团队合作和课堂互动等	
学习成长评价	设计自我评价的方式，让学生评估自己的学习进步和成长	
	促进学生的反思能力，引导他们思考学习过程中的挑战和改进方向	
	评估学生目标的达成情况，帮助他们认识到自己的成就和进步	
合计：综合分数________。师评（70%）+ 自评（30%）		总分：10 分

任务四 数字化采购管理的构成要素

情景导入

为了更好地应对复杂的供应链环境，某公司决定全面升级数字化采购管理系统。他们建立了一个全球数据中心，整合了来自各地的采购数据。通过对数据的深入分析，他们更好地了解了供应链各个环节的运作情况。

同时，该公司引入了一套先进的数字化采购管理工具。这个工具箱不仅包括订单处理、供应商信息管理等基础功能，还整合了人工智能预测模块，提供了更准确的采购建议。为了提高员工使用这些工具的效率，公司制定了培训计划，确保员工能够熟练掌握数字化采购管理技能。通过这些举措，数字化采购管理成为公司运作的核心，带来了高效的采购流程和成本控制。

深思熟虑

思考题一：数字化采购管理系统对企业有哪些实际的好处？它是如何提高采购效率的？

思考题二：数字化采购管理在当前数字时代中的重要性是怎样影响企业竞争力的？

知识要点

数字化采购可帮助企业大幅提高采购速度、效率与敏捷性。数字化采购系统为决策者提供更全面的视角，可以降低风险，提高合规性，最终提高采购部门可管控的支出项目，为企业带来更多价值。但是，要构建数字化采购体系并非易事，要求企业掌握一整套复合知识体系，具体涵盖以下五大要素：数据、技术工具箱、直观的用户体验、技能与人才以及新政策、新流程和新运作模式。

一、数据

数字化采购体系的核心是数据，而且是海量数据。企业运营的方方面面都离不开数据，包括预测客户需求、了解哪些产品或服务可以更好地满足这些需求，确定合适的供应商，并确定合理价格。

实际上在大多数企业，采购部门都无法有效利用海量数据分析供应商、定价、市场和众多其他因素，因此很难做出最优的商业决策。一般情况下，他们只收集交易数据，偶尔收集细项数据。他们并不注重收集背景信息，尤其是与流程步骤有关的数据，例如，审核和批准采购申请、确立合同以及招标流程等。此外，他们也没有充分利用各种重要的外部数据和第三方数据。要打造真正的数字化采购体系，企业应当有意识地获取比现在多得多的内部和外部数据。

二、技术工具箱

如果说数据是数字化采购的燃料，那么技术就是数字化采购的引擎。这里所说的技术，并不是支持业务流程的 ERP 类系统（无论是云方式还是其他），而是连接并赋予数据含义的技术，尤其是 AI、自然语言处理、数据分析和机器人技术。通过将数据和上述先进技术结合在一起，企业能够实现各种业务活动和流程的自动化或优化，在特定情况下，还能超越简单的自动化，实现高级的智能化。

三、直观的用户体验

为了实现数字化采购的最大价值，企业需要提供直观且吸引人的用户体验，以鼓励采购人员使用在线工具。使用数字化工具的人越多，采购效率就越高，企业能够收集的数据也越多。反之，如果用户体验不佳，采购人员可能会绕过数字化工具，选择不采购（因为流程过于复杂或耗时），或者通过其他途径完成采购。

理想的数字化采购体验应类似于亚马逊的模式：通过一个简洁的门户网站呈现相关信息，帮助用户轻松做出决策。复杂的流程在后台自动处理，用户无需感知。系统通过智能算法提供采购建议，而不是要求用户手动搜索数据库。这类似于亚马逊的商品推荐功能，用户无需主动搜索，系统便能推荐他们可能需要的商品。

四、技能与人才

创建和运作数字化采购体系，远非简单采集数据和使用数字化工具。真正的价值来源于构建一个跨职能团队，涵盖数据科学家、AI 专家、品类 / 行业专家、IT 专家和设计专家。这些领域的协同合作是成功的关键。

然而，许多企业在实施过程中面临两大挑战：一是难以招募到足够的品类及行业专家，二是合格的数据科学家和技术专家的稀缺。人才缺口成为实现采购体系数字化的主要障碍之一。因此，企业不仅需要在上述四个领域内挖掘和培养人才，还需以数字化的视角进行整体规划，避免单一领域的过度投资或资源分散。

五、新政策、新流程和新运作模式

数字化采购为采购人员和供应商提供了全新的协作与互动方式，使所有相关方都可以更加方便地获取数据和洞察。不过为了充分利用这些新功能，企业应该重新审视其政策和流程，确保每个人都了解自己在新采购流程中的角色和职责，以及如何做出最明智的决策。此外，采购部门的运作模式很可能也需要做大幅改动甚至推翻重来，从而与新的工作方式相匹配。

课堂思考

在数字化采购管理中，如何平衡系统的直观性与功能的完整性，以满足用户的多样化需求？

____

____

学习总结

学习项目	学习目标	评分
学习过程评价	评估学生的学习方法和策略，如笔记记录和学习情况	
	评价学生的学习态度，如上课专注度、参与度和课堂表现等	
	评价学生的合作情况，如团队合作和课堂互动等	
学习成长评价	设计自我评价的方式，让学生评估自己的学习进步和成长	
	促进学生的反思能力，引导他们思考学习过程中的挑战和改进方向	
	评估学生目标的达成情况，帮助他们认识到自己的成就和进步	
合计：综合分数________。师评（70%）+ 自评（30%）		总分：10 分

任务五 基于大数据分析的供应商画像

情景导入

某零售企业为了更好地了解供应链上的各个环节，进行了供应商画像的基础知识培训。通过学习大数据分析的基本概念，员工们能够更好地应用这些知识进行供应商画像的构建。

该公司选择采用聚类分析的方法，对供应商进行分类，识别出具有相似特征的群体。通过这个画像，公司更清晰地了解了每个供应商的特点，有针对性地进行了谈判和合作。最终，在实战演练中，公司成功通过大数据分析，提高了供应商的整体质量，降低了采购成本，实现了供应链的优化。整个案例展现了如何通过大数据分析，从销售模式到采购管理再到供应商合作，实现全面的商业转型和提升。

深思熟虑

思考题一：为什么了解供应商是优化供应链的关键步骤？供应商画像在这一过程中有何作用？

思考题二：除了零售业，你认为在哪些其他行业中构建供应商画像可以带来明显的效益？

知识要点

一、基础知识介绍

（一）供应商及供应商画像

1. 供应商的定义

供应商是向企业及其竞争对手供应各种所需资源的企业和个人，包括提供原材料、设备、能源、劳务和资金等。供应商的情况会对企业的营销活动产生巨大的影响，如原材料价格变化、短缺等都会影响企业产品的价格和交货期，并会因而削弱企业与客户的长期合作与利益。因此，对供应商的情况有一个较为全面的了解是十分有必要的。

2. 供应商画像的定义

在选择一款产品时，面临的就是相同产品不同厂商的筛选，选择供应商 A 的产品还是选择供应商 B 的产品？应该对比哪些维度？一系列的问题就随之而来。

想要选择一款产品，产品的供应商选择是非常重要的环节。企业只有客观、科学地评估供应商，对供应商进行有效的管理，才能为客户提供价值最大化的产品与服务。因此，供应商的选择是采购的前提，而在供应商的选择中，供应商评估则是一个关键环节，供应商画像可以很好地反映出供应商评估的结果。

目前，供应商评估的维度有很多，例如：财务水平、生产能力、生产设备、人力资源、质量体系、生产表现、环境保护、职业道德、IT 技术、交货能力、可持续发展能力、后期服务等。企业可根据自身的需求，筛选本企业的供应商评估维度。

供应商评估维度信息的获取，也是目前比较关注的问题，在大数据时代，获取数据的途径比较多，企业可以通过爬虫技术从互联网上获取到想要的信息，也可以通过供应商对外发布的年报或官方网站等获取所需信息。

简单说，供应商画像就是用客观、科学的方法评估供应商，利用大数据技术多维度获取供应商信息，将海量信息标签化，并用可视化进行展示。企业可以从供应商画像中查看到供应商的较为全面的情况，为后续的供应商选择提供有力的帮助。

3. 供应商画像的基本样貌

供应商画像的基本样貌可以对供应商最基本的信息或企业比较关注的信息进行良好的展示。企业可以用分析云将多个可视化看板展示在可视化界面上，再进行一个可视化界面的设计调试，最终呈现出一个供应商全景画像。

可展示的可视化图形有很多，例如，使用表格展示供应商的基本信息，使用雷达图展示供应商各维度的标签，使用柱状图进行指标间的比较，使用条形图展示供应商的综合能力排名，使用词云展示供应商的主要特点，还可以使用地图展示供应商的分布等。

（二）供应商画像的作用

传统的供应商管理缺乏一个统一的数据中心来对供应商各维度的信息进行系统的收集和整理，这导致供应商评估的维度不够全面。这一现象是由于企业内部各系统相互独立，无法获取每一个供应商的财务数据、风险数据等不同维度的数据所造成的。然而，近年来随着大数据技术的应用，众多企业开始利用大数据技术对供应商进行全方位的信息整合。通过收集基础信息、信用风险、产品质量、招投标行为、用户评价等维度的数据，企业可以建立供应商全局数据库，并最终形成一个全面的供应商画像。通过这种方式，企业可以更全面地了解供应商的情况，从而做出更准确的业务决策。

在构建供应商画像的过程中，可以将供应商进行合理地科学划分，将供应商的海量数据精准、有效地展现，为优质供应商的选择以及供应商分级分类管理等工作提供数据支撑和辅助决策依据，大大提高了供应商的管理效率。

二、构建供应商画像的方法

画像是对供应商真实情况的描述，画像可以帮助企业进一步实现对供应商系统化、差异化、可视化、数字化的管理，这也大大提高了供应商评估的准确性与时效性。可见，供应商画像是供应商的一个综合反映，它代表了供应商在企业中的形象，也是供应商的实力表现。

要想搭建一个供应商画像，主要涉及六个步骤：确定画像标签、数据采集、数据预处理、指标权重测算、指标得分计算、画像可视化展示，如图 6-8 所示。确定画像标签一般需要凭借经验完成，除此之外，都可以利用大数据技术完成。简单说，构建供应商画像的操作步骤可以描述如下：

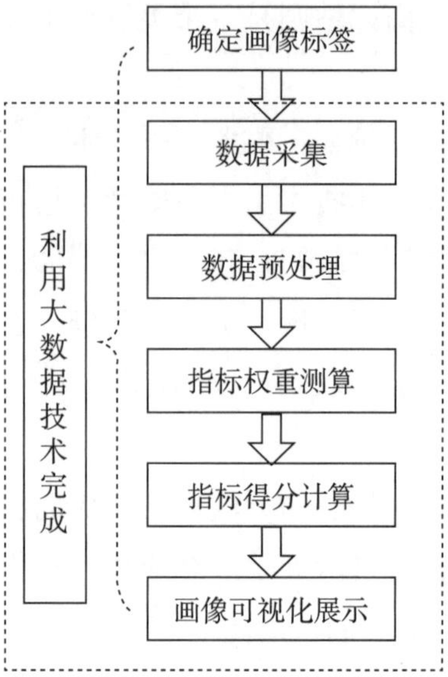

图 6-8 构建供应商画像流程图

（1）按照企业的需求，确定需要展示的供应商画像的标签；

（2）通过对不同的数据源进行数据采集，即可获取需要的源数据；

（3）获取的数据含有结构化数据及非结构化数据，企业需要对数据进行预处理，这里包含数据集成、数据清洗、数据对数化以及数据标准化等操作，得到一个可以量化的标准数值；

（4）通过大数据算法，计算出各家标签的权重；

（5）利用 Python 代码计算出各个企业的指标得分；

（6）最后用可视化技术按照画像标签展示供应商画像。

下面我们逐一描述供应商画像的操作步骤。

三、构建供应商画像的步骤

（一）确定画像标签

供应商评估体系的构建，对于选择供应商、评估供应商至关重要，这也要求评价体系中的供应商的画像标签要全面、科学、合理。构建健全的供应商大数据集合，并将其量化形成多维度的、涵盖范围广的供应商量化评级指标体系，是一门学问。标签既要包含企业所需了解的供应商全面信息，又要保证标签中供应商数据的准确性，这是对标签宽度和深度的双重要求。

对于供应商画像指标的构建，可以先制定一级指标，当一级指标确定之后，可以根据需要，设定二级指标与三级指标。若没有需要，可不设置二级或三级指标。常见指标如图 6-9 所示。

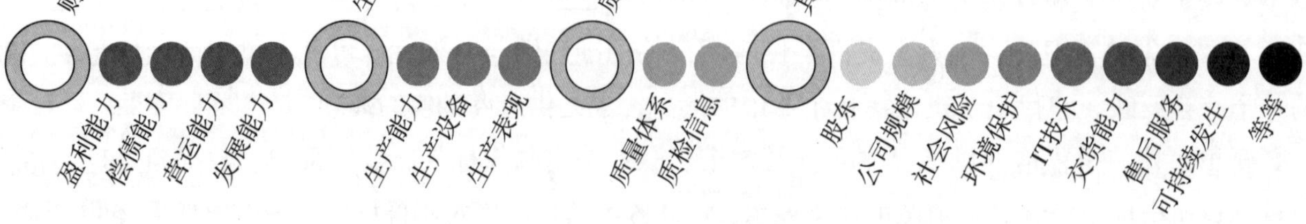

图 6-9 指标数据样例

（二）采集数据

画像标签确认之后，接下来就是采集所需的数据信息。例如，使用爬虫技术从网站爬取所需信息。但在使用爬虫进行数据爬取时，有的网站有反爬机制，还有的网站会有监测，如果同时有数百或数千名同学使用同一 IP 段或 IP 访问某证券交易所网站，该网站会检测到此 IP 异常，暂时封闭此 IP 的访问权限，导致相关页面无法访问。所以，爬取结果是多次爬虫获取的数据。爬虫的操作步骤如下：

第一步：确定企业名单。

第二步：确定画像标签数据在网页中的位置及相对应的文件。如在爱企查官方网站搜索“某股份有限公司”，在该公司页面下找到企业需要爬取的数据内容，如基本信息、上市信息、重点关注、知识产权等。

第三步：编写爬虫代码。

第四步：校验爬虫数据的结果，如数据有异常，返回第三步修改爬虫代码，重新爬取数据；如数据无异常，则爬虫完毕。

（三）数据预处理

在构建供应商画像的数据中，由于数据信息源来自不同网站，数据格式不统一，所以还需要对数据进行预处理。数据预处理包含数据集成、数据清洗、数据对数化、数据标准化等方法。这些数据处理技术在数据挖掘和数据分析之前使用，大大提高了数据挖掘模型的质量，降低了实际挖掘和分析所需要的时间。

数据预处理可以使用的工具有很多，例如，用传统工具 Excel 进行数据预处理，最近几年常见的是使用代码方式，如用 Python 进行数据预处理；除此之外，还可以使用专业化图形工具，如 IBM DataStage 等。本案例中，我们使用 Python 代码进行数据预处理。

1. 数据集成

数据集成是一个数据整合的过程。从狭义上说，通过综合各数据源，将拥有不同结构、不同属性的数据合并，存放在一个一致的数据存储中，如存放在数据仓库中，这些数据源可能包括多个数据库、数据立方体或一般文件，以产生更高的数据价值和更丰富的数据。从广义上来说，在企业中，由于开发时间或开发部门的不同，往往有多个异构的、运行在不同的软硬件平台上的信息系统同时运行，这些系统的数据源彼此独立、相互封闭，使得数据难以在系统之间交流、共享和融合，从而形成了“信息孤岛”。随着信息化应用的不断深入，企业与外部信息交互的需求日益强烈，急切需要对已有的信息进行整合，联通“信息孤岛”，共享信息，对这些信息数据整合的一系列方案被称为数据集成。数据集成的方法有以下两种，如图 6–10 所示。

（1）数据关联，用于将不同数据内容的表格根据条件来连接，通常对两份数据表做左、右连接。常见的数据关联有四种方式：左连接、右连接、内连接、全连接。

（2）数据合并，也称数据追加，用于将相同或相似数据内容的表格进行连接，通常对两份数据表做上下连接。

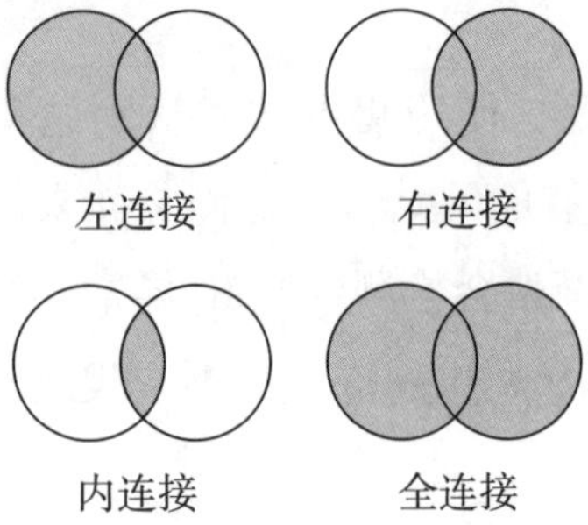

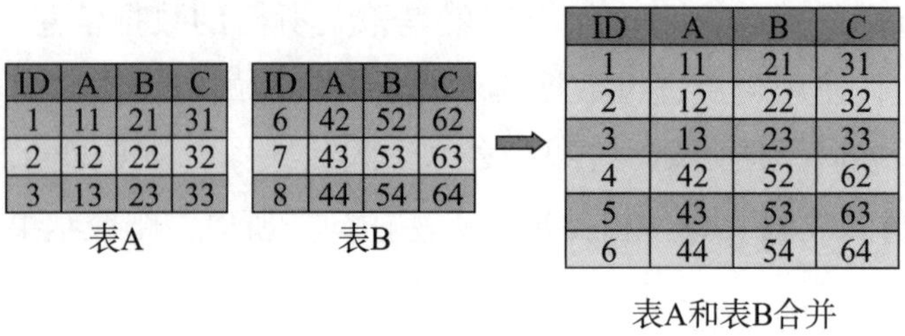

图 6-10 数据集成图

无论是数据关联还是数据合并，都需要一个关联条件。数据关联的关联条件一般是指左表的主键或其他唯一约束字段（即没有重复值）与右表的主键或其他唯一约束字段相等（相同）。数据合并的关联条件通常涉及多列字段合并，需要指定一张表的每列字段对应另一张表的哪些字段，也就是需要将多个字段作为连接条件。

2. 数据清洗

数据清洗是指发现并纠正数据文件中可识别的错误的最后一道程序，包括检查数据一致性、处理无效值和缺失值等。数据清洗是对数据进行重新审查和校验，目的在于删除重复信息、纠正存在的错误以保证数据一致性。

数据清洗前，需要先观察数据，找出本案例数据中需要清洗的点。例如数据有缺失值，即没有采集到的指标，也有一些空白值，为了确保数据的唯一性，需要将指标中存在空白值与重复值的数据全部删除。

（1）使用 nan 代替“空白”作为标记，然后利用 pandas 封装的 dropna（ ）函数删除这些标记；

（2）使用 pandas 封装的 drop_duplicates（ ）函数去除重复项。

3. 数据对数化

数据对数化处理是数据变换的一种常用方式，它可以将一类理论上未解决的模型问题转化为已经解决的问题。平时在一些数据处理中，经常会对原始数据取对数后再进一步处理，一般取对数的作用主要是缩小数据的绝对数值，方便计算。例如，若每个数据项的值都很大，对多个这样的值进行计算可能超过常用数据类型的取值范围，这时取对数就把数值缩小了。例如，表 6-1 是资产总计与取对数变换后的对比结果。

表 6-1 对数化处理样例

资产总计 / 元	取对数后资产总计
8 770 155 403	22.894 6
7 623 760 794	22.754 5
301 955 419 000	26.433 5
15 089 632 208	23.437 3

4. 数据标准化

在多指标评价体系中，由于各评价指标的性质不同，通常具有不同的量纲（单位）和数量级。当各指标间的水平相差很大时，如果直接用原始指标值进行分析，就会突出数值较高的指标在综合分析中的作用，相对削弱数值水平较低指标的作用。因此，为了保证结果的可靠性，需要对原始指标数据进行标准化处理。数据的标准化是将数据按比例缩放，使之落入一个小的特定区间。在某些比较和评价的指标处理中，经常会去除数据的单位限制，将其转化为无量纲的纯数值，便于不同单位或量级的指标进行比较和加权。

对于正向指标，也就是那些数值越大代表效果越优的指标，通常采用正向化处理，这种方式会保持指标的原有方向不变，以确保其特性得以延续。而逆向指标，即数值越小表示表现越好的指标，则需要进行逆向化处理。这种标准化处理的核心目的是统一指标方向，尤其在指标体系同时包含正向和逆向指标时，必须通过逆向化将所有指标转化为正向维度，才能保证后续分析（如权重计算、综合评价等）的方向一致性。

正向化的计算公式为（$X-\mathrm{Min}$）/（$\mathrm{Max}-\mathrm{Min}$）。正向化的结果是数据压缩在[0，1]范围内，即进行了量纲处理。当某些数据刚好为最小值时，则归一化后为0；如果数据刚好为最大值时，则归一化后为1。

逆向化的计算公式为（$\mathrm{Max}-X$）/（$\mathrm{Max}-\mathrm{Min}$）。逆向化的结果也是将数据压缩在[0，1]范围内，即进行了量纲处理。由公式可以看出，逆向化时，分母永远是大于0，随着X的增大，分子会越来越小；那么，对逆向指标进行逆向化处理之后就会得到一个特征，即数字越大越好（数字越大时，其实X是越小）。

（四）指标权重测算

数据预处理之后，在分析数据之前，还需要对数据进行一个供应商画像的模型构建。首先需要对画像中的指标权重进行测算，其目的在于把不同画像指标数据对于供应商画像的重要性进行一个排序，找出影响最大的指标是哪一个。目前较为成熟的权重计算方法主要分为三大类。

第一类是主观赋权法。主观赋权法是根据专家主观上对各标签的重视程度来确定属性权重的方法，其原始数据由专家根据经验主观判断得到。主观赋权法的优点是专家可以根据实际的决策问题和专家自身的知识经验合理地确定各属性权重的排序，不至于出现属性权重与属性实际重要程度相悖的情况。但决策或评价结果具有较强的主观随意性，客观性较差，同时增加了对决策分析者的负担，应用中有较大的局限性。

第二类是客观赋权法。客观赋权法是根据数学手段研究指标之间的相关关系或指标与评价结果的关系来确定指标权重，因此权重的客观性强，且不增加决策者的负担，该方法具有较强的数学理论依据。但是这种赋权法没有考虑决策者的主观意向，因此确定的权重可能与人们的主观愿望或实际情况不一致，使人感到困惑。

第三类是将主观赋值法与客观赋权法相结合，形成组合赋权法。主观赋权法在根据属性本身含义确定权重方面具有优势，但客观性较差；而客观赋权法在不考虑属性实际含义的情况下，确定权重具有优势，但不能体现决策者对不同属性的重视程度，有时会出现确定的权重与属性的实际重要程度相悖的情况。针对主观、客观赋权法各自的优缺点，为兼顾决策者对属性的偏好，同时又力争减少赋权的主观随意性，使属性的赋权达到主观与客观的统一，进而使决策结果真实、可靠，合理的赋权方法应该同时基于指标数据之间的内在规律和专家经验对决策指标进行赋权。

1. 层次分析法（Analytlc Hierarchy Process，AHP）

（1）方法介绍。层次分析法是在20世纪70年代中期由美国运筹学家托马斯·萨蒂正式提出。它是一种定性和定量相结合的、系统化、层次化的分析方法。这个方法的特点是将一个复杂的多目标决策问题作为一个系统，分析其本质、影响因素以及内在的关系等，构建一个层次结构模型，将决策问题分解为多个目标或准则，进而分解为多指标（或准则、约束）的若干层次，通过定性指标模糊量化方法计算出层次单排序（权数）和总排序，以作为目标（多指标）、多方案优化决策的系统方法。

在应用层次分析法时，首先需要对问题进行层次化处理。根据问题的性质和预期目标，将问题分解为不同的组成要素，即按照总目标、各层子目标、评价准则直至具体备选方案的顺序，构建层次结构模型。随后，通过求解判断矩阵的特征向量，确定每一层次中各元素对上一层次某元素的优先权重。最后，采用加权和的方法递阶归并各备选方案对总目标的最终权重，其中最终权重最大的方案即为最优解。

（2）操作步骤。

第一步：建立层次结构模型。在深入分析实际问题的基础上，将有关的各个因素按照不同属性自上而下地分解成若干层次，同一层的因素从属于上一层的因素或对上层因素有影响，同时又支配下一层的因素或受到下层因素的作用。

最高层为目标层，通常只有一个元素，一般是分析问题的预定目的或理想结果。最低层通常为方案层，表示将选用的解决问题的各种措施、政策、方案等，通常有几个方案可选。

中间层可以有一个或几个层次，通常为准则层或指标层，表示采取某种措施、政策、方案等实现预定目标所涉及的中间环节。当准则过多时（譬如多于9个），应进一步分解出子准则层。层次之间元素的支配关系不一定是一一对应的，即可以存在某些元素不支配下一层的所有元素。层次数与问题的复杂程度和所需要分析的详尽程度有关，每一层次中的元素一般不超过9个，因为一层中包含数目过多的元素，会给两两比较判断带来困难。层次分析法的架构如图6-11所示。

例如，我们选择一个餐厅吃晚餐，建立的层次结构模型如图6-12所示。

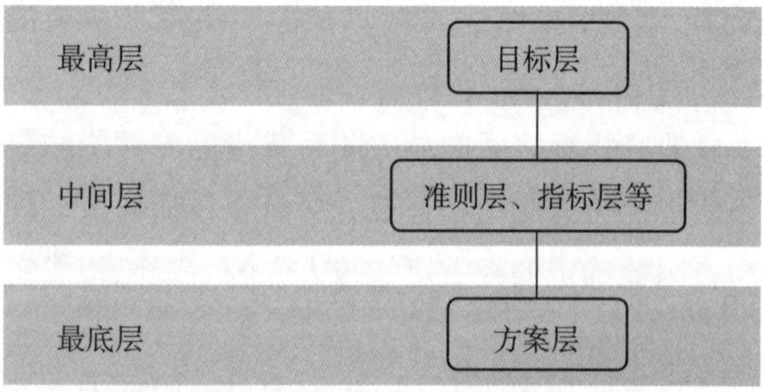

图6-11 层次分析法的架构

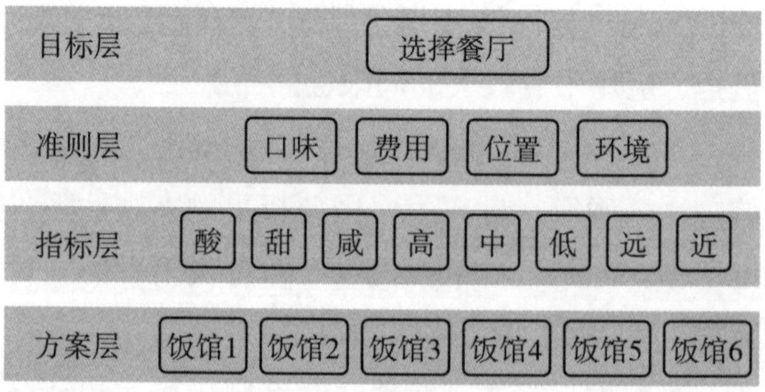

图6-12 选择餐厅案例

第二步：构造判断（成对比较）矩阵。在建立层次结构之后，上下层次之间元素的隶属关系就被确定了。假定以上一层次的元素 C_k 作为准则，对下一层次的元素 A_1，…，A_n 有支配关系，我们的目

的是在准则 C_k 之下按它们相对重要性赋予 A_1，…，A_n 相应的权重。简单地说，就是比较同一层次中每个因素关于上一层次的同一个因素的相对重要性。确定各层次各因素之间的权重时，如果只是定性的结果，则常常不容易被别人接受。而有学者提出构造矩阵，可以不把所有因素放在一起比较，而是两两相互比较，采用相对尺度，尽可能减少性质不同的诸因素相互比较的困难，以提高准确度。

从层次结构模型的第 2 层开始，对于从属于（或影响）上一层每个因素的同一层诸因素，用成对比较法和 1 ～ 9 比较尺度构造成对比较阵，直到最下层。我们用 a_{ij} 表示比较的结果，即因素 i 与因素 j 重要性比较结果。1 ～ 9 个重要性等级及其赋值含义如表 6–2 所示。

表 6–2　1–9 重要性等级含义说明

量化值（1 ～ 9）	因素 i 比因素 j
1	表示两个因素相比，一个因素比另一个因素同等重要
3	表示两个因素相比，一个因素比另一个因素稍微重要
5	表示两个因素相比，一个因素比另一个因素明显重要
7	表示两个因素相比，一个因素比另一个因素强烈重要
9	表示两个因素相比，一个因素比另一个因素极端重要
2、4、6、8	为上述两个标准之间的中间值
倒数	因素 i 与 j 比较的判断结果是 a_{ij}，则因素 j 与因素 i 比较的判断结果是 $a_{ji}=\frac{1}{a_{ij}}$

对于 n 个元素，A_1，…，A_n 来说，两两比较得到的判断（成对比较）矩阵为：

$$A=(a_{ij})_{n\times n}$$

例如，我们要比较各准则口味（C_1）、费用（C_2）、位置（C_3）与环境（C_4）对目标层餐厅选择的重要性，则 $C_i : C_j = a_{ij}$，$\boldsymbol{A}=(a_{ij})_{4\times 4}$，$a_{ij}>0$，$a_{ji}=\frac{1}{a_{ij}}$。

如图 6–13 所示：

①当 $i=j$ 时，$a_{ij}=1$，所以 $C_{11}=1$，$C_{22}=1$，$C_{33}=1$，$C_{44}=1$；

② $a_{ji}=\frac{1}{a_{ij}}$，所以 $C_{12}=\frac{1}{C_{21}}$，$C_{13}=\frac{1}{C_{31}}$，$C_{14}=\frac{1}{C_{41}}$，…。

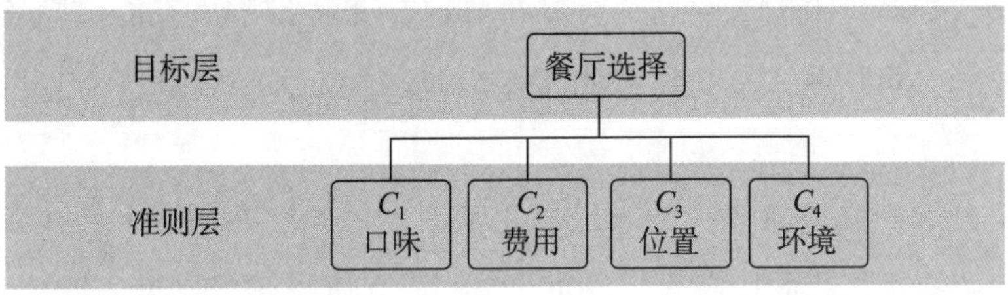

	口味	费用	位置	环境
口味	C_{11}	C_{12}	C_{13}	C_{14}
费用	C_{21}	C_{22}	C_{23}	C_{24}
位置	C_{31}	C_{32}	C_{33}	C_{34}
环境	C_{41}	C_{42}	C_{43}	C_{44}

⇨

	口味	费用	位置	环境
口味	1	$\frac{1}{C_{21}}$	$\frac{1}{C_{31}}$	$\frac{1}{C_{41}}$
费用	C_{21}	1	$\frac{1}{C_{32}}$	$\frac{1}{C_{42}}$
位置	C_{31}	C_{32}	1	$\frac{1}{C_{43}}$
环境	C_{41}	C_{42}	C_{43}	1

图 6–13　准则层判断矩阵

第三步：判断矩阵的一致性检验。在判断指标重要性时，各判断之间应协调一致、无相互矛盾的结果。例如在进行两两比较时，矩阵中口味比环境重要，环境比位置重要，则轮到口味与位置比较时，若给出位置比口味重要，此时就叫作不一致。但在多阶判断的条件下，不一致性极容易发生，只不过不同的条件下，不一致的程度有所差异。打分时要注意，口味与费用相比，费用的重要程度是口味的 1/3 分，而口味与位置相比，位置的重要程度是口味的 3 分，则费用与位置之间的打分要遵循两者之间分值之差不能超过 9 分。

所谓一致性检验是指对 $\boldsymbol{A}$ 确定不一致的允许范围，即计算衡量一个判断（成对比较）矩阵 $\boldsymbol{A}$（$n>1$ 阶方阵）不一致程度的指标 CI：

$$\mathrm{CI}=\frac{\lambda_{\max}(\boldsymbol{A})-n}{n-1}$$

由于 λ 连续依赖于 a_{ij}，则 λ 比 n 大得越多，$\boldsymbol{A}$ 的不一致性越严重，引起的判断误差越大。因而可以用 $\lambda_{\max}$（$\boldsymbol{A}$）$-n$ 数值的大小来衡量 $\boldsymbol{A}$ 的不一致程度，即：

① $\mathrm{CI}=0$，表明判断矩阵有完全的一致性；

② CI 接近于 0，表明判断矩阵的一致性较好，有较满意的一致性；

③ CI 越大，表明判断矩阵偏离完全一致性的程度越大。

当判断矩阵具有满意的一致性时，需要引入判断矩阵的平均随机一致性指标 RI 值。RI 值即为平均随机一致性指标，是多次（500 次以上）重复进行随机判断矩阵特征根计算之后取算术平均得到的。龚木森、许树柏于 1986 年得出的 1 ～ 15 阶判断矩阵重复计算 1000 次的平均随机一致性指标，其 1 ～ 9 阶 RI 值如表 6–3 所示。

表 6–3　1 ～ 9 阶 RI 值

阶数	1	2	3	4	5	6	7	8	9
RI	0.00	0.00	0.52	0.89	1.12	1.26	1.36	1.41	1.46

当阶数大于 2 时，判断矩阵的一致性指标 CI 与同阶平均随机一致性指标 RI 之比称为随机一致性比率 CR，当 $\mathrm{CR}=\frac{\mathrm{CI}}{\mathrm{RI}}<0.10$ 时，可认为判断矩阵 $\boldsymbol{A}$ 的不一致程度在容许范围之内，有满意的一致性，通过一致性检验，可用其归一化特征向量作为权向量，否则要重新构造判断矩阵 $\boldsymbol{A}$，对 a_{ij} 加以调整。

第四步：判断矩阵的层次单排序。两两进行比较后，怎样才能知道下层次各因素对上层次某因素的影响程度的排序结果呢？我们还需要计算单一准则下元素的相对权重。每一个判断（成对比较）矩阵计算最大特征根 $\lambda_{\max}$ 的特征向量，经归一化（使向量中各元素之和等于 1）后记为 $\boldsymbol{W}$。$\boldsymbol{W}$ 的元素为同一层次因素对于上一层次某因素相对重要性的排序权值，这一过程称为层次单排序。

第五步：判断矩阵的层次总排序及其一次性检验。计算某一层次所有因素对于最高层（总目标）相对重要性的权值，称为层次总排序。这一过程是从最高层次到最低层次逐层进行的。对于最高层下面的第二层，若上一层次 A 包含 m 个因素 A_1，A_2，…，A_m，其层次总排序权值分别为 a_1，a_2，…，a_m，下一层次 B 包含 n 个元素 B_1，B_2，…，B_n，它们对于因素 A_j 的层次单排序权值分别为

b_1^j，b_2^j，…，b_n^j（当 B_i 与 A_j 无联系时，$b_i^j=0$），此时 B 层次总排序权值由表 6-4 给出。

表 6-4 B 层次总排序权值

B 层次	对 A 层次的单排序圈值	B 层次的总排序
B_1	$b_1^1\ b_1^2 \cdots b_1^m$	$\sum_{j=1}^{m} a_j b_1^j$
B_2	$b_2^1\ b_2^2 \cdots b_2^m$	$\sum_{j=1}^{m} a_j b_2^j$
⋮	⋮	⋮
B_n	$b_n^1\ b_n^2 \cdots b_n^m$	$\sum_{j=1}^{m} a_j b_n^j$

（3）优点：层次分析法将研究对象视为一个系统，通过分解、比较判断和综合的思维方式进行决策，成为继机理分析、统计分析之后发展起来的系统分析的重要工具。层次分析法结合了定性和定量方法，能够处理许多传统最优化技术难以解决的实际问题，应用范围广泛。此外，这种方法促进了决策者与决策分析者之间的沟通，决策者甚至可以直接应用它，从而提高了决策的有效性和可操作性。

局限性：从建立层次结构模型到构建成对比较矩阵，整个过程受到主观因素的较大影响，这可能导致结果难以被所有决策者接受。为了克服这一局限性，可以采用专家群体判断的方法，通过多方面的意见综合来减少个人主观性的影响。

2. 熵值法

（1）方法介绍。信息熵是表示一个事件或者变量的混乱程度（也可称为不确定性），将信息变成可以量化的变量。信息熵是信息论中用于度量信息量的一个概念。一个系统越有序，信息熵就越低；反之，一个系统越混乱，信息熵就越高。所以，一般把信息熵作为系统有序化程度的一个度量。因此，高信息度的信息熵较低，低信息度的熵则较高。具体说来，凡是随机事件导致的变化，都可以用信息熵的改变量来度量。

熵值法的基本思路是根据指标变异性的大小来确定客观权重。根据信息熵的定义，对于某项指标可以用熵值来判断某个指标的离散程度，其信息熵值越小，指标的离散程度越大，提供的信息量越多，该指标对综合评价的影响就越大，其权重也就越大。相反，如果某个指标的信息熵越大，表明指标值的变异程度越小，提供的信息量也就越小，该指标对综合评价的影响所起到的作用也就越小，其权重也就越小。如果某项指标的值全部相等，则该指标在综合评价中不起作用。因此，可利用信息熵这个工具，计算出各个指标的权重，为多指标综合评价提供依据。

（2）操作步骤。对于 n 个样本，m 个指标，则 x_{ij} 为第 i 个样本的第 j 个指标的数值（$i=1$，…，n；$j=1$，…，m）。基于此，对于熵值法的操作步骤如下：

第一步：数据标准化。这里是指数据归一化处理，判断矩阵中是否存在负数，如果有则要重新标准化到非负区间。此步骤在数据预处理中已完成。

第二步：计算第 j 项指标下第 i 个样本所占的比重。

$$P_{ij}=\frac{x_{ij}}{\sum_{i=1}^{n}x_{ij}}\ (i=1,\ \cdots,\ n;\ j=1,\ \cdots,\ m)$$

第三步：计算第 j 项指标的熵值。

$$e_j=-k\sum_{i=1}^{n}p_{ij}\ln(p_{ij})\ (j=1,\ \cdots,\ m，其中\ k=\frac{1}{\ln n}>0，满足\ e_j\geqslant 0)$$

第四步：计算信息熵冗余度（差异性系数）。

$$d_j=1-e_j\ (j=1,\ \cdots,\ m)$$

第五步：计算第 j 项指标的权重。

$$w_j=\frac{d_j}{\sum_{j=1}^{m}d_j}\ (j=1,\ \cdots,\ m)$$

例如，在选择餐厅吃饭时，在数据预处理之后，首先需要计算 M_1 餐厅的 A_1 指标数值在所有餐厅 A_1 指标数值总和中的比重；然后计算 A_1 指标的熵值 e_1，熵值越大，说明提供信息量越小，其权重也越小；得出熵值之后，计算 A_1 指标实际带来的信息量与最大信息量之间的差 d_1，即 $1-e_1$；最后，计算 A_1 指标的权重 w_1。

（3）优点与局限性。优点：客观性强，相对主观赋值法精准度更强，能够更好地解释所得到的结果；适应性强，可以用于任何需要确定权重的过程，也可以结合一些方法共同使用。

局限性：熵值法是一种客观赋权的方法，它的客观体现在如果这个指标的方差大，则此指标的权重大，但是这种方法其实是不科学的。另外，由于概率的范围是在 0 ～ 1 之间，因此在处理原始数据的时候需要进行标准化，但是如何进行标准化目前并没有给出一个确定的答案，不同的标准化的方法得到的结果可能会相差甚远。

3. AHP 与熵值法组合

（1）方法介绍。主观赋权法如 AHP 在根据决策者意图确定权重方面比客观赋权法如熵值法具有更大的优势，但客观性相对较差，主观性相对较强。而采用客观赋权法（熵值法）有着客观优势，但不能反映出参与决策者对不同指标重视程度，并且会有一定的权重和与实际指标相反的程度。为了弥补单一赋权带来的不足以及确保指标权重结果公正可信，我们采用了主观与客观相结合的方法测算权重，以此来确保评价结果真实、科学、可信。

（2）操作步骤。

第一步：运用层次分析法（AHP）计算权重。

第二步：运用熵值法计算权重。

第三步：利用 AHP 赋权和熵值法赋权的最优组合权重，得到综合赋权权重。

$$w_j = \frac{(w_{1j}w_{2j})^{0.5}}{\sum_{j=1}^{m}(w_{1j}w_{2j})^{0.5}} \ (j=1,\ \cdots,\ m)$$

（五）指标得分计算

计算出每个指标的综合权重，还需要换算其得分，以便后续作供应商画像使用。这里使用的方式一般是利用数据标准化的结果与每个指标的综合权重相乘，得出该指标的分值，从而得出每个企业的得分。此部分我们使用 Python 代码实现，操作步骤如下。

第一步：导入 Python 库，并获取数据所需文件。

第二步：计算三级指标得分。由于已经计算出每个指标的标准化数值及权重，现在需要计算每个指标的得分。由于标准化的取值范围是 0 ～ 1，所以我们将得分放大 100 倍。计算过程是将标准化数据乘以权重数据。

第三步：保存公司各个指标得分。将计算出的指标得分与供应商名称进行匹配。

第四步：计算一级指标得分及供应商综合得分。根据一级指标与三级指标的钩稽关系，计算出一级指标的得分，从而计算出备选供应商的分值。

第五步：运行代码，得分结果展示。

（六）画像可视化展示

我们可以用 Python 或者分析云绘制供应商画像，在使用分析云时，我们需要把分析用的 Excel 表上传到分析云中。

1. Python

我们可以直接使用 Python 代码绘制供应商画像。一般以雷达图为例，使用代码绘制单一供应商画像以及两家供应商对比画像。

2. 用友分析云

将整理好的数据表上传至分析云，用分析云制作一个可视化界面，用多张供应商画像对供应商进行深维度的可视化展示。例如，通过分析云中的省份图展示供应商的分布情况，了解供应商的供货地址（我们假设供应商的所在地与库房在同一地区）；通过饼图展示供应商画像指标权重的占比，了解哪个指标相对比较重要；通过条形图展示供应商的排名情况，从综合得分看供应商的排名；通过在柱状图中添加辅助线或预警线，展示供应商的风险情况以及两两相较的指标分析等。

四、实战演练

（一）案例背景

A 公司创建于 1989 年，是一家全球领先的装备制造业公司，业务覆盖全球 150 多个国家和地区。主营业务是以“工程”为主题的装备制造业，覆盖混凝土机械、挖掘机械、起重机械、筑路机械、桩工机械、风电设备、港口机械、石油装备、煤炭设备、精密机床等全系列产品。

随着公司的不断发展，A公司的内审部门为防止员工在采购环节出现舞弊行为，于2022年重新编制了供应商管理制度。在原有的制度基础上，增设了财务部对供应商入库的前置审批流程，明确了财务部需要对采购部提出的供应商进行供应商入库资质审查、资料审查、供应商入库竞对比较审查，并从财务风险管理的角度给出专业的审批意见，规避未来可能会发生的由供应商带来的财务风险。

近期，A公司打算采购一批电器设备。为了更好地完成供应商入库机制，财务部经理要求财务分析专员做一套电器行业的供应商画像，以随时查询供应商的信息，方便日后供应商入库审查工作的顺利进行，并提高审查时效性。A公司管理层要求入库供应商必须具备以下五个因素：大规模企业，低信用风险，财务状况良好，资质能力强，公司高管及股东较稳定。

（二）任务目标

根据构建供应商画像的操作步骤，利用大数据技术完成供应商画像。

（三）任务实现

登录新道大数据教学平台，进入“供应商画像实战演练”，根据平台中的任务指南完成操作。

该项任务包含三大步骤：供应商画像建模数据准备、供应商画像模型构建、供应商画像可视化。学员进入该项任务，按顺序依次完成任务操作。

（四）结果解读

通过主观与客观结合的赋值法，我们建立了供应商画像模型，从企业规模、财务水平、资质能力、信用风险、股东及高管稳定性五个方面，测算出156家供应商的综合得分以及各明细指标的得分。

根据画像展示的结果，我们可以从几个方面做供应商筛选。第一，从综合得分来看，行业均值得分是35.86，156家供应商中超过行业均值的供应商有71家（占比约46%），排名前十的供应商的综合得分在41.55～50.29之间，综合得分排名前十的供应商是比较优秀的。第二，从画像一级指标权重的重要性分析，财务水平和资质能力指标是比较重要的，两个指标权重占比高达71.55%，所以可以从这两个指标的排名情况分析供应商。第三，从电器行业雷达图可以看出，除去财务水平指标以外，信用风险行业均值相比较于其他几个指标而言得分较高，可以重点分析一下供应商的信用风险指标。

课堂思考

大数据分析在构建供应商画像中的方法有哪些？请提出一些建议，帮助企业更好地利用数据分析构建全面的供应商画像。

____

____

____

学习总结

学习项目	学习目标	评分
学习过程评价	评估学生的学习方法和策略，如笔记记录和学习情况	
	评价学生的学习态度，如上课专注度、参与度和课堂表现等	
	评价学生的合作情况，如团队合作和课堂互动等	
学习成长评价	设计自我评价的方式，让学生评估自己的学习进步和成长	
	促进学生的反思能力，引导他们思考学习过程中的挑战和改进方向	
	评估学生目标的达成情况，帮助他们认识到自己的成就和进步	
合计：综合分数____________。师评（70%）+ 自评（30%）		总分：10 分

实践活动

【活动主题】

销售收入与客户价值分析。

【活动目标】

活动目标：通过实际案例分析，让学生深入理解大数据在销售收入与客户价值分析中的应用，培养他们分析数据、制定销售策略的能力。

【活动流程】

流程一：理论介绍

（1）简要介绍大数据对销售与客户价值分析的重要性。

（2）解释大数据在销售中的角色，如趋势分析、产品热门度评估等。

（3）强调客户价值分析的关键作用，包括提供个性化服务、提高客户满意度等。

流程二：案例分享

（1）提供一个实际销售案例，展示如何使用大数据进行销售收入分析和客户价值分析。

（2）分享数据分析过程、所用工具以及从中得出的关键见解。

流程三：小组讨论

（1）将学生分成小组，每组分配一份销售数据案例。

（2）要求学生在小组内讨论，分析数据，提出改进销售策略的建议。

（3）每组需要准备一份简短的报告，包括数据分析结果和推荐的销售策略。

流程四：小组报告与讨论

（1）每个小组呈现他们的分析结果和建议。

（2）全班进行讨论，对各组提出的观点进行评价，共同总结出有效的销售收入提升和客户价值提高的策略。

流程五：实操练习

（1）提供一个模拟销售场景，要求学生运用所学知识进行实际操作。

（2）使用大数据工具，分析模拟销售数据，提出销售收入提升和客户价值提高的战略。

流程六：总结与反思

（1）总结整个活动的重要观点和学到的知识。

（2）鼓励学生分享他们在实践中的体会，以及在数据分析过程中可能遇到的挑战和解决方案。

【活动评价】

通过这场实践课堂活动，学生不仅在理论上了解大数据在销售与客户价值分析中的应用，更能通过实际操作加深对相关概念的理解，培养数据分析和销售策略制定的实际操作能力。

项目七 大数据时代下的企业风险管理

学习目标

知识目标

- 了解大数据时代下企业风险管理的整体框架。
- 掌握宏观数据和内部数据收集中的风险因素，以及大数据引发的会计信息风险。
- 理解大数据时代对财务风险理论的影响，以及在信贷风险分析中的应用前景。
- 了解全面风险管理体系的构建，包括利用大数据优化企业内控环境、提高风险评估的精准度、强化控制活动的有效性、推动信息传递与沟通方式的变革以及增强企业内部监督能力及财务风险预警机制。

能力目标

- 能够识别宏观数据和内部数据收集中的潜在风险，并提出解决方案。
- 具备分析和评估内部数据收集过程中的风险的能力。
- 具备运用大数据分析财务风险和进行预警、管理的能力。
- 能够运用大数据优化企业内控环境。
- 具备运用大数据提高风险评估准确度的技能。
- 能够通过大数据增强控制活动的效果。
- 具备运用新的沟通方式进行信息传递的能力。

素质目标

- 提高对数据安全性和隐私保护的敏感性。
- 培养解决问题的能力，灵活应对各类数据风险。
- 加强团队协作和沟通技能，以更好地协调处理数据收集中的问题。
- 提高对变革的适应性，培养面对新技术和理论的学习能力。
- 强化数据驱动决策的意识和能力。
- 提高领导力和决策能力，推动全面风险管理体系的有效建立。

项目导读

在当今信息爆炸的大数据时代，企业既面临前所未有的风险，也迎来巨大的机遇。本项目聚焦大数据时代下企业风险管理的核心议题，重点探讨数据收集与财务风险管理两大关键领域，旨在通过构建全面风险管理体系，提升企业的灵活性、透明度及应对未来挑战的能力。

通过本项目的学习，学生将深入理解大数据时代企业风险管理的核心要素。我们致力于培养学生在数据安全、财务风险管理和全面风险管理方面的综合素养，使其具备分析问题、解决问题、团队协作及领导力等关键能力。

任务一 管控收集数据中的风险

情景导入

在大数据时代，一家名为“智数企业”的公司决定借助数据科学的力量提升企业风险管理水平。公司组建了一支高效的数据科学家团队，由首席数据科学家艾莉森领导，负责分析宏观和内部数据，以应对潜在的经济波动和会计信息风险。团队集中精力收集宏观数据，构建了一个复杂的预测模型，试图通过历史数据预测市场趋势。艾莉森和她的团队对这个模型充满信心，认为它是应对市场风险的关键工具。

然而，当市场似乎按照他们的预测发展时，一场突如其来的国际危机打破了模型的局限性，导致市场剧烈波动。公司股价暴跌，财务状况陷入困境。这场危机让艾莉森和她的团队深刻认识到，仅仅依赖历史数据和模型无法应对未知的风险。于是，他们决定重新审视内部数据的收集方式，确保在尊重员工隐私的前提下，引入更先进的机器学习算法，提升模型的适应性和预测能力。

通过这次教训，智数企业意识到，在大数据时代，风险管理不仅需要依赖历史数据，还必须具备应对突发事件的灵活性和前瞻性。

深思熟虑

思考题一：在案例中，智数企业通过依赖宏观数据构建复杂模型，未能预测国际危机带来的市场波动。这引发了对过度依赖历史数据和模型的反思。你认为在大数据时代，企业应如何更好地利用宏观数据，以预测未知的风险因素？是否存在一种平衡，能够同时考虑历史趋势和未知因素，提高风险管理的准确性？

思考题二：案例中的公司学到了在宏观数据收集中，过度依赖过去数据和模型可能会导致市场冲击时的失准。你认为公司是否应该建立更为灵活的数据收集体系，以更实时地适应市场的变化？如何在数据收集过程中平衡准确性和实时性，确保及时捕捉到市场风险？

知识要点

在大数据技术的支持下，企业能够获得更丰富的决策信息，并对其进行高效分析。这不仅有助于对财务流程和投资方案的成本、收入和风险进行评估，还能选择实现企业价值最大化的最优方案和流程。通过这种方式，企业可以减少常规失误，优化内部控制体系，最大限度地规避各种风险。

在大数据时代，企业筹资、投资、营运、利润分配等各项业务将获得更精准、全面的风险源数据。借助智能化的内部控制和风险管理系统，财务人员能更好地完成对数据的提炼、分析与总结。此外，智能化的信息系统还可以自动计量风险资产，对公司各类资产进行盈利能力分析、偿债能力分析、敏感性分析、流动性分析等，并形成分析报告，为财务人员提供帮助。

一、收集宏观数据的风险

1. 数据管理的风险

风险管理的职能在于建立适合公司的风险管理体系，包括风险点识别、风险估测、风险评估、风险监控技术及风险管理结果检测，从而将风险控制在可影响的范围内，保证企业的健康可持续性发展。面对日益发展的宏观经济环境，风险管理在企业财务管理中占据越来越重要的地位。企业面临的风险日益提高，企业环境的不确定性，将是一种常态。经济周期、资源的竞争、内外部环境的变化都会对企业形成不确定、不可避免的外部环境。

大数据时代，数据产生的增值效益日益突出，由此为数据管理提出更高的要求。企业财务数据管理风险主要表现在因数据管理不到位造成的各种不良后果，表现在财务系统因病毒、网络攻击、火灾及自然灾害等情况造成的无法正常使用；因管理不善造成的财务数据丢失、数据被篡改，导致数据不能正常使用。这就要求企业在财务数据管理方面，一是要加强制度建设，建立异地备份等管理机制，特别是要考虑当前企业运转条件下信息系统一体化的数据安全问题；二是要加强信息安全管理，通过可靠的杀毒系统、系统防火墙建立可靠的信息安全屏障；三是要明确数据管理人员的职责，建立数据管理牵制机制。

2. 数据质量风险

大数据时代企业所要处理的数据比较多，但数据的质量往往参差不齐，如有些数据不一致或不准确、数据陈旧以及人为造成的错误等，通常被称之为“脏数据”。由于数据挖掘是数据驱动，因而数据质量显得十分重要。“脏数据”往往导致分析结果的不正确，进而影响到决策的准确性。由于大部分的数据库是动态的，这些不完整、冗余、稀疏甚至错误的数据，会干扰数据挖掘算法的正常运行，使得从数据中提取有效知识的过程变得复杂且充满不确定性，从而给数据的知识发现带来极大的困难。由于人为因素的影响，如数据的加工处理以及主观选取数据等，从而会影响数据分析模式抽取的准确性。大量冗余数据也会影响到分析的准确性和效率。因此，在大数据时代，不能不计成本盲目地收集各种海量的数据，否则将成为一种严重的负担。数据的体量只是大数据的一个特征，而数据的价值、传递速度和持续性才是关键。总之，在大数据时代，通过对数据质量的控制和管理，可以提高数据分析的准确性。数据应用成为整个数据管理的核心环节，数据应用者比数据所有者和拥有者更加清楚数据的价值所在。由于数据的爆发性增长，在大数据时代宏观数据的质量直接关系着甚至决定了数据应用的效率和效果。企业采用宏观数据质量风险主要表现在由于数据不准确造成错误的分析结果，误导管理层；因宏观数据不完整造成决策支持效果不佳。这就要求企业在数据采集、处理和应用的过程中必须确保数据的质量。而在衡量数据的质量时，要充分考虑数据的准确性、完整性、一致性、可信性、可解释性等一系列的衡量标准。

二、收集内部数据的风险

1. 成本数据的完整性

风险管理与企业内部控制的内容紧密联系，风险管理的风险处理点是内部控制的着力点，高效的内部控制会使企业对外部环境有更好的适应性，极大降低了企业的风险发生率。成本的高低是企业获得市场的一个很关键的因素。大数据时代下，专业的成本控制与分析人员不仅要具备一定的财务专业知识，还需要深入企业了解企业的工艺流程、生产过程、整个内控流程，关注生产效率、报废率、各种成本的差异、各种费用的使用合理情况，通过大数据技术，及时采集到与企业成本相关的数据，并应用于成本控制系统，进行分配与归集，分析成本构成，从而达到对公司进行有效控制的目的，为公司的决策提供依据。因此，企业应用大数据技术进行风险管理时，将会提供更为全面、准确的业务数据，借助财务智能化处理系统，准确地对风险进行分析与总结；大数据技术下的信息化处理系统，可自动评估企业的风险，对各资产情况进行智能分析，得出风险分析报告，帮助企业更高效地进行风险管理，同时，实现事前的风险预测、事中的风险控制及事后的风险管理。大数据处理系统可以在很大程度上提高企业风险管理的前瞻性。基于大数据技术的处理系统，企业能够获得更多有效的具有实时性的信息，可以帮助企业对投融资、收入、支出及风险控制等进行研究，从而对企业的运营决策进行指导，减少企业的无效流程及成本，优化企业的管理体制，进行有效的内部控制，尽可能规避企业的经营风险。

2. 财务数据应用风险

在传统数据管理中，数据收集是工作的重心。然而，在大数据时代，数据应用已经取代了数据收集，成为整个数据管理流程的核心环节。数据应用者比数据所有者和拥有者更加了解数据的内在价值。企业面临的数据应用风险主要来自对高质量数据的不当应用，例如，利用错误的财务分析模型，甚至是由于人为因素导致的数据滥用，这些都可能偏离数据应用的目标。此外，财务数据在应用过程中可能会因为数据管理不到位或人为因素而泄露企业的商业机密。

因此，企业必须高度重视大数据的应用管理。首先，需要明确数据应用管理的目标，并建立高效的数据应用管理机制，以确保数据的应用效果。其次，通过明确数据应用者的管理职责，加强数据应用过程中的核心信息管理，确保企业核心商业机密的安全性。这是企业在大数据时代进行数据应用管理的重要步骤。

3. 财务数据过期风险

传统数据管理强调存在性，即只要能获取数据并能满足企业的要求。而在大数据时代，企业对数据时效性的要求空前提高。企业财务数据过期风险主要表现在对于数据的时效性管理不到位、财务数据反馈不及时造成决策不及时、贻误商业机会等情况。这就要求企业要从战略导向出发，高度重视数据应用的时效性管理，一方面在财务数据获取环节要充分考虑时间的及时性和可靠性；另一方面要在数据应用环节注意对数据的甄选，确保财务数据必须更多地立足当前，面向未来，只有这样，才能帮助企业在瞬息万变的市场环境中充分发挥作用。

三、大数据引发的会计信息风险

1. 共享平台建设略显滞后

为了推动会计信息化的蓬勃发展，我国早在 2004 年就制定并发布了《信息技术 会计核算软件数据接口》（GB/T 19581—2004）国家标准。2010 年 6 月，又发布了更新版的《财经信息技术 会计核算软件数据接口》（GB/T 24589—2010）系列国家标准，涵盖了企业、行政事业单位、总预算会计和商业银行等多个领域。为进一步适应数字化转型的需求，2020 年发布了《财经信息技术 会计核算软件数据接口》（GB/T 39734—2020），对数据接口规范进行了进一步完善和扩展。此外，国家还发布了《信息技术 会计核算软件基本功能规范》（GB/T 36344—2018），进一步规范了会计核算软件的功能要求。这些标准的发布和实施，为会计信息化的高质量发展提供了坚实的技术支撑。在 Windows 10 操作系统中，只有通过“电脑管家” 这类第三方工具软件才能进行系统更新，系统自带的更新功能无法使用。

知识链接

随着国际上以 XBRL（可扩展商业报告语言）为基础的会计数据标准的产生，我国于 2010 年 10 月发布了《可扩展商业报告语言（XBRL）技术规范》（GB/T25500.1—2010）系列国家标准和《企业会计准则通用分类标准》。这表明我国在会计数据标准的制定和应用方面取得了显著进展。GB/T 24589—2010 系列标准不仅包括了会计科目、会计账簿、记账凭证、会计报表，还涉及应收应付、固定资产等内容，填补了国内在这一领域的标准化空白，并在国际上具有一定的竞争力。

大数据环境下，云会计的推广和应用为企业带来许多益处。企业用户与云会计服务商签订使用协议，并按期支付费用以后，就可以获得海量的存储空间，将各种会计信息存放到云端，同时软件的开发和维护也全部由云会计服务商负责，企业用户的运行成本及维护成本大幅下降。云会计可以让企业将工作重心转移到经营管理上，而将会计信息化的基础建设和软件服务工作外包给互联网企业，这种模式所带来的优势和效率显而易见，将推动企业管理模式的转变和思维模式的转变。与此同时，要在企业中推广云会计的应用，还存在着急需突破的困境，这些困境不但制约了云会计服务商的发展壮大，而且无法消除企业采纳云会计的种种疑虑。

现代会计信息化的发展依赖于共同资源共享平台的建设，如云会计的发展主要依赖于云计算平台的技术发展。对于云计算供应商来说，在可扩展性较强的云计算模式下，他们通过专业化和规模经济降低提供软件服务成本的同时，需要依靠大数量的用户提高自己的经济效益。

但面对客户的需求要提供一套与中小企业用户相符的会计信息化系统，这就需要进行大量的前期准备工作，主要是对用户的需求进行综合分析。不同于传统的按需定制软件，云计算供应商要求能够满足不同用户、不同地域和不同业务规则的需求，所以对服务的适应性、扩展性以及灵活性要求非常高，在技术上也提出更高的要求。因此，云计算平台建设的资金起点和技术水平较高，研发周期较长且风险较大。

目前，知名的云计算平台几乎都来自美国，如谷歌、亚马逊、Salesforce.com、Facebook 等，同时微软、富士通、IBM、SAP 等 IT 成熟公司也建有企业内部的云计算平台。相比国外先进的云计算技术平台，我国刚刚开始起步的自主研发财务会计信息化的云计算平台尚待成熟，且应用推广力度不够。国外开发的云计算平台，由于众所周知的原因，广大的企业并不放心将企业的经济数据及会计数据放到这些外部平台系统上。而国内的云会计平台建设滞后，也使云会计这种新型会计信息化模式发展面临巨大的障碍。由于云会计的建设较多依赖于云会计服务提供商，而云会计服务提供商的专业能力和售后服务质量直接影响云会计的应用效果。一旦云会计服务提供商技术支持响应不及时，或者停止运营，就可能对企业的正常运营造成破坏性的影响。因此，云会计平台建设的滞后直接影响到会计信息化的发展速度。

2. 数据标准缺失困境

目前尚没有明确的指导性和约束性文件，云会计服务商只是凭着商业逻辑开发相关的软件并提供硬件基础服务，用户也只是根据自身需要选择相应的服务，至于是否符合未来云会计数据的要求，则无暇顾及。各厂商在开发产品和提供服务的过程中各自为政，为将来不同服务之间的互联互通带来严重障碍。例如，用户将数据托管给某个云会计服务商，一旦该服务商破产，用户能否将数据迁移至另一个云会计服务商？如果用户将数据同时托管给多个云会计服务商，能否便捷地执行跨云的数据访问和数据交换？目前在数据的处理标准方面还没有具体的突破，尤其是在数据汇集以后，如何整理、如何分析、如何访问，是三个密切联系又急需解决的问题。

在大数据环境下，数据该如何共享，如何保持一致性，也必须有标准来支撑。另外，数据的质量标准是保证数据在各个环节保持一致的基础，这方面的缺失使数据的应用范围受到极大约束。由于数据标准的缺失，导致云会计的应用及服务标准也难以制定，如何对不同云会计服务商提供的服务进行统一的计量计费？如何定义和评价服务质量？如何对服务进行统一的部署？这些问题也使得云会计的普及举步维艰。

3. 安全问题困境

云会计的安全不仅涉及当事企业，也与许多第三方企业的利益息息相关，这个问题解决得好，可以极大地促进云会计的发展，否则将使涉事企业面临经济、信用等多方面的巨大损失。一是存储方面的安全问题，云会计的存储技术运用虚拟化及分布式方法，用户并不知道数据的存储位置，云会计服务商的权限可能比用户还要高，因此云会计的数据在云中存储时，如果存储技术不完善，那么会计信息将面临严重的安全隐患。二是传输方面的安全问题，传统的会计数据在内部传输时，加密方法一般比较简单，但传输到云会计服务商的云端时，可能被不法用户截取或篡改，甚至删除，将导致重大的损失。

目前，我国网络会计信息化应用软件主要采用第一种认证方式，由于这种认证方式的设置比较简单，安全系数较低，其密码很容易被互联网中的监听设备或木马程序等病毒截获。此外，在身份认证管理方面，由于个别数据库管理员（DBA）或会计操作人员缺乏对系统用户口令安全性的认知，为了操作方便往往采用电话号码、生日号码等作为操作密码，这些数字口令极易被网络黑客破译，给系统留下了安全隐患。

在云会计中，企业的各种财务数据通过网络进行传递，数据的载体发生了变化，数据流动的确认手段也出现了多种方式，这时加强数据加密工作是云会计安全运行的关键。

事实上，在我国网络会计系统中数据的加密技术仍然不是非常成熟。大多数软件开发商在开发软件时，数据密钥模块的设置过于简单。加密则主要是对软件本身的加密，以防止盗版的出现，很少采取数据安全加密技术。虽然在进入系统时加上用户口令及用户权限设置等检测手段，但这也并不是真正意义上的数据加密。

网络传输的会计数据和信息加密需要使用一定的加密算法，以密文的形式进行传输，否则信息的可靠性和有效性很难获得保障。在数据没有加密的情况下，数据在互联网中传输容易出现安全性问题，企业竞争对手或网络黑客可以利用间谍软件或专业病毒，突破财务软件关卡进入企业内部财务数据库，非法截获企业的核心财务数据，并可能对传输过程中的数据进行恶意篡改。企业最为机密的核心财务数据遭黑客盗窃、篡改，或是被意外泄露给非相关人员，这对企业无疑是致命的。

课堂思考

在内部数据收集过程中，有哪些潜在的风险，以及企业如何确保数据的质量和可靠性？

____

____

学习总结

学习项目	学习目标	评分
学习过程评价	评估学生的学习方法和策略，如笔记记录和学习情况	
	评价学生的学习态度，如上课专注度、参与度和课堂表现等	
	评价学生的合作情况，如团队合作和课堂互动等	
学习成长评价	设计自我评价的方式，让学生评估自己的学习进步和成长	
	促进学生的反思能力，引导他们思考学习过程中的挑战和改进方向	
	评估学生目标的达成情况，帮助他们认识到自己的成就和进步	
合计：综合分数________。师评（70%）+ 自评（30%）		总分：10 分

任务二 财务风险预警和管理的新途径

情景导入

经过教训后，智数企业认识到财务风险预警需要更为灵活的方式。艾莉森的团队引入了大数据技术，重新审视了贷款审批的流程。通过深度分析客户的社交媒体数据、消费模式和历史交易记录，他们成功实现了对信贷风险的更加精准的评估。

这项创新不仅帮助公司降低了不良贷款的风险，还提高了对客户个性化需求的满足度。公司因此获得了更可靠的财务风险预警和管理途径，为未来的挑战做好了充分准备。

深思熟虑

思考题一：在财务风险管理任务中，智数企业引入大数据技术，通过深度分析客户数据实现更精准的信贷风险评估。这提高了贷款批准的准确性，但也引发了对客户隐私的担忧。你认为在大数据时代，企业应该采取哪些措施来充分保护客户的隐私？如何平衡在提高风险评估准确性的同时保障个人隐私？

思考题二：通过对客户社交媒体数据的分析，智数企业成功实现了个性化的财务风险管理。你认为其他行业是否能够借鉴这一方法，通过深度分析客户行为数据来提高风险管理的准确性？在实施这种方法时，企业需要注意哪些伦理和法律问题？

知识要点

过去的财务核心能力主要包括财务决策、组织、控制和协调。若这些能力能够超越竞争对手，企业便能在竞争中展现出绝对优势。然而，随着时间的推移，企业环境的复杂性和不确定性日益增加，加剧了企业之间的竞争。因此，除了具备上述能力，企业还需要拥有敏锐的识别能力和对风险的预知能力。在这种情况下，财务风险的防范优于防治，做好财务风险的预警和控制已成为当今企业的重要任务。

财务风险管理者对大数据分析方法的研究应聚焦于基于大数据的商务分析，以实现商务管理中的实时性决策方法和持续学习能力。传统的数据挖掘和商务智能研究主要侧重于历史数据的分析，面对大数据的机遇，企业需要实时地对数据进行分析处理，帮助企业获得实时商业洞察。例如，在大数据时代，企业对市场关键业绩指标（KPI）可以进行实时性的监控和预警，及时发现问题，做出最快的调整，同时构建新型财务预警机制，及时规避市场风险。

企业所面对的数据范围越来越宽，数据之间的因果关系链更完整，财务管理者可以在数据分析过程中更全面地了解到公司的运行现状及可能存在的问题，及时评价公司的财务状况和经营成果，预测当前的经营模式是否可持续、潜藏哪些危机，为制定决策提供解决问题的方向和线索。

与此同时，财务管理者还要对数据的合理性、可靠性和科学性进行质量筛选，及时发现数据质量方面存在的问题，避免因采集数据质量不佳导致做出错误的选择。

一、大数据时代对财务风险理论的影响

1. 传统的财务风险评估及预警

公司所面临的风险主要涉及商业风险和财务风险以及不利结果导致的损失。商业风险是由于预期商业环境可能恶化（或好转）而使公司利润或财务状况不确定的风险；财务风险是指公司未来的财务状况不确定而产生的利润或财富方面的风险，主要包括外汇风险、利率风险、信贷风险、负债风险、现金流风险等。一家存在过量交易的公司通常面临较高的现金流风险。过度投资于库存、应收账款和设备可能导致现金耗尽（现金流转为负值）或贸易应付款项增加。因此，过量交易不仅与现金流风险密切相关，还涉及信贷风险。

对风险的识别与防控无疑是企业财务管理的核心与灵魂。财务理论中有关风险的核心观点与内容应该包括如下内容。①财务理论中所指的“风险”主要来源于数理分析中的“风险性和不确定性”事件。虽然有时候财务理论也强调“风险性”和“不确定性”之间的差异，但是在“主观概率的”引导下，几乎把“风险性”与“不确定性”等同起来看待。②财务理论大多关注如何“降低”企业流动性风险（偿付能力）等具体的风险。③在风险防范的对策方面，财务理论所提供的解决方法，一是对资本结构进行适当水平的动态调整；二是结合证券投资理念中的投资组合思想。

巴菲特认为，学术界对风险的定义存在本质错误。他认为风险应指“损失或损害的可能性”，而不是用贝塔值衡量的价格波动性。虽然贝塔值在衡量风险时具有数学上的精确性，但它并不能准确反映风险的本质。贝塔值无法捕捉企业之间内在经营风险的巨大差异。因此，传统的财务管理理论在风险与风险管理的理念、内容和技术方面存在缺陷，尤其是仅从数理角度去表达、计算和探索风险防范的做法，忽略了企业实际经营中的复杂性和多样性。

2. 企业财务风险管理理论重构

在大数据时代，财务风险管理理论需要在多方面进行重构。

第一，财务风险概念重构。财务风险是一个多视角、多元化、多层次的综合性概念。一个现实的、理性的财务风险研究理论应该是在对风险要素、风险成因、风险现象等不同财务风险层次的理解和研究的基础上形成的。

第二，风险防控对策重构，要特别关注各类风险的组合和匹配。有学者指出，当经济处于低迷期时，企业需要在投资导致财务危机的风险与不投资带来竞争地位的损失之间进行权衡。而当经济处于萧条期，如果企业过度强调投资带来的财务风险，那将以承受不投资导致竞争地位下降的风险为代价。因此，企业需要根据对经济环境的判断，平衡投资财务风险和投资竞争风险。

第三，风险评估系统重构。企业应降低对防范风险金融工具的依赖。大数据背景下的财务管理理论应以实用为原则，围绕如何建立更加有效的评估企业经营风险状况的预警系统进行深入探讨，良好的风险预测能力是防范风险的利器。

对企业经营风险的控制，需要企业开发基于大数据、能够进行多维度情景预测的模型。预测模型可以用于测试新产品、新兴市场、企业并购的投资风险。预测模型将预测分析学和统计建模、数据挖掘等技术结合，利用它们来评估潜在威胁与风险，以达到控制项目风险的目的。例如，万达集团基于大数据的预测模型，既是预算管控的最佳工具，也是风险评估与预防的有效平台。

二、财务风险理论在信贷风险分析中的应用前景

企业要建立风险防控机制，通过大数据风险预测模型分析诊断，及时规避市场风险，最大限度减少经济损失。

信贷风险是长期困扰商业银行的难题，无论信贷手册如何详尽，监管措施如何到位，信贷员们如何尽职仍难以规避坏账的困扰，大的违约事件仍层出不穷。准确和有价值的大数据信息为银行的信贷审批与决策提供了一个新的视角和工具，信贷风险的难点在于提前获得某家企业出事的预警。以前，银行重视的是信用分析，从财务报表到管理层表现，依据历史数据，从历史推测未来。自从社交媒体问世后，包括微信、微博在内的社交网站以及搜索引擎、物联网和电子商务等平台为信贷分析引入了一个新维度，通过整合人们的社会关系、情绪、兴趣爱好、购物习惯等行为模式，为银行提供了更全面的参考信息。借助这些更精准、多维的数据，银行能够更深入地评估客户的信用状况，并根据实时变化动态调整客户评级和风险预判。这种基于动态数据的分析方式，突破了传统依赖滞后历史数据和固定规则的局限，使信贷决策更加灵活和科学。信贷管理从被动转变为主动，从消极变为积极，信用分析方面从僵化的财务发展到对人的行为分析，大数据为信贷审批与管理开创了全新的模式。

课堂思考

大数据时代对财务风险理论有何影响？请列举一些实际案例说明大数据如何改变财务风险管理的方式。

____

____

学习总结

学习项目	学习目标	评分
学习过程评价	评估学生的学习方法和策略，如笔记记录、自主学习和团队合作。	
	考虑学生的学习态度评价，如上课专注度、参与度和课堂表现等。	
	了解学生的学习合作评价，如团队合作和课堂互动等。	
学习成长评价	设计自我评价的方式，让学生评估自己的学习进步和成长。	
	促进学生的反思能力，引导他们思考学习过程中的挑战和改进方向。	
	评估学生目标的达成情况，帮助他们认识到自己的成就和进步。	
合计：综合分数______________。师评（70%）+ 自评（30%）		总分：10 分

任务三 全面风险管理体系的有效建立

情景导入

深刻理解了风险管理的重要性后，智数企业决定建立一个全面的风险管理体系。他们引入机器学习算法，使其能够更好地适应市场的变化。智数企业逐渐建立了一个更为健壮的风险管理体系，包括实时监控生产过程、内外数据的深度分析、员工培训等一系列创新措施。

这一系列的创新使得该公司能够更加及时应对潜在的风险，并在数字化时代取得了风险管理的先锋地位。他们的经验成为业界的典范，为其他企业在数字化浪潮中提供了有益的启示。通过这场数字风暴，智数企业不仅渡过了难关，更在风险管理领域迎来了全新的黎明。在数字的海洋里，他们的风帆更加坚固，为未来的航程做好了充分准备。

深思熟虑

思考题一：在全面风险管理体系建立的任务中，智数企业引入了机器学习算法，实现了更好的市场适应性。你认为在其他行业中，引入先进技术手段，如机器学习算法，是否有助于提高全面风险管理的效果？这种智能化方法对于提高风险敏感度有何优势和潜在挑战？

思考题二：智数企业通过引入智能化方法，实现了对市场变化的实时监控。你认为其他制造业公司是否应该效仿这种做法，通过引入先进的技术手段来提高生产过程的监控和风险预警水平？在实施这样的举措时，他们可能会面临哪些技术和人才挑战？

知识要点

风险是指企业在各项财务活动过程中，由于各种难以预料或无法控制的因素，使企业实际收益与预计收益发生偏离的一种可能性。鉴于财务的谨慎性原则，提到风险人们一般最先想到的是损失与失败。风险管理是现代企业财务管理的重要内容，企业风险复杂性日益提高，不确定性将成为企业必须面对的一种常态。经济波动、资源紧张以及政治和社会变动都会对企业构成不确定、不稳定的经营环境，而研发失败、营销不力、人事变动等内部风险亦不可避免。风险管理和内部控制紧密相连，智能化风险管理系统对企业各项业务进行监控、指标检测及预警、压力测试，并可针对各类风险事件进行处理，实现事前、事中的风险控制及事后的管理监测。

同时，大数据还增强了企业风险管理的洞察力和前瞻性。内部控制是指企业为了确保战略目标的实现、提高经营管理效率、保证信息质量真实可靠、保护资产安全完整、促进法律法规有效遵循，并由企业董事会、管理层和全体员工共同实施的权责明确、制衡有力、动态改进的管理过程。内部控制是一个不断发展、变化、完善的过程，它由企业各个阶层的人员共同实施，在形式上表现为一整套相互监督、相互制约、彼此联结的控制方法、措施和程序。这些控制方法、措施和程序有助于及时识别和处理风险，促进企业实现战略发展目标，提高经营管理水平、信息报告质量、资产管理水平和法律遵循能力。内部控制的真正实现还需管理层人员真抓实干，防止串通舞弊。

大数据时代下，企业面临着纷繁复杂的数据流，数据的有效运用成为企业的一种竞争实力。数据集成是通过各种手段和工具将已有的数据集合起来，按照一定的逻辑关系对这些数据进行统一的规划和组织，如建立各种数据仓库或虚拟数据库，实现数据资源的有效共享。随着分布式系统和网络环境日益普及，大量的异构数据源被分散在各个网络节点中，而它们之间往往是相互独立的。为了使这些孤立的数据能够更好地联系起来，迫切地需要建立一个公共的集成环境，提供一个统一的、透明的访问界面。

数据集成所要解决的问题是把位于不同异构信息源上的数据合并起来，以便对这些数据进行统一查询、检索和利用。数据集成屏蔽了各种异构数据间的差异，通过集成系统进行统一操作。企业要根据数据驱动的决策方式进行决策，这将大大提高企业决策的科学性和合理性，有利于提高企业的决策和洞察的正确性，进一步为企业的发展带来更多的机会。内部环境是企业实施内部控制的基础，包括企业治理结构、机构设置及权责分配、内部审计、人力资源政策、企业文化等内容。

一、运用大数据推动企业内控环境的优化

1. 通过大数据推动内控环境有机协调

企业董事会、监事会、审计部、人力资源部等组织分立，职责区分，相互制衡，有助于内控目标的实现，但也容易产生纵向、横向的壁垒与相互协作上的障碍。而在内外部数据可得与技术可行的情况下，大数据有助于推动内控环境各环节、各层次之间的信息共享与相互透明化，从而推动内控环境内部的有机协调，提升内部控制的效果。

2. 通过大数据来准确衡量内控环境的有效性

如对企业文化的评估，是内部环境的重要环节，但企业文化又属隐性的。如果能够通过对社交网络、移动平台等大数据的整合，将员工的情绪、情感、偏好等主观因素数据化、可视化，那么企业文化这种主观性的东西也就变得可以测量。

3. 通过大数据来增加内控环境的弹性

如在机构设置方面，一家企业创建怎样的组织结构模式才合适，没有一个标准答案。而在基于大数据分析的企业中，企业的人工智能中枢或者计算中心有望从企业的战略目标出发，根据企业内外部竞争环境的变化，对组织机构做出因时而动的调整。

二、运用大数据提高风险评估的准确度

风险评估是企业内部控制的关键工作，及时识别、系统分析经营活动中相关的风险，合理确定风险应对策略，对于确保企业发展战略的实现，有着重要的意义。来自企业内部管理、业务运营、

外部环境等方面的大数据，对于提高风险评估的准确度，会有明显的帮助。目前一些银行已经用大数据更加准确地度量客户的信用状况，为授信与放贷服务提供支持；又如一些保险公司也在尝试将大数据用于精算，以得出更加准确的保险费率。以此为启发，企业可将大数据广泛运用到内部风险与外部风险评估的各个环节。如在内部风险评估上，可利用大数据对董事、监事以及其他高管管理人员的偏好能力等主观性因素进行更加到位的把握，从而避免管理失当的风险。也可将大数据用于对研发风险的准确评估。在外部风险识别上，大数据对于识别政策走向、产业动向、客户行为等风险因素也会有很好的帮助。例如，招商银行是中国领先的股份制商业银行之一，而 Teradata 是一家处于全球领先地位的企业级数据仓库解决方案提供商，在中国有数百家合作伙伴。Teradata 公司针对招商银行庞大客户群的海量客户数据，为其提供了智能数据分析技术服务，用于升级数据仓库管理系统。除此以外，Teradata 还监控并记录客户在 ATM 机上的操作，通过这种方法了解并分析客户的行为，能够有效预防借助 ATM 机实施的违法行为。

三、运用大数据增强控制活动的成效

1. 大数据为控制活动的智能化提供了可能

内部控制活动包括不相容职务分离控制、授权审批控制、会计系统控制、财产保护控制、预算控制、运营分析控制和绩效考评控制等。大数据技术可以通过以下途径增强控制活动的效果：基于各种管理软件和现代信息技术的自动化企业管理早已在企业中得到广泛应用。在大数据时代，海量、多样化、实时性强的数据进一步为智能化企业管理提供了可能。谷歌、微软、百度等科技巨头都在以大数据为基础，积极开发人工智能技术。有研究表明，在智能化管理模式下，机器人或人工智能系统能够有效减少人为失误，提升内部控制的效果。尽管机器人并非万能，但在智能化的企业内控模式下，控制活动的人为失误将显著减少，内控的成效也会得到显著提升。

随着大数据在集团战略中的地位日益提升，阿里巴巴集团旗下的淘宝平台推出了多种基于大数据的商业服务。例如，阿里信用贷款业务通过采集海量用户数据，设计了用户评价体系模型。该模型整合了成交数额、用户信用记录等结构化数据，以及用户评论等非结构化数据，并结合外部数据（如银行信贷记录、用电量等），形成了全面的用户信用评估体系。基于这一体系，阿里金融能够自动做出是否放贷以及具体放贷额度的精准决策，其贷款不良率仅为 0.78%。阿里通过掌握的企业交易数据，借助大数据技术自动分析并判定是否给予企业贷款，整个过程无需人工干预，极大地提高了决策效率和准确性。

2. 大数据提高了控制活动的灵活性

财务战略管理制定实施中，必须对所有的因素和管理对象进行全面的考虑，细致到企业采购、合同签订、物资验收、资源保管、资金使用、报销、报废等多方面，只有全面这样才能使企业财务战略管理职能得到最大限度的发挥，才能将风险降到最低。风险是企业日常运营及生产中的最大隐患，重大的财务风险直接影响着企业的生存。全面的考虑能够强化财务战略管理的风险控制功能，使企业处于良性运作中。控制活动目的是降低风险，最终为企业发展服务，因此，关于内控活动的各项制度、大数据与企业内部控制机制与措施需要避免管理教条主义的陷阱。在控制活动全方位数据化的条件下，企业可根据对控制措施、控制技术、控制效果等各类别大数据的适时分析、实验，及时发现问题并进行完善，从而提高管理成效。如沃尔玛、麦当劳等知名企业的一些主要门店均安装了搜集运营数据的装置，用于跟踪客户互动、店内客流和预订情况。企业可以将数据与交易记录结合，并利用大数据工具展开分析，从而在销售哪些商品、如何摆放货品以及何时调整售价方面给出意见。据调查此类方法已经帮助企业减少了 17% 的存货，同时增加了高利润自有品牌商品的比例。

3. 大数据分析本身即可作为一种重要的控制活动

大数据可以提高企业运营与管理各方面的数据化透明度，从而使得控制主体能够提高对企业各种风险与问题的识别能力，进而提高内控成效。目前，商业银行已开始逐步利用数据挖掘等相关技术进行客户价值挖掘、风险评估等方面的尝试应用。尤其是在零售电子商务业务方面，由于存在着海量数据以及客户网络行为表现信息，因此可以利用相关技术进行深度分析。通过分析所有电子商务客户的网银应用记录及交易平台的具体表现，可以将客户分为消费交易型、资金需求型以及投资进取型客户，并能够根据不同分组客户的具体表现特征，为后续的精准化产品研发、定向营销以及动态风险监控关键指标等工作提供依据。虽然商业银行在零售业务领域存储了大量数据，但由于以往存储介质多样化、存储特征不规范等原因，数据缺失较为严重，整合存在较大难度，造成部分具有较高价值的变量无法利用。同时，大数据时代的数据包含了方方面面的属性信息，可以理解为“信息即数据”。因此，商业银行除了要积累各种传统意义上的经营交易数据外，还要重视其他类型的非结构化数据积累，如网点交易记录、电子渠道交易记录、网页浏览记录、外部数据等，都应得到有效的采集、积累和应用，打造商业银行大数据技术应用的核心竞争力。

四、大数据变革了信息传递与沟通方式

信息与沟通是企业进行内部控制的生命线，如关于企业战略与目标的信息、关于风险评估与判断的信息、关于控制活动中的反馈信息等。没有这些信息的传递与沟通，预测、控制与监督的内控循环就没办法形成。企业运营中的信息与沟通，经历了从纸面报告、报表、图片等资料到计算机时代信息化平台的变迁。这一过程中企业信息的数量、传递与分析技术，得到了重大的提升。当前的大数据时代，企业在信息与沟通上又迎来了一个革命性的变化。企业把云计算应用于会计信息系统，可助推企业信息化建设，减少企业整体投入，从而降低企业会计信息化的门槛和风险。用户将各种数据通过网络保存在远端的云存储平台上，利用计算资源能更方便快捷地进行财务应用部署，动态地调整企业会计软件资源，满足企业远程报账、报告、审计和纳税功能的需要。

云计算在具体使用中还要解决会计数据隐私保护及信息安全性问题，克服用户传统观念和使用习惯，打破网络带宽传输速度的瓶颈，避免频繁的数据存取和海量的数据交换造成的数据延时和网络拥塞。为更好地配套支持企业会计准则的执行，满足信息使用者深度分析的需求，会计司推进了可扩展商业报告语言（XBRL）的分类标准建设，使计算机能够自动识别和处理会计信息。

随着《企业内部控制基本规范》的发布，企业在实施信息化过程中，要考虑如何将各种控制过程嵌入到业务流和信息流中。为了确保和审查内部控制制度的有效执行，必须加强信息化内控的审计点设置，开展对会计信息系统及其内控制度的审计，将企业管理系统和业务执行系统融为一体，对业务处理和信息处理进行集成，使会计信息系统由部门级系统升格为企业级系统，以最终达到

安全、可靠、有效的应用。会计信息化除了需要建立健全的信息控制系统，保证信息系统的控制及有效执行外，还要通过审计活动审查与评价信息系统的内部控制建设及其执行情况，通过审计活动来发现信息系统本身及其控制环节的不足，以便及时改进与完善。

对于企业来说，来自 OA、ERP、物联网等内部信息化平台的大数据和来自传统互联网、移动互联网、外部物联网等的大数据，将使企业置身于一个不断膨胀的数据海洋。对于企业来说，大数据的革命可以为企业带来智能化的内部控制，也可以让管理者准确把握每一位员工的情感。大数据使企业内控进入一个全新的境界。对于很多金融服务机构来说，爆炸式增长的客户数据是一个亟待开发的资源。数据中所蕴藏的无限信息若以先进的分析技术加以利用，将转化为极具价值的洞察力，能够帮助金融企业执行实时风险管理，成为金融企业的强大保护盾，保证金融企业的正常运营。

与此同时，大数据也推动着商业智能的发展，使之进入消费智能时代。金融企业风险管理能力的重要性日渐彰显。抵押公司、零售银行、投资银行、保险公司、对冲基金和其他机构对风险管理系统和实践的改进已迫在眉睫。要提高风险管理实践，行业监管机构和金融企业管理人员需要了解最为微小的交易中涵盖的实时综合风险信息；投资银行需要知道每次衍生产品交易对总体风险的影响；而零售银行需要对信用卡、贷款、抵押等产品的客户级风险进行综合评估。这些微小信息会引发较大的数据量。金融企业可以利用大数据分析平台，实现以下分析，从而进行风险管理。①自下而上的风险分析，分析 ACH 交易、信贷支付交易，以获取反映压力、违约或积极发展机会。②业务联系和欺诈分析，为业务交易引入信用卡和借记卡数据，以辨别欺诈交易。③跨账户参考分析，分析 ACH 交易的文本材料（工资存款、资产购买），以发现更多营销机会。④事件式营销，将改变生活的事件（换工作、改变婚姻状况、置房等）视为营销机会。⑤交易对手网络风险分析，了解证券和交易对手间的风险概况和联系。

五、大数据为企业内部监督提供了有力支撑

大数据从字面上看往往使人们仅仅关注数据规模，而忽视了数据之间的联系。在复式记账法下，每一笔凭证都有借贷双方，这就使得会计科目、会计账户、会计报表之间有着密切的勾稽关系。会计电算化的出现避免了手工记账导致借贷双方不平的风险，但在会计科目的使用规范、会计报表数据的质量校验等方面难有作为。对于中小企业来说，对会计报表的数据错误进行事后更正比较容易，但对于存在大量财务报表合并的集团企业，会计核算不规范将给财务人员带来较大的困扰。在大数据时代下，企业的核算规范和报表之间的勾稽关系将作为财务数据的校验规则纳入财务系统，对企业会计核算规范的执行和报表数据质量进行实时控制，这样就能实现企业月结报表合并的顺利执行，真正实现敏捷财务。

通过对企业内部控制环境、风险评估、控制活动、信息与沟通等组成要素进行监督，建立企业内控有效性或效果的评价机制，对于完善内部控制有着重要的意义。在这种内控的监督过程中，大数据至少可以提供两方面的帮助。其一，大数据有助于适时的内控监督。大数据的显著特点之一是其流数据、非结构化数据的适时性，在大数据技术下，企业可以适时采集来自企业内部信息化平台、互联网、物联网等渠道的大量数据信息，以此为基础，对内部控制效果的适时评价就成为可能，定期报告式监督的时效缺陷就可以得到弥补。其二，大数据还有助于全面的内控监督。大数据另一个

显著特点是总体数据的可得性与可分析性，传统审计中所进行的抽样评估的缺陷，在大数据下可以得到避免。基于这种技术的内部控制评价，将更为客观、全面。

六、大数据增加了企业对财务风险的预警能力

财务预警是以企业的财务会计信息为基础，通过设置并观察一些敏感性财务指标的变化，而对企业可能或将面临的财务危机实现预测预报或实时监控的财务系统。它不是企业财务管理中的一个孤立系统，是风险控制的一种形式，与整个企业的命运息息相关，其基本功能包括监测功能、诊断功能、控制功能和预防功能。

目前，财务危机风险预警是一个世界性的问题和难题。从 20 世纪 30 年代开始，比较有影响的财务预警方法已经有十几种，但这些方法在经济危机中能够真正预测企业财务风险的却很少。究其原因，大多数模型中，财务指标是主要的预测依据。但财务指标往往只是财务发生危机的一种表现形式，甚至还有滞后反应性、不完全性和主观性。更为严重的是在基于财务指标预警模型建立过程中，学者们往往都假设财务数据是真实可靠的，但这种假设忽略了财务预警活动的社会学规律，为财务预警模型与现实应用的脱节埋下了伏笔。许多学者建立了结合非财务指标的模型，但所加入的能够起到作用的非财务指标都是依靠试错方法引入的，即都是在危机发生之后，才能够使指标得以确认以及引入模型。而下一次经济危机的类型不同，之前建立的财务预警模型便会无法预测甚至可能发生误导。因此，靠试错引入的非财务指标具有一定的片面性，忽视了这些指标间的相互作用和相互关系，无暇顾及这些指标是否对所有企业具有普遍适用性。

大数据信息比以往通过公司公告、调查、谈话等方式获得的信息更为客观和全面，而且这些信息中可以囊括企业在社会网络中的嵌入性影响。在社会环境中，企业存在的基础在于相关者的认可，这些相关者包括顾客、投资者、供应链伙伴、政府等。考虑到企业的经营行为，或者企业关联方的动作都会使企业的相关者产生反应，进而影响到网络上的相关信息。因此，我们可以把所有网民看作企业分布在网络上的“传感器”，这些“传感器”有的反映企业的内部运作状态，有的反映企业所处的整体市场环境，有的反映企业相关方的运行状态等。大数据企业财务预警系统不排斥财务报告上的传统指标，相反，传统的财务指标应该属于大数据的一部分。

互联网上网民对企业的相关行为，包含了线下的人们和企业的接触而产生对企业的反应，这些反应由于人们在社会网络中角色的不同，涵盖了诸如顾客对产品的满意度、投资方的态度、政策导向等各种可能的情况。起到企业“传感器”作用的网民，由于在线下和企业有着各种各样的角色关系。这些角色和企业的相互作用会产生不同的反应，从而刺激这些角色对企业产生不同的情绪。群体的情绪通过映射到互联网，才使这些信息能够被保存下来并被我们获取，这些不同的情绪经过网络上交互过程中的聚集、排斥和融合作用，最后会产生集体智慧，这些集体智慧能反映企业的某种状态。

大数据助力银行风控

七、商业银行利用大数据评价电子商务风险的案例

随着互联网、移动通信技术的逐步应用，其对人们的生活和生产方式带来了强烈的冲击。电子

商务、移动互联网、物联网等信息技术和商业模式的兴起，使社会数据量呈现爆炸式增长。因此，采用大数据技术，可以有效解决信息不对称等问题，合理提高交易效率，降低交易成本，并从金融交易形式和金融体系结构两个层面改造金融业，对风险管控、精细化管理、服务创新等方面具有重要意义。与21世纪初互联网刚刚起步时仅将网上银行作为渠道经营不同，当前的互联网金融具有尊重客户体验、强调交互式营销、主张平台开放等新特点，且在运作模式上更强调互联网技术与金融核心业务的深度整合，风险管理技术与客户价值挖掘技术等进一步融合。而且，随着大数据分析思维的渐入以及技术的逐步推广，通过个人客户网络行为产生的各种活动数据，可以较好地把握客户的行为习惯以及风险偏好等特征。因此，为了在大数据浪潮中把握趋势，可采用相关技术深入挖掘相关数据，通过对客户消费行为模式以及事件关联性的分析，更加精确地掌握客户群体的行为模式，并据此进行零售电子商务风险评分模型设计，使其与客户之间的关系实现开放、交互和无缝接触，满足商业银行风险管理工作的精细化要求和标准，并为打造核心竞争力提供决策依据。

1. 电子商务风险评分模型的开发过程

电子商务风险评分模型的开发过程具体如下。

（1）进行相关业务数据分析和评估。此阶段是对内部电子商务企业数据和环境进行深入研究和分析，并对业务数据进行汇总检查，了解数据是否符合项目要求，并评估数据质量。

（2）基于相关建模方法进行模型设计。此阶段主要定义电子商务客户申请评分卡的目标和开发参数，如电子商务客户定义标准、排除标准，好 / 坏 / 不确定客户的定义，建模的观察窗口、表现窗口、抽样计划等。

（3）建模数据准备。此阶段根据详细的数据分析结果以及开发所需的数据，为模型开发进行数据提取和准备，主要进行业务数据及关键变量的推导、合并，生成建模样本中的每个账户的预测变量、汇总变量以及好 / 坏 / 不确定 / 排除标志。

（4）进行指标的细分分析。此阶段主要用来识别最优的群体细分，确定相关的建模备选变量，并在此基础上开发一系列的评分模型，使得整体评分模型体系的预测能力达到最大化。

（5）模型的确定和文档撰写。模型的确定和文档撰写包括最终模型的开发和最终标准的模型文档。在确定了建模的基础方案及各指标参数后，将采用统计学汇总及业务讨论等方法，对进入模型的每个变量产生一份特征变量分析报告，以评价各变量的表现情况。在此基础上，总结归纳变量的表现，并采用一定的方法，将账户的风险与评分结果建立起函数关系，构建体系性的评分卡模型。

（6）进行模型的验证。此阶段分为建模样本内验证和样本外验证，同时，样本外验证又分为建模时点验证和最新时点验证两部分。验证的工作主要是进行评分卡工具在模型的区分能力、排序能力和稳定性方面的评估工作。

2. 构建特征变量库并进行模型框架设计

此阶段的主要工作如下。

第一，创建申请及企业信息数据集（备选变量库）。根据相关业务特征及风险管理的实践，大致可以从个人特征类变量、网络行为类变量、交易行为类变量、合同类变量、征信类变量等进行相关备选变量的构建和组合。

第二，利用决策树模型，进行客户群组细分。通过上述备选特征变量，利用决策树模型，最终将客户划分为投资进取型、个人消费交易型和小微企业资金需求型客户。其中，投资进取型主要为理财类、贵金属外汇等产品交易类客户，其更多的是利用电子商务平台和网络银行渠道进行投资活动，而对信贷资金的需求较小。个人消费交易型主要为信用卡消费、网上商城消费的个人消费者和汽车贷款、消费分期等个人消费类贷款网上申请客户。小微企业资金需求型主要为 B2B 和 B2C 类的小微企业客户。

第三，进行各客户群组特征变量的分析和筛选。通过对各客户群组特征变量的分析可以看出，不同的客户群体，其高度相关的特征变量具有较大的差异性，例如，对于投资进取型客户，其登录网银账号后的点击栏目与个人消费型客户具有明显的差异，且信用卡利用频率和额度使用率也存在较大差异。因此，可以通过此类方法，寻找出最具有客户特征的变量组。

第四，进行模型框架设计。通过对上述客户群体特征的归纳和总结，同时考虑相关数据的充分性和完整性，目前可针对个人消费交易型以及 B2B 和 B2C 类的小微企业客户等风险评分模型进行构建。

3. 实证研究结果

以 B2C 个人消费交易型客户风险评分卡模型为例，选取某商业银行电子商务业务规模较大的分行，基于 2021 年至 2024 年 12 月的业务数据构建零售电商客户风险评分模型。为增强数据分析的全面性，模型不仅涵盖电商平台交易数据，还整合了关联的信用卡业务、小微企业贷款及个人消费贷款等线下金融数据。

实证研究表明，基于大数据挖掘构建的电商风险评分模型显著提升了业务处理效率，并能够更精准地评估客户风险。经单笔债项测试验证，该模型可在数秒内完成风险识别与评估，大幅优化了风险决策流程。

课堂思考

解释大数据是如何提高风险评估准确度的以及企业如何在实践中应用这种能力。

学习总结

学习项目	学习目标	评分
学习过程评价	评估学生的学习方法和策略，如笔记记录和学习情况	
	评价学生的学习态度，如上课专注度、参与度和课堂表现等	
	评价学生的合作情况，如团队合作和课堂互动等	
学习成长评价	设计自我评价的方式，让学生评估自己的学习进步和成长	
	促进学生的反思能力，引导他们思考学习过程中的挑战和改进方向	
	评估学生目标的达成情况，帮助他们认识到自己的成就和进步	
合计：综合分数________。师评（70%）+ 自评（30%）		总分：10 分

实践活动

【活动主题】

识别与管理数据收集中的风险。

【活动目标】

通过实践课堂活动，学生将有机会深入了解大数据时代企业数据收集中的风险，并培养他们分析、解决问题的能力以及团队协作和沟通技能。

【活动流程】

流程一：风险识别小组讨论

（1）将学生分成小组，每个小组负责讨论宏观数据和内部数据收集中可能面临的风险。

（2）每个小组在讨论中需要识别至少三种宏观数据风险和三种内部数据风险，并制定初步的解决方案。

流程二：案例分析

（1）分发给每个小组一个实际案例，让他们分析该企业在数据收集中可能遇到的风险，并提出应对策略。

（2）鼓励学生深入挖掘案例，考虑公司规模、行业特点等因素对风险的影响。

流程三：风险演练游戏

（1）创建一个模拟环境，模拟宏观和内部数据收集过程中的风险场景。

（2）学生以小组形式参与，通过角色扮演和模拟应对不同风险的情景，加深对风险管理策略的理解。

流程四：解决方案分享与讨论

（1）每个小组向全班分享他们的风险识别和解决方案。

（2）引导全班讨论，对比不同小组的观点和策略，共同找出最有效的解决方案。

流程五：总结与反思

（1）引导学生总结课堂活动的收获和体会，思考实际应用中如何更好地管理数据收集中的风险。

（2）提醒学生注意数据安全和隐私保护的重要性，并鼓励他们深化对这些问题的关注。

【活动评价】

通过这样的课堂实践活动，学生将更深入地理解企业数据收集中的风险，并培养团队合作和解决问题的实际能力。同时，通过案例分析和风险演练游戏，学生能够更好地应对未来在大数据时代企业中可能遇到的实际挑战。

参考文献

[1] 周冬华，杨彩华．财务大数据分析与决策 [M]．北京：高等教育出版社，2022.

[2] 张立军，李琼，侯小坤．大数据财务分析 [M]．2 版．北京：人民邮电出版社，2023.

[3] 张尧洪，单松，王继祥．大数据财务管理 [M]．北京：高等教育出版社，2022.

[4] 袁天荣．大数据财务分析 [M]．北京：中国财政经济出版社，2022.

[5] 刘艳霞．中级财务管理 [M]．北京：北京科学技术出版社，2024.

[6] 徐静．大数据财务管理的理念与模式研究 [M]．哈尔滨：哈尔滨出版社，2022.

[7] 张尧洪，王立新．财务管理实务 [M]．北京：科学出版社，2020.

[8] 海天电商金融研究中心．一本书玩转数据分析．[M]．北京：清华大学出版社，2016.

[9] 朱学义，朱亮峰，李文美，等．财务分析教程 [M]．3 版．北京：北京大学出版社，2023.

[10] 纪贺元．数据分析实战 [M]．北京：机械工业出版社，2017.

[11] 聂瑞芳，胡玉姣．财务大数据分析 [M]．北京：人民邮电出版社，2022.

[12] 刘春华，徐欣．财务管理 [M]．2 版．大连：东北财经大学出版社，2022.

[13] 张敏，王宇韬．大数据财务分析：基于 Python [M]．北京：中国人民大学出版社，2022.

[14] 王华兵．财务管理 [M]．北京：高等教育出版社，2020.

[15] 文玉锋，赵雪梅．财务大数据分析与决策 [M]．北京：清华大学出版社，2023.

[16] 张文惠，张岩瑾．财务大数据基础 [M]．上海：立信会计出版社，2022.